本书系陕西师范大学中央高校基本科研业务费专项资金资助（Supported by the Fundamental Research Funds For the Central Universities）"丝绸之路上的羽人瓦当研究"（2016TS019）的研究成果

羽人瓦当研究

YUREN WADANG YANJIU

张东芳 / 著

"凡直头处皆谓之当，直檐头谓之槟。
当犹直，瓦头谓之瓦当，汉篆有瓦当文，
言文直瓦头也。直被头谓之被当、
汉呼被识为被当头，今俗语犹然。
槟头饰以璧，故字从玉而为珸也。"

知识产权出版社

全国百佳图书出版单位

图书在版编目（CIP）数据

羽人瓦当研究/张东芳著. —北京：知识产权出版社，2018.7
ISBN 978-7-5130-5689-2

Ⅰ.①羽… Ⅱ.①张… Ⅲ.①瓦当（考古）—研究—中国 Ⅳ.①K876.34

中国版本图书馆 CIP 数据核字（2018）第 161769 号

责任编辑：荆成恭　　　　　　　　　　责任校对：谷　洋
封面设计：刘　伟　　　　　　　　　　责任印制：孙婷婷

羽人瓦当研究

张东芳　著

出版发行：知识产权出版社 有限责任公司	网　　址：http：//www.ipph.cn
社　　址：北京市海淀区气象路 50 号院	邮　　编：100081
责编电话：010-82000860 转 8341	责编邮箱：jcggxj219@163.com
发行电话：010-82000860 转 8101/8102	发行传真：010-82000893/82005070/82000270
印　　刷：北京虎彩文化传播有限公司	经　　销：各大网上书店、新华书店及相关专业书店
开　　本：720mm×1000mm　1/16	印　　张：14.25
版　　次：2018 年 7 月第 1 版	印　　次：2018 年 7 月第 1 次印刷
字　　数：235 千字	定　　价：89.00 元

ISBN 978-7-5130-5689-2

序

　　是书以羽人瓦当研究为题，内容丰富翔实，以多角度论证有关之问题。何为瓦当？实为瓦头。何为羽人？初具鸟喙、身生羽翼之形。羽人之概念，随时代不同而不同。而今，对于瓦当上之羽人，所具之意更为甚广。因图形在历史发展中，不断演变更替，特用羽人瓦当一题。

　　论及传播路线，是书以出土的瓦当为据。地域涉及青海、内蒙古、西安、安徽等地。所涉之地，与丝绸之路有关。其中探讨之瓦当，以迦陵频伽纹瓦当为要，且所论为本土之迦陵频伽。因其为羽人瓦当类型之一，且数量较多，书中多有探讨。与迦陵频伽纹瓦当相关之问题，如迦陵频伽与其他诸鸟之关系、迦陵频伽与凤鸟以及与飞天之关系；本土迦陵频伽形象的生成与演变；迦陵频伽与羽人等问题。诸如此类问题，文中逐一提及。迦陵频伽与羽人以图像成为研究之对象。但在瓦当之上，它们所承载的历史文化又有着更为丰富之内涵。书中单独一章，论及羽人瓦当的类型、年代及艺术风格。从地域的特点及瓦当之间的比对，将羽人瓦当的年代和艺术风格做以分析判定。提出新见解，为羽人瓦当鉴定之据。不同时期之羽人瓦当，风格有所不同。而风格之不同，正是羽人瓦当类别之所在。亦是历史文化之反映。本土之因素，外来之因素，是书有着一定的探讨。犍陀罗艺术之影响，是为迦陵频伽纹瓦当特征之一。羽人羽翼之线条、凤纹之图案、时代之风尚，是为本土之影响因素。羽人瓦当图像之生成、图像之更替、图像之演变，亦为所论之内容。以图像之更替、演变，来观不同问题，所述结论则不同。

　　羽人瓦当研究为瓦当之研究提出一些浅见，以丰富瓦当研究之内容。是为序。

高　明

2018 年 7 月 16 日

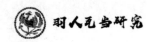

内容提要

　　羽人瓦当是诸多瓦当种类中的一类。羽人瓦当分为羽人类型和迦陵频伽类型。不同地域出土的羽人瓦当勾勒了羽人瓦当的传播路线，且这些出土地与丝绸之路有关。

　　本书围绕羽人瓦当的年代和艺术风格问题、羽人瓦当的相关图像问题、羽人瓦当与胡风东渐问题进行研究与探讨，对羽人瓦当图像的生成、发展和演变有了认识和梳理，也为羽人瓦当的年代鉴定提供了依据。

　　本书所涉材料丰富，从多个视角解读羽人瓦当，从而论证图像之间的传播和替代现象、羽人瓦当图像生成的因素、迦陵频伽纹瓦当与犍陀罗艺术之间的关系、迦陵频伽纹瓦当与敦煌壁画中迦陵频伽伎乐形象之间的关系，等等。

　　总之，本书以羽人瓦当这个小小的建筑构件讲述了丝绸之路上中外文化交流的历史事实与时代风尚。

　　本书适合从事艺术学、历史学及相关工作与研究的人员，以及感兴趣的读者阅读、参考。

绪论 瓦当的概述

什么是瓦当？"凡直头处皆谓之当，直榱头谓之榱。当犹直，瓦头谓之瓦当，汉篆有瓦当文，言文直瓦头也。直被头谓之被当，汉呼被识为被当头，今俗语犹然。榱头饰以璧，故字从玉而为珰也。"❶ 当然清代人对古瓦当也有自己的认识，是辨别瓦当种类的依据，也是我们了解各种瓦当所在建筑的不同。如清代陈鳣在《简庄诗文钞》中所述：

秦汉间宫室瓦当，文字篆法精良，辞旨古雅。欧、赵、洪、薛著录金石，独不见收。宋敏求《长安志》、吕大临《续考古图》，始摹其文，亦仅寥寥数种。陆友《砚北杂志》、李好文《长安图》、王子充《汉瓦砚记》，递载其制。康熙中，侯官林同人游醴泉，得长生未央瓦当，时名人皆有题咏，吾郡朱排山复得瓦十五种，著《秦汉瓦图记》，厥后，毕秋帆中丞《关中金石记》增多至十七种，一时贤士大夫游其地者，搜访不遗余力，所得益多。余生平嗜金石文字，四方同志每以拓本见诒，比来京师，得交宜泉庶常，善承家学，好古振奇，所获瓦文有未经人见者，装成巨册，条系其原委于旁，凡若干种，属余作记。余受而观之，曰"惟天降灵""延元万年""天下康宁"，秦阿房宫瓦也。曰"兰沱宫当"，秦兰沱宫瓦也。曰"卫"，秦作卫国宫室瓦也。曰"汉并天下"，汉高帝初定咸阳所造宫室瓦也。曰"长乐未央"、

---

❶ ［清］胡绍煐. 昭明文选笺证［M］. 一九八二年江苏广陵古籍刻印社据贵池刘世珩刻本补刻重印本：（卷一）9.

曰"长生无极"，高帝未央宫瓦也。曰"黄山"，孝惠黄山宫瓦也。曰"长生未央"，孝武甘泉宫瓦也。曰"永奉无疆"，汉大庙瓦也。曰"长年益寿"，汉长年殿瓦也。曰"迎风嘉祥"，汉迎风宫瓦也。曰"八风寿存当"，汉别风阙瓦也。曰"便"，汉便殿瓦也。曰"与天无极"、曰"千秋万岁"、曰"亿年无疆"、曰"延寿万岁"、曰"延年益寿"、曰"万物咸成"，皆汉宫殿瓦而未知其何属也。曰"上林"，汉上林禁苑瓦也。曰"上林农官"、曰"宗正宫当"、曰"都司空瓦"、曰"都司"、曰"右空"，汉官舍瓦也。曰"高安万世"，汉孝哀诏将作匠，为董贤起第瓦也。曰"大"、曰"有万熹"、曰"长毋相忘"、曰"宜富当贵"、曰"仁义自成"，汉都人士瓦也。其为两马之形，而文曰"甲天下"，汉金马门阙瓦也。为白虎之形，而文曰"申"，汉白虎观瓦也。为飞廉之形，汉飞廉观瓦也。为凤翚（凰）之形，汉建章宫凤阙瓦也。为朱鸟之形，汉朱雀殿瓦也。为元武之形，汉元武阙瓦也。其他文同而式异者，又不下数十种。此皆二千余年来，湮没于颓垣荒士（"士"疑是"土"之误）之中，庶常则罗而致之。审其规模考其字画，视金铺玉填，有不啻过之者，余因服庶常卜古之勤，而叹秦汉遗文之显于今者特甚也。❶

清代钱泳在《履园丛话》中曰：

瓦当者，宋李好文《长安图志》谓之瓦头，盖屋瓦皆仰，当两仰瓦之际，为半规之瓦以覆之，俗谓筒瓦是也。云当者，以瓦文中有"兰池宫当""宗正官当""宜富贵当""八风寿存当"，是秦汉时本名。《说文解字》云："当，田相值也。"《韩非子·外储说》："玉卮无当。"《史记·司马相如传》："华榱璧当。"司

---

❶ ［清］陈鳣. 简庄文钞六卷续编二卷河庄诗钞一卷［M］. 浙江图书馆藏清光绪十四年羊复礼刻本：（简庄文钞卷五）1-2.

马彪曰："以璧为瓦之当也。"《西都赋》："裁金璧以饰当。"注家谓当即底也，故谓之瓦当。按瓦当之文，欧、赵、洪氏俱不载，盖当时人犹未之见。逮元祐六年，宝鸡县民权氏浚池，得古瓦，文曰："羽阳千岁"，其事载王辟之《渑水燕谈录》。又黄伯思《东观余论》亦载有"益延寿"三字瓦。自是而后，阒无闻焉。❶

清代周寿昌《思益堂集》记载说：

朱枫《秦汉瓦图记》有云："右瓦得之阿房宫东北土中，其文仅一'卫'字。"案《史记》："秦每破诸侯，写放其宫室，作之咸阳北阪上。"又《长安志》云："瓦作'楚'字者，秦瓦也。秦作六国宫室，用其国号以别之。今'卫'字瓦，当是秦为卫国作宫室之瓦。"寿昌谓：如果"卫"字瓦系秦仿造卫宫室所遗，则各国皆有之。何以仅有一"楚"字瓦见于唐时？此外如齐、赵、韩、魏、燕、鲁皆不一见，独"卫"字七种瓦迭见于本朝，为朱、俞、钱、申、孙、程诸君所得也？其为汉各卫官舍瓦无疑。申、程两君说甚辨，独未设念及此。余特为补其漏。程氏又云："秦宫瓦当得自咸阳北阪，不应得自汉城。"此殊不然。汉城本为秦关中地，即北阪以南，亦去咸阳不远。秦皇时，离宫别馆无数，至造各国宫室，衰延及远，亦非咸阳北阪所能容。程氏所言，不能以塞辨者之口也。❷

瓦面上的图案具有一定的含义，"如瓦当'鹿甲天下'之作鹿形，'吉祥洗'之作羊形，于古有征，非漫无所据也。意此器，亦当时尚方

❶　[清] 钱泳. 履园丛话二十四卷 [M]. 华东师大图书馆藏清道光十八年述德堂刻本：（阅古）11 – 12.

❷　[清] 周寿昌. 思益堂集 [M]. 清光绪十四年刻本：（思益堂日札卷三）5.

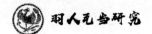
所铸。"❶ "一曰吉语。金文之'子孙宝用',瓦当之'延年益寿''宜子孙''有万熹',吉祥文字,于斯滥觞"❷。瓦当的图文有时也是对吉祥含义的传达。

因本书所涉及的羽人瓦当的出土地和收藏地主要集中在青海、内蒙古和陕西等地区,并且唐宋时期河南地区的瓦当也具有重要的参考价值,因此现将这些地区的瓦当历史演变特点一一列举。

❶ [清] 梁廷楠. 藤花亭镜谱八卷 [M]. 中国科学院图书馆藏清道光刻本:(卷五) 13.

❷ [清] 叶昌炽. 语石十卷 [M]. 清宣统元年刻本:(卷五) 40.

目　录

第一章　陕西、内蒙古、洛阳地区
瓦当的艺术特点

一、陕西地区瓦当的艺术特点

1. 先秦时期瓦当的特点

陕西地区的瓦当最早出现的时期可追溯到先秦时期，陕西地区的先秦瓦当在秦芷阳遗址和秦东陵陵园遗址、丹凤商邑遗址、华阴岳镇战国城址、长安东马坊先秦建筑遗址、洛南祝塬秦宫殿遗址，以及兴平等建筑遗址中均出土先秦时期的瓦当。此时陕西地区的瓦当类型，主要有重环纹半瓦当、素面瓦当、绳纹半瓦当、动物纹瓦当、鹿纹瓦当、夔凤纹瓦当、虎纹瓦当、獾纹瓦当、蟾蜍纹瓦当、植物纹瓦当、旋曲纹瓦当、涡纹瓦当和云纹瓦当。绳纹瓦当的当面图案是以一道或者两道同心圆弧夹绳纹带装饰。例如，在陕西凤翔秦雍城遗址出土绳纹半瓦当。鹿纹瓦当的当面图案常常刻画奔跑、回首和昂头的鹿，在凤翔地区曾出土相关图案的瓦当。凤翔铁沟村出土的瓦当有夔凤纹、獾纹瓦当。此时的蟾蜍纹瓦当刻画出的是俯视的形象。如凤翔秦雍城遗址出土的蟾蜍纹瓦当即为一例。当然相对蟾蜍纹，复合动物纹也是这个时期的瓦当纹样之一。在植物纹瓦当中，有半瓦当和圆形瓦当。其中纹饰有花朵纹，在花瓣中装饰树纹或者箭镞纹。例如西安市长安区东马坊先秦建筑遗址出土的花瓣纹间饰以树纹。植物纹瓦当的当面还有装饰八个花瓣、四个叶形纹间饰以蝴蝶形纹。旋曲纹瓦当的当面主体纹饰为旋曲纹。涡纹瓦当是当面装饰四对单线或双线涡纹，边轮内有一圈凸起的弦纹。而云纹瓦当主体当面是装饰为云纹的瓦当。此时的云纹瓦当大致分为 5 种类型。云纹瓦当当面由界格线将瓦面

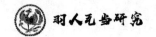

分为四格，每一个格子中装饰一云纹。当然在四格分界中还装饰花叶纹、勾形纹等纹饰。❶

2. 秦汉时期瓦当的特点

秦汉时期的瓦当较之前的瓦当，呈现出新的特点。此时文字瓦当种类、数量十分之多。素面瓦当和旋曲纹、涡纹、云纹、动物纹等纹饰瓦当依然存在，但是素面瓦当的数量较少。云纹瓦当在此时分为八种类型，这个时期的云纹瓦当的当心出现了动物装饰图案。例如，在陕西淳化城关镇当辅村遗址出土的云纹瓦当，其中心是鸟纹的图案。这一时期比较精美的瓦当还有四神瓦当，在汉代长安城南郊礼制建筑遗址出土了四神瓦当。而文字瓦当的内容主要是"长生未央""延年益寿"等内容。❷

3. 隋唐时期瓦当的特点

陕西地区在隋唐时期的瓦当，无论是数量还是纹饰的种类都较为丰富。瓦当纹饰有莲花纹、佛像纹和兽面纹等。在诸多的纹饰中，莲花纹、兽面纹居多。佛像纹瓦当在陕西地区亦有出土，例如，在扶风县东南的隋文帝陵及祠庙遗址出土了一件中心刻画双手合十、结跏趺坐的佛像。❸

陕西地区的瓦当在以上三个时期，瓦当的种类和数量都是较为丰富的，所以对羽人瓦当的研究，主要可以参考陕西地区的隋唐时期的一些瓦当纹饰，通过对这一时期瓦当纹饰的研究，可以帮助理解羽人瓦当的传播区域及纹饰的发展演变。

二、内蒙古地区瓦当的艺术特点

内蒙古地区的瓦当有着自身的发展演变历史，但也受到中原瓦当造型的影响，从瓦当的装饰内容类型来分，包括文字瓦当、树纹瓦当、葵纹瓦当、云纹瓦当和兽面瓦当等。从瓦当的质地来看，大致分为泥质灰陶和泥质褐陶两种。形制上分为半瓦当和圆瓦当。

---

❶ 申云艳. 中国古代瓦当研究 [M]. 北京：文物出版社，2006：8 - 28.

❷ 申云艳. 中国古代瓦当研究 [M]. 北京：文物出版社，2006：75 - 109.

❸ 申云艳. 中国古代瓦当研究 [M]. 北京：文物出版社，2006：188 - 195.

1. 战国时期瓦当的特点

战国时期内蒙古地区的瓦当以圆瓦当为主，半瓦当比较少，纹饰以树鸟纹、云纹和动物纹为主。但也有一些少量的葵纹和同心环带纹等瓦当。此时瓦当边轮外凸，当面中心内凹，且用单环线装饰在瓦面之上，并以此分成内外两个区域。瓦当整体的颜色呈现黑灰色，质地坚硬。❶ 此时内蒙古地区瓦当的纹饰以树干上配以猴纹、羊纹、鸟纹，或是以葵纹和横 "S" 形云纹为特点。总之，此时瓦当纹饰的特点是写实性强及趣味性。❷

2. 秦代瓦当的特点

秦代内蒙古地区的瓦当以圆瓦当为主，半瓦当较少。瓦面装饰的内容主要以云纹为主，内部常以网格纹、乳丁纹为装饰，外部用 "蘑菇" 形云纹将当面分为四个区域，"蘑菇" 形装饰有正、反之分。在茎与云朵纹饰之间分单线和双线装饰其间。这一时期的瓦当的颜色呈现出白灰色的特点。视觉特征显得厚重且大，最大直径可达 19 厘米。

3. 汉代瓦当的特点

汉代瓦当的陶质呈现青灰色，边轮外凸，当面内凹，在一些瓦当上面还有涂上朱色的现象。在瓦当的瓦面中心装饰着乳丁纹饰。半瓦当和圆瓦当的装饰纹样是以云纹为主的装饰题材。当然除了云纹瓦当，还有四神瓦当和文字瓦当。汉代以圆瓦当为主，半瓦当极少。

汉代内蒙古地区的瓦当制作，也采用和中原相似的手工制作方法，那就是绳切套接的制作方法。❸

4. 北魏时期瓦当的特点

北魏时期内蒙古地区的瓦当以圆形瓦当为主。瓦面上装饰的纹饰内容有莲花纹、佛像纹、兽面纹，此时还有文字瓦当。瓦当陶质呈现灰色，边轮与当面的装饰主体处于一个平面，瓦质较细腻。❹

❶　陈永志. 内蒙古出土瓦当 [M]. 北京：文物出版社，2003：3.

❷　陈永志. 内蒙古出土瓦当 [M]. 北京：文物出版社，2003：25.

❸　陈永志. 内蒙古出土瓦当 [M]. 北京：文物出版社，2003：7.

❹　陈永志. 内蒙古出土瓦当 [M]. 北京：文物出版社，2003：15.

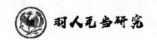

5. 唐代瓦当的特点

唐代内蒙古地区的瓦当装饰纹样，主要是莲花纹。当然还有兽面纹瓦当出土。这个时期莲花纹瓦当的变化较大的是莲花的花瓣特征。瓦当陶质的颜色呈现白灰色和浅黄色的特征。❶

6. 辽金元时期瓦当的特点

辽金元时期内蒙古瓦当的装饰纹样主要是兽面纹。装饰题材涉及老虎和狮子的内容，兽面纹透露出狰狞的特点。❷

三、洛阳地区瓦当的艺术特点

1. 东周时期瓦当的特点

东周时期洛阳地区的瓦当种类有素面瓦当、网格纹半瓦当、饕餮纹半瓦当、涡纹瓦当、龙纹瓦当、凤纹瓦当等。瓦当分为圆瓦当和半瓦当，但以半瓦当为主，至东周晚期才出现圆形瓦当。由于半瓦当为当时主要的瓦当类型，因此在圆瓦当上直接切成半瓦当，这种方式一直延续至西汉早期。❸

2. 西汉时期瓦当的特点

西汉时期洛阳地区瓦当纹饰的种类有云纹瓦当和文字瓦当等类型。西汉时期主要以圆瓦当为主，半瓦当仍占有一定数量。而纹饰中以云纹为主。并且在西汉初期流行一种"S"形纹瓦当。❹

3. 东汉时期瓦当的特点

东汉时期洛阳地区的瓦当纹饰种类有云纹瓦当和文字瓦当。以云纹瓦当为主，半瓦当已经消失，圆瓦当成为主流。东汉瓦当的边缘较西汉时期瓦当边缘宽，当心饰又圆又大的乳丁。当心还饰有实心四叶纹、三角纹、网格纹等。❺

---

❶ 陈永志. 内蒙古出土瓦当［M］. 北京：文物出版社，2003：18.

❷ 陈永志. 内蒙古出土瓦当［M］. 北京：文物出版社，2003：28.

❸ 程永建. 洛阳出土瓦当［M］. 北京：科学出版社，2007：8.

❹ 程永建. 洛阳出土瓦当［M］. 北京：科学出版社，2007：8，11－12.

❺ 程永建. 洛阳出土瓦当［M］. 北京：科学出版社，2007：16.

4. 北魏时期瓦当的特点

北魏时期洛阳地区瓦当种类包括兽面纹瓦当、莲花纹瓦当、忍冬纹瓦当和莲花化生纹瓦当等。此时较为突出的纹饰是莲花纹，并且此时的瓦当不仅有圆瓦当，还有半瓦当。这个地区的瓦当以永宁寺遗址出土的瓦当为代表，瓦当的材质皆为泥质，制作手法是模制的工艺。❶ 这个时期的洛阳地区瓦当，较为特别的是莲花化生纹瓦当。此类瓦当是在瓦面处有一化生像，双手合十。帔帛绕于腹前，有的有项光，有的没有项光。另外，此类瓦当的边缘装饰有联珠纹和凸弦纹。❷

5. 隋唐至宋代瓦当的特点

隋唐五代至宋代的洛阳瓦当，其纹饰主要是花草纹、龙纹和兽面纹等。此时在花草纹瓦当中，牡丹纹瓦当出现在五代和北宋时期的西京各类建筑中。绿釉莲花纹瓦当在洛阳城皇城及上阳宫的建筑上使用。在隋唐时期，以莲花纹瓦当和兽面纹瓦当为当时流行的瓦当。❸

洛阳地区的瓦当造型丰富，特别是北魏时期至唐代。洛阳地区瓦当的时代特点为羽人瓦当的年代鉴定提供可参考的依据。

总之，瓦当中常常被提及的是文字瓦当、云纹等图案瓦当、鹿纹等图像类瓦当等，但是对羽人瓦当的研究可以说是一个空白，本书希望通过对羽人瓦当的研究来增加关于羽人瓦当的相关资料和历史文献。

---

❶ 程永建. 洛阳出土瓦当［M］. 北京：科学出版社，2007：17.

❷ 程永建. 洛阳出土瓦当［M］. 北京：科学出版社，2007：18.

❸ 程永建. 洛阳出土瓦当［M］. 北京：科学出版社，2007：37.

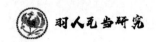

第二章 现存羽人瓦当的年代及艺术风格

瓦当常见的有文字瓦当和图案瓦当等，羽人瓦当是诸多瓦当中的一类。羽人瓦当在瓦当的收藏中频频出现，它不仅是一枚瓦当，在瓦当的图像上展现出的是一定的历史文化。

羽人瓦当指的是主体形象具有人首鸟身、人首鸟喙且有翼或者人首人身且有翼特点的瓦当。羽人在本书中是一个泛指的概念，那么羽人瓦当所包括的瓦当类型就更为宽泛，羽人瓦当还包括了迦陵频伽纹瓦当。迦陵频伽纹瓦当与羽人瓦当存在诸多联系，在迦陵频伽纹瓦当中可以看到羽人造型的因素。有些瓦当被称为迦陵频伽纹瓦当，是因为迦陵频伽纹瓦当的主体造型是具有佛教造型特征的人首鸟身形象。如果不具有这样的特征，或者暂时无法判定是否为迦陵频伽纹瓦当的类型，那么将之称为羽人纹瓦当更为合适。因此，羽人瓦当中包含迦陵频伽纹瓦当，但是有翼造型的瓦当并非均为迦陵频伽纹瓦当。迦陵频伽纹瓦当是羽人瓦当的一个延伸或是一个类型。为什么将羽人瓦当作为更为泛指的概念，因为对什么是羽人和羽人的形象特征在《吕氏春秋》中已有解释。《吕氏春秋》："羽人、裸民之处，不死之乡，羽人，鸟喙，背上有羽翼。裸民，不衣衣裳也。乡亦国也。"❶ 对羽人外貌的解释，只有鸟喙和背上有羽翼。但是在对羽人瓦当的研究中，关于羽人形象的刻画则有不同的变化和样式。针对羽人瓦当中羽人形象的丰富、变化的特点，将主体形象出现人首鸟身、人首鸟喙且有翼或者人首人身且有翼形象特征的瓦当均称之为羽人瓦当，这样较为合适，

---

❶ ［秦］吕不韦．吕氏春秋［M］．［汉］高诱，注．吕氏春秋卷第二十二慎行论第二，元至正刻本：9.

也更利于问题的深入探讨。从而将羽人瓦当的演变和特征梳理清楚。

羽人是一个本土的称谓，对羽人形象的描绘正如《吕氏春秋》中对羽人的陈述，有鸟喙且背上有羽翼的便是羽人。那么，在汉代画像石中的羽人形象则增加了人面的特征，不仅背上有双翼，并且在腿部处亦有羽翼。从汉代的画像石中，羽人的外貌特征逐渐丰富起来，甚至有时不带有双翼的形象，也是对羽人的表述。这与画面的主题有关，从而判断并得出结论。当羽人的形象塑造至瓦当上，形象则有了大的不同，人面的特征加强且十分写实。当然有的瓦当上还表现出鸟喙的特征。身体具有鸟类的特征。腿部则有不同，有时表现为鸟腿，有时表现为人类的腿部特征。这与不同时期的历史文化有关。每个时期的时代风尚或是历史文化深深地反映在了羽人瓦当的造型上。羽人瓦当中主体形象的双手或做合十状或手持乐器。总之，羽人瓦当中主体形象所涵盖的内容和表现的特征较羽人更为丰富，也具有更多的变化。

羽人瓦当不仅表现羽人的造型，有些羽人瓦当上展现出迦陵频伽的造型。羽人是一个本土的称谓，而迦陵频伽一词是梵文 Kalavinka 的音译。何为迦陵频伽？迦陵频伽是一种好声鸟，能够发出清亮的声音。有的文献也将迦陵频伽的声音形容为美妙音，曰美音鸟或妙音鸟。迦陵频伽的造型在敦煌莫高窟中大量出现，与迦陵频伽所具有的宗教职能有关。那么，当具有宗教职能的迦陵频伽图像出现在瓦当之上，它继续延续了迦陵频伽的某些职能和意义。并且在迦陵频伽纹瓦当的塑造方面，可谓是敦煌壁画中迦陵频伽造型的一种衍生。但是，迦陵频伽纹瓦当不仅仅是对敦煌壁画中迦陵频伽造型的单纯模仿，随着丝绸之路的传播，以及在艺术品造型、历史文化和时代风尚的影响下，迦陵频伽纹瓦当之上的迦陵频伽造型又展现了新面貌和新特征。这些新特征与新面貌与最初迦陵频伽造型相融合，从而形成了迦陵频伽纹瓦当之上主体形象的造型特征。在一些迦陵频伽纹瓦当上即可见外来的造型特点，也可见本土的造型特征。外来的造型特征即是犍陀罗佛像的造像特征，而本土的造型则体现在对本土羽人或者凤纹造型特征的提取。迦陵频伽纹瓦当的迦陵频伽造型应是本土化的、融合的、带有佛教特征的一种类型的瓦当样式。因此，迦陵频伽与羽人有一定的联系，这一联系体现在迦陵频伽纹瓦当的造型中。

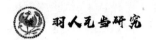

那么，对迦陵频伽纹瓦当的解读也是羽人瓦当研究中较为重要的一个内容。如唐宋时期的迦陵频伽纹瓦当反映了当时的时代风尚。迦陵频伽的特别之处是它吸收了犍陀罗佛像造像的特征。犍陀罗佛、菩萨像的造型特征是佛头顶部有肉髻相，头发呈现波状或者螺状，唇薄，鼻梁与眉骨相连，面部有白毫相。这些特征，在迦陵频伽纹瓦当的主体形象的造型中可略见一二。因此，羽人瓦当包括羽人类型和迦陵频伽类型。羽人类型可称之为羽人纹瓦当，而迦陵频伽类型可称之为迦陵频伽纹瓦当，按此分类，需要对羽人瓦当的年代及艺术风格逐一论述。

第一节　融合再生：草原丝绸之路上的
羽人瓦当艺术风格溯源

内蒙古托克托县云中城遗址出土一件羽人瓦当，其为圆形、直径 13.5 厘米。如下图所示，瓦当中间刻画出一个人首鸟身的形象，主体形象双手呈 "A" 字状双手合十，背部有展开的翅膀，肩膀处有两个背带，似乎背上背有东西。头部的刻画略似胡人，大大的耳朵和大大的眼睛，头部有高且圆的肉髻（带有犍陀罗佛像的特点）。头部的背景被艺术处理成两个飘带和 "山" 字形竖线。腹部有竖线，像是穿着草裙。两个脚向两侧分开，但也能看出是鸟爪。瓦当材质呈现土黄色，中心形象突出于整个瓦当之上。瓦当的整体艺术特征较为规整，其特点是装饰性强。

　　唐代羽人瓦当——瓦当直径 13.5 厘米，主体形象双手呈 "A" 字状双手合十，背部有展开的翅膀，出土于内蒙古托克托县云中城遗址。
　　图片来源：西安秦砖汉瓦博物馆任军宜馆长提供。

一、年代

判断此件瓦当的时代，可以从两个方面来判断。一个是瓦当的陶质，一个是瓦当的艺术图像风格特征。因为每个时代的瓦当陶质是不同的。而且，每个时代的艺术风格特征也呈现不同的艺术特色。陈永志在其《内蒙古出土瓦当概论》一文中，论述了不同时期，瓦当特点的不同。他讲到汉代的瓦当"陶质呈青灰色，致密坚硬。边轮外凸，当面内凹，少数瓦当当面有涂朱现象"❶；北魏瓦当"陶质呈灰色，质地较为细腻，当面陶质颜色发黑，边轮与当心纹饰处于一个平面"❷；唐代瓦当"陶质呈白灰色或浅黄色"❸。出土于内蒙古托克托县云中城遗址的这件瓦当恰好与唐代瓦当的浅黄色特点相对应，是否说明这件瓦当是唐代这个时期的物件呢！对于这个判断只能作为一个可能性的依据，但是也从另一个方面说明了每个时代会呈现出不同陶质的瓦当，而判断这些瓦当的年代可以从陶质的特点来看。

出土于内蒙古地区的这件羽人瓦当，符合内蒙古地区瓦当的特点。从唐代的兽面纹瓦当到辽代的兽面纹瓦当皆与此件瓦当相似，如下图：其中

兽面纹瓦当——圆瓦当，瓦面中心为兽面纹。

图片来源：北京，文物出版社，2003 年出版的《内蒙古出土瓦当》，第 94 页。

心形象高于瓦当平面，瓦面为素净的平面，毫无装饰。这样的瓦当特点是

---

❶　陈永志. 内蒙古出土瓦当 [M]. 北京：文物出版社，2003：9.

❷　陈永志. 内蒙古出土瓦当 [M]. 北京：文物出版社，2003：15.

❸　陈永志. 内蒙古出土瓦当 [M]. 北京：文物出版社，2003：18.

区别另一件瓦当的重要特征，也是帮助鉴别这件瓦当年代问题的一个辅助证据。从出土于内蒙古地区的这件羽人瓦当与唐代兽面纹瓦当的雕刻手法相似的这点来看，这件羽人瓦当应是唐代或辽代时期的瓦当。

展翅欲飞的形象是这件出土于内蒙古地区羽人瓦当的另一个比较突出的特征，它的这双翅膀像是展翅要飞的样子，翅膀由两肩向上伸出，羽翼像多于半圆形展开。这样的翅膀造型与秦砖汉瓦博物馆的另一件羽人瓦当的翅膀造型不同，不仅造型装饰性强，且刻画羽毛的数量之多。这正是出土于内蒙古地区羽人瓦当的另一特点。在敦煌莫高窟的156窟中，壁画中有一个迦陵频伽伎乐的形象，156窟刻画的迦陵频伽的羽翼与这件内蒙古羽人瓦当中刻画的羽翼十分相近。如下图所示。

迦陵频伽伎乐——莫高窟156窟中的迦陵频伽伎乐形象，迦陵频伽手持飘带而舞。

图片来源：兰州：甘肃人民美术出版社，2006年出版的《敦煌舞乐线描集》，第186页。

二者的羽翼均为向上伸展，下部类似半圆的扇形。156窟的迦陵频伽伎乐刻画的年代是晚唐，那么是否可以推论出出土于内蒙古的这件羽人瓦当的时间为晚唐！仅仅用156窟的迦陵频伽的伎乐刻画的年代来判定，还不能够说明问题，但至少能够证明这件内蒙古出土的羽人瓦当是唐代时期的瓦当。

另外，出土于内蒙古的羽人瓦当主体形象头顶为肉髻，肉髻相其实说明了这件羽人瓦当吸收了犍陀罗佛像的艺术风格特征。从这件瓦当中心人物的头部来看，眼睛很大、耳朵也很大，鼻子和嘴巴不是很清楚。整体形象很像是西域的胡人。这样的面部特征与头顶部的肉髻相结合，显示出这件羽人瓦当吸收了外来的西域风格特征。而唐代恰恰是吸收犍陀罗艺术风格特征的时代，我们可以看到唐代时期有许多犍陀罗风格的艺术作品。"到了唐代，中国艺术已经融合了比汉代多得多的波斯、印度甚至希腊罗马的元素。"❶ 这件羽人瓦当的主体头部特征已经表明此件瓦当是唐代的瓦当。

中心形象高于瓦面、羽翼的展翅特点、犍陀罗艺术特点（肉髻）的这三个因素说明这件出土于内蒙古地区的羽人瓦当是唐代时期的物件。

二、艺术渊源

内蒙古托克托县云中城遗址出土的这件羽人瓦当的艺术风格具有中外融合的特征。瓦当的主体形象与印度的迦楼罗形象有近似之处，具有迦楼罗的羽翅向上伸展、鸟喙的形象、腿部向两侧分开等特征。此瓦当的主体形象吸收了迦楼罗的某些特点，但又不完全是迦楼罗的造型特征。其实瓦当的主体还是呈现出迦陵频伽的造型特点，尽管双手呈"A"字形，但还是做合十状。这一点是迦陵频伽纹瓦当主体形象的特点，而且头部的肉髻也是唐代迦陵频伽纹瓦当的特点之一，这些特点是在表述着唐代迦陵频伽纹瓦当的特点。不过在此瓦当腿部的线条刻画方面，则体现出本土羽人的某些特征。例如在汉代画像石中的羽人形象，有些羽人的腿部中有着线条的刻画，这些是对羽翼的表现。而这些表现在此件迦陵频伽纹瓦当中亦有呈现。因此，在此件瓦当中还存留本土羽人的某些艺术特征。在艺术特征方面，由外来的印度神话中的迦楼罗和迦陵频伽以及本土羽人之间的碰撞和融合，形成的新艺术形式。那么，这件羽人瓦当的主体形象肩膀处有两个肩带，似乎背负着行李。而当主体形象的双手做"A"字状的合十手势时，它似乎在诉说着丝绸之路上行脚僧所进行的文化传播。

对于行脚僧这一主题的图像，在唐代的绢画中以行脚僧为主题的绘画作品不断被创作出来，如收藏于法国吉美博物馆的《行脚僧图》。在敦煌遗画中此类图像还有留存，说明当时对行脚僧的描绘是相当多且重要的，

---

❶ ［美］韩森. 丝绸之路新史［M］. 张湛，译. 北京：北京联合出版公司，2015：24.

行脚僧图——画面中描绘手持佛珠，身负经卷行李的行脚僧形象。

图片来源：百度百科，http://www.sohu.com/a/153135054_488105，2018年2月。

在画面中也带有一定的隐喻。而且说明当时行脚僧在文化传播中所起到的作用，并以图式呈现。收藏在法国吉美博物馆的这件《行脚僧图》，画面中描绘手持佛珠，身负经卷行走的行脚僧形象。在行脚僧的面前驻足着一只鸟，行脚僧的脚旁有一只老虎陪伴并与其同行。在行脚僧的头部处画出一条线，并引出佛的庄严妙相，表现出行脚僧全心念佛，坚定前行的画面。驻足于其面前的小鸟，与行脚僧形成对立的画面。对画面中为何画出一只鸟与行脚僧相对，一方面是视觉构图的需要，另一方面是这只鸟与行脚僧形成一种隐喻。鸟或许是说法的一种象征，与行脚僧头脑中产生的佛陀形象共同构成了整幅画面所要表达的中心思想。

凝练的造型特征可以表现在瓦当上，内蒙古托克托县出土的这件瓦当中的形象展现出的是一种融合，在融合的基础上再生出的一种形象特征。初看此件瓦当的形象时，很难判断此件瓦当与敦煌类型的迦陵频伽纹瓦当之间是否有关系。它与唐代青海地区出土的羽人瓦当形象也不尽相同。这件瓦当的特征具有另外的一种融合风格。融合体现在印度神话中迦楼罗的形象特征、本土羽人的特征、唐代行脚僧的形象特征、晚唐迦陵频伽的形象特征等因素。这些因素共同构成了此件瓦当的艺术外貌特征。

三、中外比较

中外文化艺术的交流不仅体现在器物艺术特征的模仿，另外在建筑中，也可以找到二者之间的联系。"多里亚石柱原为古埃及通行的建筑支柱，后来被希腊人所吸收。公元三四世纪左右，传入新疆东部。到了公元6世纪，希腊式石柱传入中国内地，南京六朝时代梁朝诸帝墓前希腊式瓜棱形凹纹石柱，就是其中的代表。"❶

内蒙古托克托县出土的羽人瓦当，在主体形象的刻画上比较突出的是眼睛部分，工匠明显地刻画出眼睛的凹陷之处。这与出土于阿富汗的阿弗洛狄忒胸针有几分相像。出土于阿富汗的阿弗洛狄忒胸针头部雕刻有白毫，呈白毫相。眼睛中心雕刻凹陷状，背后的双翅做向上翻卷之势，呈"V"字状。双臂上饰有臂饰，上身裸露，下身有丝巾围绕之，通过丝巾的褶皱隐约窥见一侧腿部向前倾，一侧腿直直站立于地面。手臂放于凭栏之上。体态较为柔美，神态较为安详。只是在阿富汗的这件工艺品上没有雕刻出肉髻相的特征。而在内蒙古托克托县出土的羽人瓦当具有肉髻相的特点。在犍陀罗佛像的雕刻中，对眼睛的刻画也十分巧妙。在工匠对犍陀罗佛像的塑造上，会将眼睛的瞳仁刻画出来，这样的造型体现了犍陀罗佛像的一种独特的造型特征，传达出智者的冥想和佛陀的力量。而内蒙古的这件羽人瓦当在眼睛的塑造上也继承了犍陀罗佛像的某些造型特点。

草原丝绸之路上的这件羽人瓦当，具有一种独特的造型特点。也为研究草原丝绸之路的艺术文化交流提供了一个可以参考的标件。根据此件瓦当主体形象的特点，它的名称也可称为迦陵频伽纹瓦当。

第二节　九瓦筑脊：羽人瓦当的
类型、断代与艺术风格

在已经发现的羽人瓦当中，大部分瓦当的年代在唐代和宋代这段时间。在一些图录中对此类瓦当年代的鉴定十分概括，因为此类瓦当的留存量十分稀少，这就给分类和年代的判定带来了一定的困难。但是，根据唐

---

❶ 何芳川，万明. 古代中西文化交流史话［M］. 北京：中国国际广播出版社，2010：34.

宋时期其他类瓦当的分类，可以为羽人纹瓦当或者说迦陵频伽纹瓦当的年代判定提供一些参考的依据。

笔者根据目前搜集到的资料，将几件羽人瓦当组成一个九宫格的图像。从九宫格的图像分类，对迦陵频伽纹瓦当或羽人纹瓦当的造型特点和年代加以探讨。有些瓦当的年代是比较清晰的，例如出土于青海省民和县的羽人瓦当，即是唐代的瓦当，以及在甘肃省博物馆收藏的一件迦陵频伽纹瓦当，属于宋代的迦陵频伽纹瓦当。这两件瓦当基本没有太大的争议。剩下的 7 件瓦当还需将其年代再次确认，可以通过对瓦当风格的类比，找到相应的时代风格，将这些瓦当的年代范围缩小，以便更加准确地确定其年代。

以下将用数字来称谓具体的瓦当，通过九宫格的图标上的标号作为具体瓦当的名字，可以更清楚地看到具体瓦当之间的差异和相同之处。1 号、5 号瓦当是秦砖汉瓦博物馆收藏的瓦当。2 号是出土于安徽省的一件瓦当。3 号是出土于青海省民和县的一件瓦当。4 号和 6 号是收藏在古陶文明博物馆的瓦当。8 号是出土于韩国的一件瓦当。7 号、9 号是收藏在甘肃省博物馆的瓦当。如下图所示。

1 号羽人瓦当——圆瓦当，有残损，瓦面主体形象为双手合十，腹部有横线的刻画，羽翼以线条来表示。图片来源：张东芳拍摄，拍摄于西安秦砖汉瓦博物馆，2015 年 4 月。2 号"羽人"瓦当——双手合十的人首鸟身形象，出土于安徽淮北市柳孜运河遗址。图片来源：海洲发表的《淮北柳孜运河遗址出土的"羽人"瓦当》，2009 年第 5 期《四川文物》，第 128 页。3 号唐代羽人瓦当——青海省民和县川口镇出土，瓦当上刻画着手持乐器的人首鸟身形象。图片来源：河南博物院，《丝路遗珍——丝绸之路沿线六省区文物精品展》，第 131 页。4 号唐代羽人瓦当——双手合十飞翔状。图片来源：北京，紫禁城出版社，2008 年出版的《问陶之旅——古陶文明博物馆藏品掇英》，第 267 页。5 号迦陵频伽纹瓦当——绿釉圆瓦当，有残损，瓦面主体形象为迦陵频伽的形象。图片来源：张东芳拍摄，拍摄于西安秦砖汉瓦博物馆，2015 年 4 月。6 号唐代羽人瓦当——手持乐器的羽人形象。图片来源：北京，紫禁城出版社，2008 年出版的《问陶之旅——古陶文明博物馆藏品掇英》，第 266 页。7 号羽人瓦当——瓦面装饰有联珠纹。图片来源：甘肃省博物馆。8 号唐代迦陵频伽纹瓦当——复瓣莲花纹装饰，瓦当中心为迦陵频伽形象。图片来源：北京，生活·读书·新知三联书店，2007

年出版的《韩国文化遗产之旅》，第325页。9号宋代迦陵频伽纹瓦当——双手合十的
迦陵频伽形象。图片来源：西安，三秦出版社，2011年出版的《庄严妙相——甘肃佛
教艺术展》，第134页。

首先通过视觉造型特点来看，8号、7号和3号之间在联珠纹的装饰
上，有相近之处。1号和2号在人首鸟身背后羽翼的处理上，均使用的是
线条的装饰手法，在装饰线条的特点上二者近似。3号、4号和5号在人首
鸟身头部造型的特点上是相似的，均在人首上刻画了肉髻，表现了佛陀头
部的特征。这是其他瓦当造型特征中所未有的。1号、2号、4号、5号、7

号和 9 号瓦当的主体形象均是双手合十的姿势。4 号则是刻画出主体形象正面的飞天姿势。5 号和 8 号则是刻画了侧面的飞天像。只是构图为一个身体向左方，一个身体向右方。3 号和 6 号两件瓦当的共同特点是主体形象手中所持之物均为乐器。一个是笙箫，一个是笙。从瓦面来看，1 号瓦当的瓦面较为独特，瓦当中心的迦陵频伽周围有一圈凸起的弦纹线装饰。弦纹线较粗，在弦纹线的外圈有一条凹线，凹线外是边轮。2 号的瓦当主体形象外装饰着两条凸弦纹线，线较 1 号的弦纹线细。弦纹线外的边轮较为平整。3 号瓦当的主体形象外一圈未刻画弦纹线，换成了联珠纹。联珠纹之外没有边轮，整体显得稚拙。4 号瓦当的主体形象外圈装饰一条细细的弦纹线。弦纹线外有距离较窄的边轮。5 号瓦当的瓦面主体形象外的边轮，既没有联珠纹，也没有装饰凸起的弦纹线。而是由中心向边沿逐渐变薄的边轮。这件瓦当的独特之处在于它是绿色的琉璃瓦。6 号瓦当的主体形象外边装饰一条弦纹线，弦纹线之外是较宽的边轮。7 号瓦当是主体形象的外圈有一圈单弦纹，细细的弦纹线外有一圈联珠纹，联珠纹外有一边轮。8 号瓦当的主体形象外装饰一圈莲花纹，莲花纹内饰有联珠纹，另有一条联珠纹装饰带在边轮之上，形成最边缘的装饰带，外边的联珠纹装饰带要高于中心部分，整体装饰复杂。9 号瓦当的主体形象凸出在瓦面之上，瓦面之上没有装饰带，也没有联珠纹。仅仅是用有规则的线条装饰在瓦面的其余部分。

一、1 号瓦当是收藏在秦砖汉瓦博物馆的羽人瓦当

此件瓦当以羽人瓦当为其命名较为合适。因为在瓦面上没有刻画出肉髻相和白毫相，同时也没有佛教的特征。对主体形象上的刻画，大多用线条来表示，但明显的是人首鸟身。不过特别之处在于人首的嘴部好像是鸟喙的特征。这样的造型容易使人联想起在荆州博物馆保存的羽人形象。整体的艺术特色，更加符合汉代的造型标准。正如汉代的画像石上的羽人身体上羽翼的刻画，线条随风飘的自由之势，透过简单的鱼骨线条展示出来。此件瓦当应是羽人纹瓦当。对于这件瓦当的年代问题，是一个需要探讨的问题。

此件瓦当直径 13.5 厘米，是圆形瓦当，在瓦当主体形象的右上方有部分残损。但主体形象保存得还是很完整。在残损的部分中，可见黄色的瓦

质。在黄色的瓦面上有一层朱红色的表层，透过主体形象凸起的部分可以隐约看到朱红的颜色，这是此件羽人瓦当的特色。瓦当有一圈边轮，在边轮与瓦面中心刻画的主体形象之间，有一圈较宽的凸弦纹装饰其间，在凸弦纹外有一条阴刻线。较宽的凸弦纹与边轮基本平齐。主体形象的头部为人首，上身为人身，下身为鸟身，肚子刻画着四道横纹线，腿部刻画着四道横纹线，脚部刻画了三道竖线，用线条的形式表示出它的下半身的特征。在腿部两边刻画出三条曲线，向外卷曲。背部刻画了六道向外伸展的弯线，长度依次向上递减，弯曲的线条如同鱼骨样式，递减的刻画方式形成一种空间上的进深视错觉。六道鱼骨线表示了羽翼的特征。在最短的三条羽翼的空白处，刻画了三条向上的弯线，它们是工匠为了装饰瓦面所用的装饰线，展示了工匠对于瓦当的艺术处理和匠心。这样的装饰线条见于汉代画像石中对羽人的刻画。羽人身旁刻画了几根与身体羽翼无关的线条，不知道这是不是工匠有意而为之，还是无意的行为。但是这件瓦当中的三条装饰线是对空间的处理。因为此件瓦当的主体形象是正面的处理方式，主体形象的羽尾不能够在瓦面上得以呈现，或许腿部两旁的弯曲装饰线是表示羽尾的特征。主体形象的头部，可以看到头上有一线条和向上收紧的竖线。头顶已经到达瓦当装饰线的边缘，或许是空间的处理，如果头部的最上部是对头发的刻画，那么头部应该还有个发髻，只是没有刻画出来。而如果不是头发，则是对帽子的图像表达。只是现在已经看不清楚。面部特征比较明显的是眼睛略为突出，嘴部类似鸟喙的特征。因为在嘴部仅仅看到了一条凸起的短线，似乎是代表嘴部的特征。在小小瓦当的方寸之间，怎样才能表现鸟喙的特征呢。或许这是一种很好的表现方式。头部下方一条横线，指示的是衣服的领子。这件瓦当的特别之处，在于具有许多矛盾的特点，说明了这件瓦当的造型时期应该属于初创期的作品。从类似鸟喙的嘴部、凸起的眼睛以及双手合十的动作，却用类似羽人的鱼骨线条装饰在两臂旁，作为其羽翼。从这种矛盾的、综合的、不明确的特征来刻画人首鸟身形象，足以说明它的制作时间是在本土迦陵频伽图像成熟且定型之前的。

本土迦陵频伽图像成熟时期是在唐代，而能够被我们看到的有关图像在敦煌壁画中保存得十分多，它的存在为我们了解本土迦陵频伽图像提供

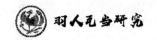

了依据。此件瓦当瓦面中的主体形象与本土迦陵频伽形象之间有一定的联系，但是还是不同于唐代敦煌壁画中的迦陵频伽形象。它的造型还是显得稚拙。如果从图像造型的角度出发，此件瓦当的图像应该在盛唐之前。

那么，瓦当的质地或者说瓦当的边轮等造型特点属于哪一个时代，就显得十分重要。瓦当边轮的特点是瓦当断代的因素之一。在陈良伟的《洛阳出土隋唐至北宋瓦当的类型学研究》一文中，他将洛阳地区的瓦当分为五个时期，总结出从隋唐至北宋时期瓦当的五个时期特征，有着一定的借鉴价值。他将隋末唐初分为第一个时期，这个时期瓦当的边轮特征是边轮较高，宽度适中，边轮面略与当面齐平。盛唐时期是第二个时期，他认为这一时期瓦当的边轮稍厚，稍宽。瓦当制作显得规整，平面较为圆，厚度较为均匀。在第三个时期的中晚唐时期，他认为瓦当的制作出现粗糙的现象，瓦当的当面不是很圆，边轮出现了厚薄不均的样式。而且大多数莲花纹瓦当的边轮开始退化，并朝低且平的方向发展。第四个时期和第五个时期分别是五代北宋和北宋晚期，他在文中认为第四时期的瓦当边轮与瓦心的主体形象的面基本持平，略微显得高突。第五个时期的瓦当边轮则不复存在。根据陈良伟的结论，可以发现从盛唐时期，洛阳地区瓦当的边轮已经开始发生变化，开始变厚变宽。而在隋末唐初这个阶段，边轮规整，宽度适中，同时与瓦当的中心齐平。这样的特征与此件瓦当的特征较为接近。关于内蒙古地区瓦当的发展流变，根据前文已经归纳出从秦朝至辽金元时期的特征。值得注意的是内蒙古地区瓦当陶质的变化。秦代瓦当的陶质呈现白灰色。汉代的瓦当的陶质呈现青灰色，有些瓦当上面还有少量的涂朱现象。北魏时期的瓦当，陶质呈现出灰色，当面的陶质颜色发黑。唐代瓦当的陶质呈现白灰色或浅黄色。根据这些不同时代瓦当陶质的变化，可见唐代的瓦当陶质出现了浅黄色的特征。这一特征恰恰与1号瓦当的陶质符合。从1号瓦当的破损处可见瓦当中部的陶质呈现黄色的特征。从瓦当的陶质来看，内蒙古地区的瓦当的陶质具有一定的参考价值。如果从边轮的特点来看，内蒙古地区的瓦当边轮在汉代呈现出边轮外凸，当面内凹的特征。至北魏时期，此地区的瓦当的边轮与当心的纹饰基本齐平，处于一个平面。那么，在北魏时期，此地区瓦当的瓦面上还出现了一圈外环单弦纹。大部分瓦当在单弦纹内饰有联珠纹。至唐代，内蒙古地区的瓦当的边轮延续了北魏时期瓦当边轮的一些特点。但是，比较明显的是唐代瓦当的边轮外圈装饰的一圈单弦纹已经变粗。瓦当上单弦纹较粗的特点在 1 号瓦当上也能够看出。以下列举从北魏至唐代瓦当的例子。

①北魏莲花纹瓦当。此件莲花纹瓦当出土于和林格尔县土城子古城，瓦当中心装饰一朵莲花，外围有一圈弦纹，单弦纹里面装饰一圈联珠纹，联珠纹内似乎还装饰一圈弦纹，但是已经模糊不清。内饰六瓣莲花纹，每瓣中有线将其分为两瓣。中间花蕊外围一周有联珠纹装饰。当心有凸起的圆乳丁。瓦当直径 15.4 厘米，边缘宽 2 厘米，厚 1.3 厘米。❶

②北魏莲花纹瓦当。此件莲花纹瓦当出土于和林格尔县土城子古城，瓦当呈圆形，有部分残缺。瓦当外围饰一圈外弦纹，外弦纹内装饰一圈联珠纹，联珠纹内有一圈单弦纹，在内部饰有一六瓣莲花纹，莲花纹内有一圈联珠纹包围着一凸起的乳丁纹。瓦当直径 16 厘米，边缘宽 1.6 厘米，厚 1.6 厘米。❷

③北魏莲瓣纹瓦当。此件莲花纹瓦当出土于和林格尔县土城子古城，瓦当两边各有一部分残缺，瓦当外圈装饰一圈单弦纹，单弦纹内装饰十枚莲瓣纹，十枚莲瓣纹其间交叉装饰类似"T"字形图案。花瓣造型较为抽象，内部装饰九个凸起的小乳丁纹饰，乳丁纹饰外圈饰一圈单弦纹。瓦当直径 14.5 厘米，边缘宽 2 厘米，厚 1.5 厘米。❸

④唐代莲蕾纹瓦当。此件莲花纹瓦当出土于和林格尔县土城子古城，瓦当边缘稍微残缺，瓦当边轮内饰一圈单弦线，单弦线内有联珠纹，联珠纹内有一圈由八个莲蕾纹和"T"字纹交叉组成的装饰带。中心有七个小乳丁纹，外围一圈单弦线装饰。瓦当直径 16.5 厘米，边缘宽 2.2 厘米，厚 1.6 厘米。❹

⑤唐代莲蕾纹瓦当。此件莲花纹瓦当出土于和林格尔县土城子古城，瓦当边缘有些残缺，瓦当边轮内装饰一圈单弦线，单弦线较粗。在单弦线

❶ 陈永志. 内蒙古出土瓦当［M］. 北京：文物出版社，2003：171.

❷ 陈永志. 内蒙古出土瓦当［M］. 北京：文物出版社，2003：173.

❸ 陈永志. 内蒙古出土瓦当［M］. 北京：文物出版社，2003：177.

❹ 陈永志. 内蒙古出土瓦当［M］. 北京：文物出版社，2003：185.

内部装饰与④型的唐代莲蕾纹瓦当相似，瓦当直径15厘米，边缘宽1.5厘米，厚0.9厘米。❶

⑥唐代莲蕾纹瓦当。瓦当有残损，瓦当边轮内有一圈单弦纹，单弦纹内有一圈联珠纹。联珠纹内有一圈莲蕾纹与类似花蕊茎的纹饰，二者交叉形成装饰带。瓦当中心有七个乳丁纹。瓦当直径16.5厘米，边缘宽2.1厘米，瓦当厚2厘米。❷

在洛阳地区出土的瓦当中，隋代至唐初时期，莲花纹瓦当也出现与以上瓦当相似的类型。

⑦隋代至唐初莲花纹瓦当。此件莲花纹瓦当是出土于隋唐洛阳城宫城遗址，瓦当边轮内饰有一条单弦纹，单弦纹内装饰联珠纹，联珠纹内还有一条纤细的单弦纹，在纤细的单弦纹内装饰着诸如③、④、⑤类型瓦当中的莲蕾纹装饰带。装饰带内有一圈纤细单弦纹，瓦当中心装饰八个乳丁纹。瓦当直径为13.1厘米。❸

以上是内蒙古地区北魏至唐代的莲花纹瓦当的几个实例，当然还有一件是洛阳地区隋代至唐初这段时间的莲花纹瓦当。这几件瓦当的共同特点是在瓦当的边轮之内有一条单弦纹，内蒙古地区瓦当边轮内的单弦纹有着渐变的规律，即是在唐代的瓦当上，这条边轮内的单弦纹开始变粗。并且洛阳地区的瓦当在隋代至唐初这段时间内也出现了类似这类特征的瓦当。这就说明在瓦当的边轮内出现一条单弦纹是隋代至唐初的一个特征，并且在唐代这条装饰单弦纹逐渐变粗。

又根据之前讨论过洛阳地区隋末唐初这个阶段，边轮规整，宽度适中，同时与瓦当的中心齐平。与中晚唐时期瓦当的边轮均不同。而北魏时期，内蒙古地区的瓦当的边轮与当心的纹饰基本齐平，处于一个平面。从此地区唐代莲花纹瓦当的装饰特点来看，边轮与当心的纹饰的高度应该也是齐平的。并且内蒙古地区唐代瓦当陶质的颜色出现了淡黄色。由此可知，1号瓦当的制作年代应该是隋代至唐代这个时间段。并且，从1号瓦

❶ 陈永志. 内蒙古出土瓦当 [M]. 北京：文物出版社，2003：187.
❷ 陈永志. 内蒙古出土瓦当 [M]. 北京：文物出版社，2003：189.
❸ 程永建. 洛阳出土瓦当 [M]. 北京：科学出版社，2007：297.

当中的线条装饰的特征来看，它体现了画像石中对羽人羽翼刻画的线条特质。此件瓦当在对主体形象的刻画上显得较为稚拙，另外据人首面部凸眼和类似鸟喙的嘴型的特点。1号瓦当的年代有可能是隋代至唐初这段时间。

二、2号瓦当是安徽淮北市柳孜运河遗址出土的一件"羽人"瓦当

2号瓦当出土于安徽淮北市柳孜运河遗址，这段河道是隋唐时期的大运河通济渠故道的一段，称之为汴河。2号瓦当的陶质颜色呈现灰白色。瓦当边轮与瓦当中心的装饰纹饰平齐，基本处于一个平面。边轮没有高于瓦面。在瓦当边轮内装饰着两条弦纹线，线条纤细且并列，在两条弦纹线内刻画着人首鸟身的形象。在人首的头部戴着一个头冠，有点类似于幞头。在头冠的两旁垂下两个飘带。上半身的上臂做出双手合十的姿势。瓦当主体形象的下半身刻画出七条横线，这些横线象征着鸟的腹部。在腹部处刻画的这几条横线的下方，刻画着向外发散的竖线。主体形象的两边分别刻画出向两边发散的细线，一直延续至主体形象的肩部，这些细线并列向上，像展翅欲飞的翅膀。剩下瓦面的空白处则分布于人首头部的周围。空白与表示羽翼的线条形成鲜明的对比。这些线条与画像石中羽人羽翼的线条也有着某种近似的地方。2号瓦当的主体形象的特征与1号瓦当中主体形象的特征很相似，但是根据此件瓦当的面部特征与双手合十的造型来判断，2号瓦当应是迦陵频伽纹瓦当。值得注意的是2号瓦当的装饰弦纹是两条。与唐代较粗的单弦纹线比较，这个虽然是两道，但是很纤细。

此瓦当的当轮宽1.2~1.5厘米不等。造成这种当轮宽度不等的原因是瓦当在制作时不仅有切割，而且在瓦当上有抹泥的现象，这是因瓦当与筒瓦相连接的需要而成。这件瓦当的制作方法比较特别。那么，瓦当的制作方法大致如下：首先用瓦范制作出瓦当，其次用瓦坯包于瓦当的外侧，形成瓦筒。如果制作的是半瓦当，则从瓦筒的上方中间，将瓦筒与瓦当切开，瓦当连接着瓦筒被分为两个部分，并成为两个半瓦当。当然制作半瓦当的方法还有一种，其制作方式是用一细圆钎在瓦筒坯与瓦当相接处的中间切入，而后用细绳切割，并从瓦筒的上部中间向下切至圆钎切入处，最后形成两个带有筒瓦的半瓦当。后者的制作方式，会在筒瓦上留有半圆形

缺口。这是制作半瓦当的两种方法。而制作圆瓦当，则是在切至瓦筒与瓦当背面相交处，再横切。从而形成一个圆瓦当和半个相连的筒瓦。这样的制作方法，会导致瓦当背面有平滑或弧线状的切痕。另外，瓦当边轮高于瓦面的情况，也与制作方式有关。这一制作方法一种是用瓦坯包裹瓦当时，高于瓦面所形成的效果。另一种方式是用瓦范直接制出。尤其要注意的是用瓦范制出的瓦当，在连接瓦当与筒瓦时需要用泥粘贴。因此在二者接口处有抹泥留下的指痕，也保存着为使粘接坚固而划出的凹槽。❶ 而 2 号瓦当的制作方法是由瓦范直接制出，背面直接用筒瓦粘贴于其背面，内侧用泥条贴于接口处，当然为了与筒瓦连接牢固，在瓦当的侧面用硬物切割划出数道凹槽，以及留下抹泥的痕迹。

2 号瓦当主体形象好似戴着头冠的女性形象。头冠的外形好似山字形，在头部的两边还有两条飘带，飘浮在空中。眼睛用两条短线堆砌，嘴巴同样如此，在嘴中形成一个空洞，好似在发出声音。那么，根据头上的头冠，似张口出声的嘴型，以及双手合十的姿势。使整个主体形象带有一定宗教的意义。

2 号瓦当另一个比较重要的符号，即是主体形象一周向外发散的细线。这种发散的细线与 1 号瓦当上的鱼骨线条还是有差别的。因为象征着羽翼的细线与象征着鸟爪的细线已经连在一起。这与六朝人面瓦当中的线条有着一定的联系。人面纹瓦当见于东吴时代的首都建业和东吴境内一些城市。❷ 如下面所述的这件瓦当：

此件瓦当是在高淳县固城遗址出土的六朝人面纹瓦当。瓦当直径约为 14 厘米。瓦当的瓦面中心刻画一个人面的形象。鼻子上方饰有"人"字形装饰曲线，眼睛扁圆，有眼眶。眉毛细长，眉毛上方竖立数条短线。面部颧骨处装饰四条发散的短线条。嘴部半张，分为上、下两个部分，使用向上向下的单线条来表达嘴部的结构。在人面的四周饰有一圈密集的短线，呈现装饰带的特点。❸ 如下图，瓦面的人面由许多的线条组成。但是这些

❶ 程永建. 洛阳出土瓦当［M］. 北京：科学出版社，2007：41.

❷ 贺云翱. 六朝瓦当与六朝都城［M］. 北京：文物出版社，2005：17.

❸ 苏玮. 六朝人面纹瓦当视觉审美与符号研究［D］. 无锡：江南大学，2016：16.

人面纹瓦当——高淳县固城遗址出土。

图片来源：北京，文物出版社，2005 年出版的《六朝瓦当与六朝都城》，第 16 页。

线条都是短线条，共同刻画出人面中的眉毛、嘴巴，还有脸部的颧骨。甚至用密集的短线组成面来表达脸部的凹陷处。这就是当时工匠对于人物造型的理解，很稚拙但很有趣。瓦当一周装饰着短线条的装饰带。线条的运用在六朝时期的人面瓦当中运用得十分之多，或者说线条是六朝瓦当的一个鉴定依据。

2 号瓦当中的线条是在瓦当的下半部分，线条的特征是向外发散，羽翼的线条与鸟爪的线几乎混同。那么这样的造型在六朝的人面瓦当中可以找到此类原型。如下所述：

①此瓦当是出土于建邺路北张府园工地的一件人面纹瓦当。瓦当直径 12.5 厘米、边轮宽 0.8 厘米。瓦当边轮有残缺。边轮内饰一圈齿状的装饰带。眼睛圆凸，眼珠一周以单线装饰，眼角向下；眉毛上有短线向上呈发散状；鼻子如三角凸于面部；嘴部以三条凸起的线条表示出人物微笑的状态；下巴饰有胡须，胡须以三角状的短线条凸于瓦面；面颊微凸，整个人物的神态呈微笑状。❶

②此瓦当是出土于建邺路北张府园工地的另一件人面纹瓦当。瓦当直径 12.6 厘米、边轮宽 1 厘米。瓦当有边轮，边轮内饰锯齿纹装饰带。锯齿纹与凸弦纹相接。人物眼睛扁细；眉毛亦如眼睛短细；额头饰有状如眉毛的细线；鼻子直通眉骨；嘴巴呈椭圆形，中间露出舌头。嘴巴周围有向上

---

❶ 贺云翔. 六朝瓦当与六朝都城 ［M］. 北京：文物出版社，2005：8.

向下发散的长线，应为人物的胡须。❶

　　③出土地点同上的第三件瓦当，也是一件人面纹瓦当。瓦当直径 14.3 厘米、边轮宽 1 厘米。瓦当有残缺。瓦当边轮内饰一圈锯齿纹装饰带。与之前两件瓦当不同的是，人物面部的特征。人物眼球与眼眶同形且向下弯曲；眉毛弯曲；鼻梁上方有几条向上发散的线条；嘴巴呈现相对的月牙状，嘴角上扬；下巴周围饰有发散的曲线；颊部略鼓。人物面部特征呈现微笑状。❷

　　④出土于大行宫延龄巷北口的一件人面纹瓦当。瓦当直径 13 厘米、边轮宽 0.8 厘米。人面眼睛扁细，无眼眶；眉毛与鼻子相接；颊部圆鼓；嘴巴呈一条平行直线；下巴处有整齐排列的长线，应为胡须。与额头上方的线条方向相反。脸面外部饰有一圈放射纹装饰带。❸

　　⑤出土于中山南路西侧铜作坊的一件人面纹瓦当。瓦当直径 14 厘米、边轮宽 1 厘米。瓦当边轮内饰放射纹装饰带，大眼眶，小黑眼球，眼睑缘呈菱形；大鼻，露出圆圆的鼻孔，鼻梁通向额头；双颊微鼓；嘴巴呈长方形，露齿；下巴有胡须，线条较为不规则。❹

　　⑥出土于大行宫东南角工地的一件人面纹瓦当。瓦当直径 14 厘米、边轮宽 0.7 厘米。瓦面人物眼睛状如鱼形，眼球如点；眉毛细长；鼻大并通入额头，鼻孔大而外露；嘴巴长方，露齿；嘴巴上方留有八字胡；下巴处有发散状的线条，应为胡须；脸颊微凸；鼻孔中线向下延伸出一条线。❺

　　⑦出土于洪武路北口东侧、中山东路南侧工地的一件人面纹瓦当。瓦当直径 15 厘米、边轮宽 1 厘米。瓦当边轮内饰有放射纹装饰带。人面眼睛扁圆；弯弯的眉毛上饰以向上发散的短线条；鼻子呈三角状，断续与眉骨相连；唇薄，扁嘴；双颊圆凸；嘴上饰有八字胡，下巴处整齐排列着长长的细线，应为胡须。❻

---

❶ 贺云翔. 六朝瓦当与六朝都城 [M]. 北京：文物出版社，2005：8.
❷ 贺云翔. 六朝瓦当与六朝都城 [M]. 北京：文物出版社，2005：9.
❸ 贺云翔. 六朝瓦当与六朝都城 [M]. 北京：文物出版社，2005：10.
❹ 贺云翔. 六朝瓦当与六朝都城 [M]. 北京：文物出版社，2005：11-12.
❺ 贺云翔. 六朝瓦当与六朝都城 [M]. 北京：文物出版社，2005：12.
❻ 贺云翔. 六朝瓦当与六朝都城 [M]. 北京：文物出版社，2005：13.

⑧出土于估衣廊工地的一件人面纹瓦当。这件瓦当有些残损。瓦当直径14厘米、边轮宽0.6厘米。边轮内饰有一圈放射纹装饰带。人面眼睛扁细，呈"一"字状；眉毛粗如眼，眉线上亦有发散状短线；鼻子长长呈三角状；双颊圆凸；嘴巴椭圆，露齿；下巴处饰有短线，表示为胡须。❶

⑨出土于中山南路西侧铜作坊的一件人面纹瓦当。瓦当直径13.8厘米、边轮宽0.6厘米。瓦当边轮内饰有放射线装饰带。眼睛用弯线表示；无眉毛；鼻梁宽大通入额部；双颊圆凸；嘴巴呈椭圆形；在嘴角和下巴处分别饰有五条长线，用以表示胡须的特征。❷

诸如以上的例子，可将这些人面瓦当逐一列表：

图①　　　　　　图②　　　　　　图③

图④　　　　　　图⑤　　　　　　图⑥

图⑦　　　　　　图⑧　　　　　　图⑨

❶　贺云翱. 六朝瓦当与六朝都城［M］. 北京：文物出版社，2005：15.
❷　贺云翱. 六朝瓦当与六朝都城［M］. 北京：文物出版社，2005：12.

　　图①为人面纹瓦当——出土于南京市建邺路北张府园工地。图片来源：北京，文物出版社，2005年出版的《六朝瓦当与六朝都城》，彩版1。图②、图③为人面纹瓦当——出土于南京市建邺路北张府园工地。图片来源：北京，文物出版社，2005年出版的《六朝瓦当与六朝都城》，第10页。图④为人面纹瓦当——出土于大行宫延龄巷北口。图片来源：北京，文物出版社，2005年出版的《六朝瓦当与六朝都城》，第10页。图⑤为人面纹瓦当——出土于中山南路西侧铜作坊。图片来源：北京，文物出版社，2005年出版的《六朝瓦当与六朝都城》，第11页。图⑥为人面纹瓦当——出土于大行宫东南角工地。图片来源：北京，文物出版社，2005年出版的《六朝瓦当与六朝都城》，第13页。图⑦为人面纹瓦当——出土于洪武路北口东侧、中山东路南侧工地。图片来源：北京，文物出版社，2005年出版的《六朝瓦当与六朝都城》，第14页。图⑧为人面纹瓦当——出土于估衣廊工地。图片来源：北京，文物出版社，2005年出版的《六朝瓦当与六朝都城》，第14页。图⑨为人面纹瓦当——出土于中山南路西侧铜作坊。图片来源：北京，文物出版社，2005年出版的《六朝瓦当与六朝都城》，第11页。

　　从图①和图③瓦当的图式上来看，人物的面部均刻画出眼眶的特征，即为上下眼睑，眼睛突出。嘴部也全部刻画出微笑的特征，也是用线表示嘴部微笑的形状。在嘴部下方刻画了类似胡子的放射线条。但是图①瓦当的胡子和眉毛的放射线条较为挺直。而图③的瓦当中对胡子的刻画，其线条变得十分弯曲，有着放射性的规律。而图⑤和图⑥的瓦当中，对眼部的刻画也是用两根线条表示上下眼睑。只是凸起的眼睛变成了两个点，生动地描绘了人物的神态。在2号瓦当人首的脸部特征中，对眼睛的刻画是用了两条线堆积出眼睛的模样，正如图①、图③、图⑤、图⑥瓦当对眼睛的刻画。当然，九件瓦当的共同特征是人面纹瓦当中对胡子的刻画。在瓦当中使用线条对人物面部特征的刻画，是六朝时期人物纹瓦当的一个特点，也是对此时瓦当的鉴别。那么对于这些线条的形成和发展的分析就显得十分必要。首先，在图①瓦当中胡子的线条则是具有三角形状的短线条。图②和图③及图⑨的瓦当中的线条已经开始改变，比起其他几件瓦当的线条显得有着刻意的装饰。以线来协调整个人面的神态、性格、年龄等。比如最后一件图⑨瓦当的5条胡子线条，虽然数量较其他的瓦当少，但是很好地表现了俏皮的性格。至于图②和图③两件瓦当，也是微笑的面容，自然对于线条的运用也是变为弯线条。不同于图④和图⑦的瓦当对胡子的刻画，图④和图⑦的瓦当的线条较图①瓦当更加着力于线条长度和密度的刻画。线条较为竖直，也更加密集。当然还有些瓦当对胡子的描绘更加草率，线条凌乱没有规律。图⑤和图⑥、图⑧瓦当的人物面部胡子刻画显然变得杂乱而密集。或许是因为根据人物的身份、性格来使用线条。比如图⑤和图⑥瓦当的人物面部的鼻子形状，使用了露出鼻孔的造型特征，不知道这是否是对胡人的描绘。面部特征较其他类人面不同，刻画方式方法便不同。2 号瓦当中对鼻孔和嘴巴的刻画，也许与这类手法是相似的，但是并非与这两件瓦当一样着力去刻画人物特征、身份。而是对鼻子和嘴巴一种艺术手法的处理。那么，再次回到图②和图③瓦当的图式分析中，这两件瓦当已经传达出当时工匠在制作瓦当时的匠心，瓦当明显透露出工匠对对称概念的认识，图③瓦当嘴巴的处理，像是两个月牙的对称组合，形成了所看到的较为独特的样子，以及注重线条在瓦当上的艺术处理，比如对线条向下走向的刻画，以及分出另外一部分向上弯曲的走向。这样的模式在图②和图⑨瓦当中均有表现，在瓦当上表现出线条的写意性。线条已经不是对对象简单的表达，它已经被抽象化为几根或者多根有规律的线条，来装饰人面纹瓦当。当这种线条的艺术在人面纹瓦当中形成一种模式后，线条的抽象因素便渐渐影响其他类的瓦当。那么，为什么在人面纹瓦当中出现射线及锯齿纹。贺云翱先生在《六朝瓦当与六朝都城》一书中对这两个图像符号的解释是，人面可能与某种宗教观念或是神人的概念有关。对于射线及锯齿纹的刻画是因为代表太阳的发光体，从而使人们对此类瓦当的神秘与能够辟邪的功能产生了崇拜心理。同时，他认为射线与锯齿纹是受到了汉代铜镜中此类纹饰的影响。当然，无论人面纹瓦当中刻画的放射线条属于对具体物像的描绘，还是对抽象概念的表述，它都展示出六朝工匠对于线条的讲究。

　　对线条的发挥还不仅仅体现在人面纹瓦当上，还体现在兽面纹瓦当中。兽面纹在南京地区出土的数量超过了云纹瓦当和人面纹瓦当。❶ 兽面纹瓦当在内蒙古托克托县云中古城也有出土，比较两个地区的兽面纹瓦

---

❶　贺云翱. 六朝瓦当与六朝都城［M］. 北京：文物出版社，2005：21.

当，发现不同的地域对兽面纹的理解是有差异的。以下列举南京地区出土的兽面纹瓦当。

①白下路西八府塘出土的一件兽面纹瓦当。瓦当直径 12.9 厘米、边轮宽 1.1 厘米。瓦当边轮内饰兽面纹，兽面轮廓清晰，头部上方较宽，下部内收，面如虎面。眼角向上，眼如杏核；鼻子呈三角状，并以一条线向上延伸，中线两侧分别向耳朵处发散出细线，形如树枝。嘴部如"M"形，大口，露齿，露舌；面部轮廓线外饰有发散的装饰线。头部上方有两个小耳朵。❶

②建邺路朝天宫（冶山）南出土的一件兽面纹瓦当。瓦当直径 13 厘米、边轮宽 1.2 厘米。边轮内饰有兽面纹，兽头有外轮廓线，头部宽，下巴窄。眼角向上，眼睛较扁，有眼眶。鼻子呈三角状，向上延伸，如伞状弯线。四方嘴，露齿。兽头外饰一圈放射线。头部轮廓外有两个小耳朵。❷

③新街口西南石鼓路北侧出土的一件兽面纹瓦当。瓦当直径 13.4 厘米、边轮宽 1 厘米。边轮内的兽面没有轮廓线，脸部两侧各饰一条如羽翼状的曲线，曲线向上。眼如杏核，与三角状鼻子平行。嘴巴类似梯形，口大张，露出上下牙齿。嘴部下方饰有几条短线。眉毛向上弯曲，弯曲的眉毛内饰两个装饰圆圈和两道竖线，在两道竖线两旁分别饰有两条短线条，竖线与两条短线条形如树枝。❸

④建邺路北张府园附近出土的一件兽面纹瓦当。瓦当直径 12.6 厘米、边轮宽 1.2 厘米。边轮内饰兽面纹，兽面没有轮廓线。眼睛扁圆，眼角向上斜立，眼球外有眼眶。三角状鼻子通入额部。鼻梁根部两侧是弯曲的细线，如眉毛向上递减。嘴部方正，露出上齿和舌头。嘴部四周装有发散的放射线。❹

⑤羊皮巷西口工地出土的一件兽面纹瓦当。瓦当直径 14.4 厘米、边轮宽 1 厘米。瓦当边轮有残损，兽面的眼大且圆。眼角向上延伸，与三角状

❶ 贺云翱. 六朝瓦当与六朝都城［M］. 北京：文物出版社，2005：21.
❷ 贺云翱. 六朝瓦当与六朝都城［M］. 北京：文物出版社，2005：21.
❸ 贺云翱. 六朝瓦当与六朝都城［M］. 北京：文物出版社，2005：22.
❹ 贺云翱. 六朝瓦当与六朝都城［M］. 北京：文物出版社，2005：24.

鼻子在一个水平线上，鼻梁向额部延伸，与额部圆圈、四条短线相接。口方，露出上下牙齿。脸部两侧各用两条曲线表示脸部轮廓线。在轮廓线外饰有放射线。❶

⑥中山南路铜作坊出土的一件兽面纹瓦当。瓦当直径 13.5 厘米、边轮宽 1.2 厘米。兽面眼睛圆大，位于瓦面的中间部分。与三角形鼻子在一水平线上。由鼻子向上延伸出两条短线，形如"V"。鼻子与眼睛中间之上是两条向上的曲线。方口，露出齿与舌。下巴、两颊和眼睛外侧分别饰有装饰线。❷

如下图所示。

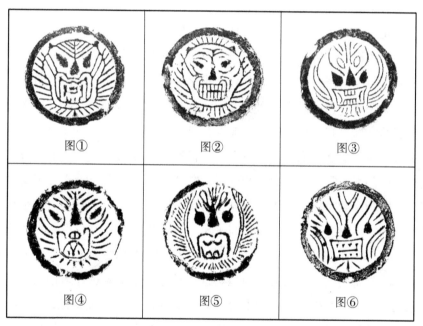

图①　　　　　　　图②　　　　　　　图③

图④　　　　　　　图⑤　　　　　　　图⑥

图①为兽面纹瓦当——出土于白下路西八府塘。图片来源：北京，文物出版社，2005 年出版的《六朝瓦当与六朝都城》，第 23 页。图②为兽面纹瓦当——出土于建邺路朝天宫（冶山）南。图片来源：北京，文物出版社，2005 年出版的《六朝瓦当与六朝都城》，第 23 页。图③为兽面纹瓦当——出土于新街口西南石鼓路北侧。图片来源：北京，文物出版社，2005 年出版的《六朝瓦当与六朝都城》，第 23 页。图④为兽面纹

---

❶　贺云翱. 六朝瓦当与六朝都城［M］. 北京：文物出版社，2005：23.
❷　贺云翱. 六朝瓦当与六朝都城［M］. 北京：文物出版社，2005：25.

瓦当——出土于建邺路北张府园附近。图片来源：北京，文物出版社，2005 年出版的《六朝瓦当与六朝都城》，第 25 页。图⑤为兽面纹瓦当——出土于羊皮巷西口工地。图片来源：北京，文物出版社，2005 年出版的《六朝瓦当与六朝都城》，第 24 页。图⑥为兽面纹瓦当——出土于中山南路铜作坊。图片来源：北京，文物出版社，2005 年出版的《六朝瓦当与六朝都城》，第 26 页。

　　贺云翱先生将兽面纹瓦当的年代做了大致的区分。他认为兽面纹瓦当中的兽面若呈现虎面，且上宽下窄的面部特征，大口獠牙等面容的均为东晋早期的瓦当。而当虎面开始简化，虎面轮廓线开始不明显时，仅仅用线条在两边刻画，但是仍保存上宽下窄的特征，双目已经下移，且额部的图案复杂化，诸如此类特征均为东晋中晚期兽面纹瓦当的特征，也是作为时代界定的依据。当然，若是兽面造型简化，兽面轮廓线基本消失，双眼向外斜置，在眼睛外有眶，嘴部图案程式化等特征，基本是南朝时期的兽面纹瓦当。还有一种兽面纹瓦当，如眼睛近似圆形，外眼角延长似有一长尾，在脸颊部位有三根弯曲的装饰线，口中无牙。具有这些特点的瓦当年代上限可定为东晋，下限可定为南朝。根据贺云翱的观点，图中的兽面纹瓦当的时间大致是，图①为东晋早期，图②为东晋早期，图③为东晋中晚期，图④为南朝时期的瓦当，图⑤为东晋中晚期的瓦当，图⑥大致是从东晋至南朝这段时间。从这六件瓦当来看，虽然均为用线，并且是发散式的用线，但根据年代的发展，兽面图案逐渐变得抽象，线条组织得更加自由，线条语言的艺术感染力在加强。这也是笔者想要表达并强调的，即为线条在瓦当中所产生的视觉冲击力，以及对其他类瓦当的影响。线条在解构形体，然后由线条建构一个新的语言系统和视觉系统。不变的是线条向外扩展的发散力，不知道这是否依然具有某种象征含义，依然与太阳的辐射象征有关，致使兽面纹瓦当具有了一种辟邪和祥瑞的功能所指，因而当时当地的人们使用此类瓦当作为建筑的装饰，来为门庭祈福。当然瓦当由像虎面的造型向抽象的兽面图式发展，说明人们审美的变化，也是线条由简单的直线向曲线发展演变。当然图式的这一变化使兽面纹中的可怖因素得以消解。兽面纹瓦当看起来更加平易近人，艺术性更强。这或许与时代的审美需求有关。无论是什么样的原因，兽面纹瓦当较人面纹瓦当，对于线条的讲求显得更加明显，也是六朝南京地区瓦当突出的特征。以兽面纹瓦当和人面纹瓦当的艺术特征来反观2号瓦当，笔者认为六朝时期南京地区的人面纹瓦当和兽面纹瓦当对2号瓦当的造型有一定的影响。

2号瓦当瓦面的图像即是人首鸟身的形象，鸟身使用线条来表示羽翼。这些线条是纤细且略微弯曲的线条。与人面纹瓦当和兽面纹瓦当中的细线相似，均是向外发散扩展开来。这些线条还有一个特征是极为密集。这与其他羽人瓦当不同，或许正体现它所处时代的造型特征。在人面纹饰瓦当和兽面纹瓦当中，线条密集是一个较为常见的符号特征，并且线条纤细而略有变化。对于发散的线条为什么要占据瓦当的三分之二，这也是一个较为重要的视觉因素。特别是兽面纹瓦当，放射的线条占据瓦当的绝大部分面积，一方面是展现兽面的恐怖，另一方面也是线条的装饰可以更好地展现此类瓦当特点。但是，这些兽面纹瓦当中的线条所表示的是兽毛之类的具体物像。这是一种装饰符号，当对人面纹中胡子和兽面纹之兽毛等具象物有所描绘的符号产生后，对其他瓦当的塑造必然有着影响。2号瓦当即是受到这种瓦当的影响，在对羽翼的刻画时，便采用了纤细弯曲的线条来表示羽翼和鸟爪。看似不经意地描绘，却展示了整个时期一个区域之间的影响和审美风尚。也是线条艺术在六朝的流行和运用。

因此，安徽出土的这件瓦当中呈现出佛教的造型特征。瓦当吸收了人面纹和兽面纹瓦当中线条的特点。至于此瓦当的年代问题，根据瓦当边轮几乎和瓦面处于一个平面，且有两条凸弦纹作为装饰、陶质为浅灰色，又因瓦当的出土地等原因，这件瓦当可能是唐宋时期的瓦当。

三、3号瓦当是出土于青海省民和县的一件羽人瓦当

这件瓦当被认为是唐代时期的瓦当，这个结论没有异议。那么，这件瓦当具体是唐代的哪个时间段呢？此件瓦当的当面呈现浅灰色，在凸起的装饰主体上留下深青灰色。瓦当没有边轮装饰，只有一圈联珠纹装饰在瓦面边缘。联珠纹在唐代是一种装饰纹样，在瓦当中常常看到它的身影，特别是在莲花纹瓦当中。莲花纹瓦当中的联珠纹的样式较为丰富，可以作为此件瓦当比较的依据。瓦当的主体形象是人首鸟身，而人首的特征是一位男童的形象，他手持笙簧。笙簧乐器在敦煌壁画中大量出现，以敦煌壁画

中的迦陵频伽伎乐手中所持乐器来看，筚篥作为器物刻画在迦陵频伽伎乐图像中，在盛唐时期的壁画中较为流行。而且有前人的研究表明筚篥出现在敦煌壁画的中期之后。那么，当这种乐器传入青海地区应该在盛唐之后的一段时期。瓦当上的这件筚篥乐器的流行时期，为判断此件瓦当的年代提供了可参考的依据，这件瓦当应是盛唐之后制作的瓦当。

四、4号瓦当是古陶文明博物馆收藏的一件羽人瓦当

瓦当有局部的残损。瓦当陶质呈现青灰色，瓦当边缘有一圈凸弦纹。凸弦纹内有一个主体形象，是类似敦煌壁画中的迦陵频伽形象。人首面部已经磨损或者没有雕刻面部细节。但是头部显然刻画出肉髻相，双手作合十动作，身体两旁有五条羽翼的线条。下身不现鸟腿，只是露出半圆的边缘，好似身体飘浮在空中。在人首头部有一圈像羽尾的纹饰，或做头部的背光装饰。因为瓦当磨损较为严重，很多细节已经看不清楚。较为明显的符号即是双手合十和肉髻相的特征。这些特征是佛教造像的特征，瓦当所在的建筑也应是佛教建筑。因此，此件瓦当应是迦陵频伽纹瓦当。在瓦当中使用类似飞天的图像，不仅仅是此件瓦当，在古陶文明博物馆还保存着另外一件唐代瓦当。瓦当的主体形象是刻画了一个飞天的形象。在图录中，将这件瓦当的名称定为唐羽人瓦当。可能因为与之前的那件飞天姿势的羽人瓦当类似，从而将这件飞天图像的瓦当也定为羽人瓦当。不过这件飞天图像瓦当确实有着一定的意义。它的出现告诉我们其实在瓦当中的飞天状迦陵频伽应有自身的一个传播系统。或者说是一个传播路线的问题。因为韩国保存着一件迦陵频伽纹瓦当，其主体形象与这件飞天状的瓦当有着某种类似的动作。这或许即是图式在传播中不断相互影响的结果，或者说是一种图式的替代。

那么，在古陶文明博物馆保存有两件瓦当，一个为飞天图像，一个为迦陵频伽图像，但是也是飞天造型的瓦当。飞天图像与迦陵频伽图像之间有着怎样的联系。对于图像的阐释，需要从飞天图像的传播开始讲起。飞天的图像在云冈石窟中，图式的表现相当丰富。

例如云冈石窟的第6窟中心塔柱的飞天。在第6窟中心塔柱的飞天形

第 6 窟中心塔柱的飞天——飞天头部显现胡人的面相特征。

图片来源：南京，江苏美术出版社，2011 年出版的《云冈》，第 77 页。

象中，有一飞天头部显现出胡人的面相。眼睛圆眼外突，头发波浪纹，鼻梁高耸。在其肩膀上方雕刻一个飘带，仿佛在空中飞舞。头部有背光。左手扶握左腿，左腿翘起与背部呈现"V"字形。右腿伸直，做飞天的姿势。在面部特征为胡人的飞天的右手中持有一物，整个身体在建筑的方框中，身体以对角线的方位占据着整个画面。身体强壮，上身裸露，但有一帔帛从右肩斜至左胯。下身穿着波纹状的短裤。西域人物的特征十分明显。与胡人飞天在一个中心塔柱的另一处，雕刻着飞天的形象，飞天头部仍有背光，面部眉眼纤细，嘴部呈微笑状，飘带从飞天的左臂绕过头光，然后缠绕住右臂，在空中飘举。双腿并在一起做前屈。身体侧面飞行于半空中，左手中持有一物。身体朝外，脸部呈现四分之三侧面容。这组雕刻整体风格稚拙古朴，表现了男性飞天的阳刚之气。

　　在第 9 窟窟门顶部的飞天也是一组精美的雕刻，见下图。四飞天，方脸

第 9 窟窟门顶部的飞天——具有胡人形象的四飞天共同捧护着摩尼珠。

图片来源：南京，江苏美术出版社，2011 年出版的《云冈》，第 121 页。

卷发，上身袒露，下身穿短裤，形如胡人。四飞天共持摩尼珠。做飞翔状。❶ 在这里值得注意的是飞天的飞翔造型，腿部一个向前弯曲，一个朝

---

❶　张焯. 云冈 [M]. 南京：江苏美术出版社，2011：121.

后弯曲，做侧身飞翔姿势。上身朝外，腿部外形特征明显，腿部并未因为衣服的掩盖而失去对肌肉的刻画，腿部较为写实。人物面部还是具有男性的特征，因此也显出男性的强壮之美。身上的飘带从上臂穿过，飘浮于头部之后，头部之后装饰背光。颜色以红、黄、青色为主色调，衬托出飞天唯美的动势和严肃的宗教气氛。

第 10 窟明窗顶部雕刻着飞天托莲，见下图。在明窗顶部雕刻了"二

第 10 窟明窗顶部的飞天托莲
——八身飞天头梳高发髻或剃发型围绕莲花旋转。

图片来源：南京，江苏美术出版社，2011 年出版的《云冈》，第 124 页。

重大莲花，外层十五瓣，内层十二瓣，呈放射状绽开。八身飞天头梳高发髻或剃发型，相间穿行，围绕莲花旋转。它们或张臂滑翔，或挥手托莲，或吸腿或纵身，姿态舒展，自由奔放"。❶ 八身飞天围绕莲花一周，其中七身飞天做着托举莲花的姿势，有的是单手，有的是双手，边托举边飞翔。当然，每身飞天的飞翔姿势不同，有的是单腿弯曲向上翘起，有的是两腿并起，有的是单腿向前弯曲、单腿向后弯曲，有的是交叉双腿飞翔。总之，飞天的姿势变化十分丰富。手部的姿势根据腿部的姿势也在不断地变化。人物手部特征与腿部的特征较为写实，身体结构的刻画十分详尽，从而增加了飞天的动态美。在这八身飞天的一侧还有一些身型较小的飞天。

在云冈石窟中还保存着与上述飞天不同的一类飞天，例如第 13 ~ 18 窟顶部的飞天。如下图，在"三壁三像背光直抵穹窿窟顶，中一团莲，空间狭小，即便如此，雕刻匠师仍创作出姿态舒展自如的飞天形象。飘动的帔帛，划出美丽弧线，与背光中袅袅升腾的焰苗交相辉映，使画面构图充满

❶ 张焯. 云冈 [M]. 南京：江苏美术出版社，2011：124.

第 13～18 窟顶部飞天——飞天
高髻前倾，羽化如翼。

图片来源：南京，江苏美术出
版社，2011 年出版的《云冈》，第
157 页。

活力。飞天高髻前倾，上着短衫，裙尾裹足翻卷，羽化如翼，身材比例修
长"。❶ 两身飞天托举着莲花，身着衣服，具有民间性。帔帛在空中飘动的
样式是根据飞天的姿势而改变，工匠具有丰富的想象力，能够根据姿势的
变化来刻画衣服、帔帛的造型。例如，上图中左边的这身飞天，帔帛的倾
向力是由下至上的，而飞天的手臂姿势则是横向，与帔帛正好形成"十"
字形。而莲花右边的这身飞天，手势是做向上托举的姿势，与横向作用力
的帔帛形成了"十"字形的矛盾力，对于视觉产生了无形的张力。而更为
微妙的是飞天的裙尾则是翻转地将腿部裹起，并形成一束，形如羽翼。腿
部的描绘仅刻画至大腿部分，造型微妙且匠心独运。这两身飞天不同于上
述具有男性阳刚之美的飞天，但是从对手部的刻画，还是表现着双手或单
手托举莲花的动态。双臂的姿势是做打开状。

　　与这身飞天相似的还有云冈石窟中的第 34 窟西壁，见下图。西壁上刻

第 34 窟西壁飞天——高髻形飞
天，裙尾裹足如翼。

图片来源：南京，江苏美术出
版社，2011 年出版的《云冈》，第
199 页。

画了"高髻形飞天，身材修长，上着短衫，裙尾裹足如翼，帔帛舒缓轻
扬，丽舞虚空，具有含咏不尽的意境，是云冈晚期飞天雕刻的代表作"。❷

---

❶　张焯. 云冈 [M]. 南京：江苏美术出版社，2011：157.
❷　张焯. 云冈 [M]. 南京：江苏美术出版社，2011：199.

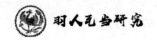

飞天的姿势是一手托举莲花,另一手放置于腿部,两只手形成横向的"S"形,帔帛飘浮在空中。裙尾翻折裹着足部,与帔帛一同为飞天飞翔增加风动之势。双臂做半打开状。

以上所述的云冈石窟中的飞天造像,均带有手臂打开的姿势,下身的腿部线条或肌肉刻画得十分详尽。这是云冈石窟中飞天的造像特点。因此,在古陶文明博物馆收藏的唐代飞天瓦当中的造型与云冈石窟中的飞天造型有着某种类似。如双手托举的姿势,飞翔时半侧的身体,以及对腿部的刻画,均与云冈石窟中飞天的造型有着某种联系。飞天的造型在瓦当中形成一个固定的图式,敦煌壁画中迦陵频伽的飞天造型特征,在古陶文明博物馆收藏的另一件迦陵频伽纹瓦当中可见。但是,在韩国保存的飞天造型的迦陵频伽纹瓦当,主体形象则是与古陶文明博物馆中的飞天瓦当造型相类。这即说明当迦陵频伽的飞天图式传入某一地区时,还有一种飞天图式保留在瓦当中。从而可见与敦煌飞天相近的迦陵频伽飞天瓦当,和与云冈石窟飞天图式相近的飞天瓦当。而韩国保存的迦陵频伽纹瓦当则说明它借鉴了上述的这两种图像因素。被借用的因素来自两个源头,一个是敦煌莫高窟壁画中的迦陵频伽形象,另一个是云冈石窟中飞天形象。这两个图像特征融合为一个符号图式并传入韩国。也即是我们看到的8号迦陵频伽纹瓦当。

至此先暂时不讨论8号迦陵频伽纹瓦当。如果说4号迦陵频伽纹瓦当继承了敦煌壁画中迦陵频伽飞天形象的特征。那么,首先要看敦煌壁画中飞天的特点。例如莫高窟290窟中的飞天伎乐,见下图。飞天伎乐手中持

莫高窟 290 窟——北周,飞天伎乐。

图片来源:兰州,甘肃人民美术出版社,2006 年出版的《敦煌舞乐线描集》,第 34 页。

有筚篥、琵琶、笙箫和长笛等乐器。飞天身上的帔帛呈现三条飘带随风飘拂,帔帛的方向与飞天所行方向相反。腿部的刻画着重用裙尾将足部裹

着，形成一个三角飘带，但是并未翻折。对裙尾的处理与云冈石窟中飞天对裙尾的处理有所不同。飞天的腿部处理形成了"A"字形的夹角，腹部还有鼓起的线条刻画，从而形成了北周时期飞天的造型特征。

又如莫高窟 429 窟的飞天伎乐图像，见下图。这组飞天伎乐是西魏时期的飞天伎乐。刻画了两身手持长笛和腰鼓的伎乐飞天。一身飞天是由上及下的俯冲式吹奏长笛的形象，另一身飞天是横向朝右方飞行，腰间佩戴一件腰鼓乐器，做正在敲鼓的姿势。腿部的刻画较为夸张，右腿弯曲朝右方，且右脚脚底朝上。左腿朝后上方直直翘起。左右腿呈"一"字形。在

莫高窟 429 窟——西魏，飞天伎乐。

图片来源：兰州，甘肃人民美术出版社，2006 年出版的《敦煌舞乐线描集》，第 36 页。

莫高窟 429 窟——西魏，飞天伎乐，腰鼓。

图片来源：兰州，甘肃人民美术出版社，2006 年出版的《敦煌舞乐线描集》，第 36 页。

西魏时期的这两身飞天中，腿部结构隐藏在长长的裙裤中，并且画工更加注重的是对衣纹的处理，脚部虽然露出，但是腿部结构不明显，刻画腿部时，外面显露的腿部要低于里侧的腿部，里侧的腿部只是露出小腿和足部。同为西魏时期的莫高窟285窟，同样有身佩齐鼓和腰鼓的伎乐飞天。此窟中的飞天伎乐，腿部被长裙所掩盖，看不到腿部的刻画。下半身的长裙与身上的帔帛共同随风起舞。

莫高窟390窟是隋代的石窟，其中的飞天伎乐刻画了佩戴长笛和腰鼓的伎乐飞天形象。两身伎乐飞天横向向右边飞行，帔帛形成圆形装饰在飞天的头部上方，腿部的特征已经不同于之前的造型特征。内侧腿弯曲，外侧腿伸直，两条腿形成十字交叉的形状。腿部依然刻画了飘动的长裙，与彩带一起在空中飞舞。当然在隋代，依然保存了类似北周时期的腿部造型特征，即是腿部隐藏在长裙中，在两腿之间形成"A"字形的特征。帔帛以三股飘带飘动的造型。这一形象在西千佛洞8窟中可见。隋代的飞天造型还有由上及下的俯冲的造型，不过腿部特征也是内侧腿弯曲与外侧腿形成十字交叉的造型。如莫高窟404窟中的手持箜篌的伎乐飞天。莫高窟303窟中手持阮的伎乐飞天，腿部特征则是内侧腿弯曲压在外侧腿之上，形成一种坐姿飞天的造型，见下图。有时这样的造型将为下个时期的飞天造型提供发展演变的基础。

莫高窟 303 窟——隋，飞天伎乐。

图片来源：兰州，甘肃人民美术出版社，2006 年出版的《敦煌舞乐线描集》，第 47 页。

莫高窟329窟是初唐时期的石窟，其中有手持箜篌的飞天伎乐，见下图。飞天左手持帔帛，右手持箜篌，身体转向左手方。腿部特征依然保持了隋代对于飞天腿部特征的表现。内侧腿部压在另一条腿上。甚至包括由上及下的俯冲姿势的飞天。如莫高窟329窟中手持横笛的伎乐飞天。在这一时期，飞天的腿部特征也曾刻画了一条腿向前倾，另一条腿朝后方舒展的造型。腿部依然是隐藏在长长的裤裙或裙中。

莫高窟 329 窟——初唐，飞天伎乐。

图片来源：兰州，甘肃人民美术出版社，2006 年出版的《敦煌舞乐线描集》，第 53 页。

至盛唐时期，伎乐飞天的造型稍微发生一些改变。如莫高窟 148 窟中的六臂伎乐飞天。飞天的小腿显然已经露出，不再隐藏在长裙之内。但是依然是一条腿压在另一条腿之上。腿部之间呈"A"字形的夹角。此时的飞天飘带长度加长，以此来增加飞天飞行的速度和动感，见下图。又如莫高窟 44 窟中的手持琵琶、筚篥的两身伎乐飞天。这两身飞天是由下及上的上升的飞天造型。腿部特点是一条腿伸直，另一条竖直弯曲踩在另一条腿上。

莫高窟 148 窟——盛唐，六臂伎乐飞天。

图片来源：兰州，甘肃人民美术出版社，2006 年出版的《敦煌舞乐线描集》，第 61 页。

中唐的飞天伎乐在榆林窟 15 窟中有所体现，见下图。在此窟中刻画了一身手持弯颈凤首琴的形象，飞天身体的造型如同她手中的弯颈凤首琴一样，具有"C"形的曲线美。身体一旁的飘带飞起的弧度与飞天的身体和手中的弯颈凤首琴共同形成了一个圆形。在这身飞天的腿部造型中，依然延续了内侧足部压在外侧足部的特征。下身的裙子掩盖着腿部，只是露出足部。

榆林窟 15 窟——中唐，飞天伎乐。

图片来源：兰州，甘肃人民美术出版社，2006 年出版的《敦煌舞乐线描集》，第 63 页。

晚唐时期的莫高窟对飞天伎乐的刻画，在延续中有略微的变化。如莫高窟 14 窟中手持拍板的伎乐飞天，见下图。飞天的腿部特征依旧是内侧腿压在外侧腿之上。但是从腿部之间的夹角来看，显然已经变得平缓，有时呈现"一"字形。并且飞天出现正侧面的形象，腿部如同跪在云间，作一前一后的姿势，前腿压在后腿之上。

莫高窟 14 窟——晚唐，飞天伎乐。

图片来源：兰州，甘肃人民美术出版社，2006 年出版的《敦煌舞乐线描集》，第 64 页。

从北周时期至晚唐，敦煌莫高窟中的飞天或者说飞天伎乐形象展现了飞天造型的演变。莫高窟中伎乐飞天的造型演变体现在腿部造型的改变以及帔帛造型的改变。北周的飞天造型腿部特征与云冈石窟晚期的飞天造型有着某种联系。至隋唐时期，伎乐飞天的造型出现了新特征，飞天的腿部出现内侧腿压在外侧腿上的造型，腿部之间的交叉由"A"字形变成平缓的"一"字形。帔帛的造型由三条飘带变为单条，且长度逐渐加长。这些特征的演替揭示了敦煌莫高窟中飞天的造型特征有着自身的发展脉络，及与其他石窟之间的联系。通过比对，发现敦煌莫高窟中飞天的腿部特征更多是一条腿放在另一条腿之上的特征，或者一条前屈一条后翘的特征，等等。云冈石窟中飞天的造型与之不同的地方是两条腿是并行起飞，一前一后的造型较为常见。飞天的双臂打开做托举状也是云冈石窟中常见的造型。显而易见，古陶文明博物馆的飞天瓦当中的主体形象吸收了云冈石窟中的飞天形象。而另一件迦陵频伽的飞天造型瓦当则是吸收了敦煌莫高窟中迦陵频伽的造型特征。

　　在敦煌莫高窟 321 窟中，刻画了两身迦陵频伽伎乐的形象。一身迦陵频伽双手合十，另一身迦陵频伽形象手持琵琶的乐器。手持琵琶的迦陵频伽头部向下，羽翅较为写实，刻画出三层羽翼的特征。头部后方还描绘出羽尾的图案。腹部排线随身形变动，不见鸟腿，应是向后飞起，见下图。

莫高窟 321 窟——初唐，迦陵频伽伎乐。

　　图片来源：兰州，甘肃人民美术出版社，2006 年出版的《敦煌舞乐线描集》，第 172 页。

另一身双手合十的迦陵频伽形象刻画出鸟身的整个侧面的形象。鸟身刻画得短小，装饰一条条短线条，由腹部转向身后，最后以小羽尾描绘。身体类似海豚的身体，没有刻画鸟腿和鸟爪。迦陵频伽的身体两旁装饰写实的羽翅，分为四层。身后还有一羽尾，类似金鱼的尾巴，见下图。双手合十

莫高窟 321 窟——初唐，双手合十的迦陵频伽。

　　图片来源：兰州，甘肃人民美术出版社，2006 年出版的《敦煌舞乐线描集》，第 172 页。

的迦陵频伽和手持琵琶的迦陵频伽的形象与 4 号迦陵频伽纹瓦当在造型特征方面十分接近。而这两身迦陵频伽伎乐形象是初唐时期的造型，那么 4 号迦陵频伽纹瓦当的年代上限应为初唐。又因 4 号瓦当的边轮内装饰一圈凸弦纹，边轮与瓦面平齐。这个瓦当应是唐代早期的瓦当。因此，4 号瓦

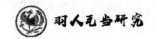

当的年代应为初唐。

五、5 号瓦当是收藏在秦砖汉瓦博物馆的一件瓦当

这件瓦当是圆瓦，但是局部有残损。残损部分露出瓦当的陶质为白灰色的颜色。瓦当的主体形象是人首鸟身的形象。人首的头部为肉髻相，鼻子高鼻梁，鼻梁与眉毛相连。眼睛硕大有神，嘴巴的上方和下方均刻画有胡子。从头部的面部特征来看，头部具有犍陀罗佛像的特征。在头部的后方刻画有背光，在背光的一周装饰着联珠纹。从肉髻相和头后的背光，可以确定这是带有佛教特征的人首鸟身形象，因此此件瓦当应为迦陵频伽纹瓦当。在迦陵频伽的肩部缠绕着两条飘带，如同飞天的帔帛，帔帛向上飘扬。迦陵频伽双手好似在抓着帔帛，放于胸前。在迦陵频伽的胸部以下，刻画着鳞状的鸟身。鳞状纹饰的鸟身侧向左后方，整个身体做正侧面。而尾部刻画出羽尾，状如孔雀羽尾。在这件迦陵频伽纹瓦当上，突出的特点是具有犍陀罗佛像的特征与极具本土凤鸟纹饰特点的下半身相结合，中西融合在瓦当中得到了很好的表现。

5 号迦陵频伽纹瓦当的瓦面是绿色琉璃瓦。绿色琉璃瓦在隋唐时期较为流行，绿色琉璃瓦使此件瓦当带有自身的时代特征。绿色琉璃瓦在唐代的宫廷建筑中大量使用。当然宋代的文献中也曾记载黄色琉璃瓦被用在宫殿的建筑中。"后有数殿，以黄琉璃瓦结盖房，号金殿。"❶ 当然，文献中还有其他的解释，如"碧瓦，琉璃瓦也"❷。诗歌中对琉璃瓦的描述如下：

> 梅花面目冷于冰，亦笑山翁草作亭。
> 一夜雪寒重整过，碧琉璃瓦水晶钉。❸

五色琉璃早在魏书中曾被提及，也说明琉璃是由丝绸之路传入我国，

---

❶ ［宋］楼钥. 攻媿集［M］. 宋刻本：（攻媿先生文集，卷第一百二十）2.

❷ ［唐］杜甫. 杜诗详注［M］.［清］仇兆鳌，注. 清文渊阁四库全书本：（卷二）9.

❸ ［宋］方岳. 秋崖集［M］. 清文渊阁四库全书补配清文津阁四库全书本：（卷一诗）13.

在北魏时期已经出现了琉璃瓦的构件：

> 大月氏国，都卢监氏城，在弗敌沙西，去代一万四千五百
> 里。北与蠕蠕接，数为所侵，遂西徙都薄罗城，去弗敌沙二千一
> 百里。其王寄多罗勇武，遂兴师越大山，南侵北天竺，自乾陀罗
> 以北五国尽役属之。世祖时，其国人商贩京师，自云能铸石为五
> 色琉璃，于是采矿山中，于京师铸之。既成，光泽乃美于西方来
> 者。乃诏为行殿，容百余人，光色映彻，观者见之，莫不惊骇，
> 以为神明所作。自此中国琉璃遂贱，人不复珍之。❶

至于烧制琉璃瓦的方法在《营造法式》中已经讲得很详细：

> 凡造琉璃瓦等之制：药以黄丹、洛河石、铜末，用水调匀。
> （冬月以汤。）瓶瓦于背面，鸱、兽之类于安卓露明处，青掍同。
> 并遍浇刷。瓯瓦于仰面内中心。重唇瓯瓦仍于背上浇大头；其线
> 道、条子瓦，浇唇一壁。❷

唐代的宫殿建筑中以大明宫清思殿遗址为代表，出土了很多的琉璃
瓦。唐代在建筑中使用绿色琉璃瓦，或许与五行说有关。"唐代琉璃瓦当
是在泥质瓦坯上施釉烧制而成的，颜色有青、绿、蓝、黄等多种，其制作
方法通常是在瓦当坯制好以后，先初烧一次，然后出窑涂刷釉料，最后再
次进窑焙烧而成，其釉料为玻璃材料，即石英、长石以及矿物类的色剂。
琉璃瓦（包括瓦当）的抗风能力及排水性都远好于一般的陶瓦。"❸ 有考
古资料证明，唐代的碧瓦生产地在铜川的黄堡。在铜川黄堡出土了唐代的

❶ ［北齐］魏收.魏书［M］.北京：中华书局，1974（1997重印）：（卷一百二
列传第九十）2275.

❷ ［宋］李诫.营造法式［M］.清文渊阁四库全书本：（卷十五）11.

❸ 田亚岐，孙周勇.橼头乾坤：陕西古代瓦当［M］.西安：陕西人民出版社，
2016：231.

绿色琉璃筒瓦，出土的筒瓦共9件。其"直径11厘米、高5.5厘米、残长13厘米。土白色瓷土胎，外素面，施绿釉，内饰布纹，无釉"。❶ 这批出土材料证明，铜川黄堡是向皇家提供陶瓷和建筑构件的一个很重要的制作作坊。当然，从出土的绿釉筒瓦的胎质来看，呈现土白色。这与5号瓦当残损处看到的颜色基本一致，也是土白色。对于唐代的琉璃瓦，可分为两种胎质。一种是白色胎质，另一种是夹砂红陶。在大明宫含元殿的考古发掘中，出土三件琉璃板瓦和三件琉璃筒瓦，"琉璃板瓦3件。皆残。其中一件凸面半施孔雀绿琉璃釉，布纹里。胎呈泥红色，陶质较坚硬。另两件凸面光素，凹面满施黄色琉璃釉，胎呈白色，陶质较坚硬。……琉璃筒瓦3件。皆残。凸面满施孔雀绿琉璃釉，布纹里。胎为夹砂陶质，呈红色，陶质较坚硬。较大的一件残长12厘米、宽10.5厘米、厚2.3厘米、瓦舌长5厘米。"❷ 从隋唐至五代时期陕西地区的瓦当有着自身的发展演变。以兽面纹瓦当为例，在隋代至唐初的这一阶段，瓦当的边轮较宽，瓦当以泥质灰陶为主。唐代中期，瓦当的边轮变窄，边轮与当面基本持平。晚唐至五代时期，瓦当边轮较宽。当面与边轮基本持平。❸ 在唐代洛阳地区也曾制作琉璃瓦，那么洛阳地区瓦当的时代特征也应是参照的依据。根据陈良伟对洛阳地区隋唐至北宋瓦当的分期来看，隋末唐初的瓦当特点除了表现在纹饰方面，还在边轮上独具一格，如此时的边廓较高，宽度适中，边廓面略与当面齐平。而盛唐时期的瓦当，则是瓦当边廓稍厚，稍宽。中晚唐时期的瓦当，当面不圆，边廓厚薄不均。至五代北宋时期，瓦当的厚度又恢复至厚薄均匀，平面较圆。而北宋晚期洛阳地区瓦当的边廓则不复存在。❹ 从洛阳地区瓦当的发展流变中，可知在中晚唐时期瓦当的厚度出现了边廓厚薄不均的样式。应是越往边缘厚度越薄的样式。这一特征与5号

---

❶ 禚振西，杜葆仁. 铜川黄堡发现唐三彩作坊和窑炉 [J]. 文物，1987（3）：28.

❷ 安家瑶，李春林. 唐大明宫含元殿遗址1995—1996年发掘报告 [J]. 考古学报，1997（3）：378 – 379.

❸ 田亚岐，孙周勇. 椽头乾坤：陕西古代瓦当 [M]. 西安：陕西人民出版社，2016：234，237.

❹ 陈良伟. 洛阳出土隋唐至北宋瓦当的类型学研究 [J]. 考古学报，2003（3）：366 – 367.

瓦当的边轮恰恰符合，5 号瓦当的边轮是一种往外倾斜式的造型，边缘轮廓的厚度较瓦当中心的厚度要薄。根据以上所论述的绿釉断代、唐代琉璃瓦的白色胎色和边轮薄厚的断代来看，5 号瓦当的年代大概是中晚唐时期的瓦当。

　　5 号瓦当上的迦陵频伽图像较为特别，特别是头部具有犍陀罗佛像造像的特征，身体却表现出具有本土文化中凤鸟纹的特点。如果说 5 号瓦当的年代是中晚唐时期，那么瓦当上所绘制的迦陵频伽下半身的图像来源应是唐代的凤鸟纹图式。唐代的凤鸟纹图式都有哪些，或者说瓦当中的迦陵频伽鸟身的图式是如何生成的？唐代凤鸟纹图像中的视觉符号形成了这件迦陵频伽纹瓦当中的视觉因素，也正是唐代凤鸟纹图式的大量存在，使我们可以看到 5 号迦陵频伽纹瓦当的时代感。

　　唐代凤鸟纹图式表现如下：

　　（1）唐代石刻中的凤鸟纹

　　①唐代石刻中的凤鸟纹之一。凤鸟的形象正是处在空中并向上飞翔，鸟尾向上浮起，身体直立，鸟腿伸直。凤头上有灵芝冠，凤鸟的上半身有着鳞状的纹饰，刻画在腹部的两侧或者说是羽翼的下方。短划线从颈部一直延伸至鸟爪。在凤尾与身体相交接处刻画着类似须状的曲线。在这须状的曲线上方是展开的羽翼，羽翼后方是繁复的羽尾，见下图。

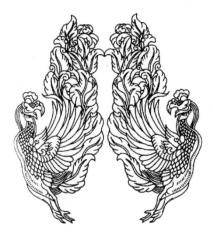

凤鸟——石刻，唐代。

图片来源：北京，人民美术出版社，2004 年出版的《中国历代凤纹纹饰艺术》，第 107 页。

　　②唐代石刻中的凤鸟纹之二。凤鸟做向上飞翔的姿势，双腿直立，

凤尾向下，凤头向右方转去。在凤鸟的嘴上雕着一个花果。凤鸟头部有灵芝冠，凤鸟脖子纤细，鸟腹部处用横线刻画。在腹部两旁刻画着鳞状纹的纹饰，一直延续至须状的羽毛处。在鳞状纹饰的外部刻画出层次感较强的羽翼，羽翼最上方类似云朵纹饰，体现出一种复杂的装饰纹样。尾部除了有一条飘带的细线作为装饰，还有一个繁复类似卷草纹的羽尾，见下图。

凤鸟——石刻，唐代。

图片来源：北京，人民美术出版社，2004年出版的《中国历代凤纹纹饰艺术》，第108页。

③唐代石刻中的凤鸟纹之三。凤鸟纹饰刻画出一只正在空中飞翔的凤鸟。凤鸟头部上方为类如灵芝状的凤冠。凤鸟的头部扁长，嘴部尖长。头的发须被风吹拂的挺直，状如三角。脖子与身体呈现"S"形的造型。腹部处刻画着短曲线。身体侧部刻有鳞状纹饰，纹饰相接的便是凤鸟的羽翼。羽翼肩部是类如云纹的纹饰，其下方是尖尖的羽翅。在鸟的腿下部有着几条须状的羽毛，装饰在腿关节处。鸟尾则是刻画了并列的几条凤尾，在每条凤尾上用短线条刻画出纹路，见下图。

凤鸟纹——石刻，唐代。

图片来源：济南，山东美术出版社，2016年出版的《中国纹样全集》，第156页。

（2）唐代铜镜中的凤纹

凤鸟单腿弯曲向前，另一条腿踮起鸟爪，做正要欲飞的姿势。凤鸟的造型简洁生动，以线条为主。凤鸟头上的凤冠以两条飘带作为装饰，此凤鸟身体并无鳞状纹饰，羽翅归纳成有规则的形状。身体与羽尾之间有一圆形横条装饰，这是一种艺术夸张的处理。鸟尾是单线上绘制的竖道道羽尾。单线羽尾下方是向外伸展的单线条装饰，即如上述凤鸟的须状羽毛。形状与羽尾不同，形成相反的方向走势，展示了凤鸟的尾部结构，见下图。

凤鸟——铜镜，唐代。

图片来源：北京，人民美术出版社，2004 年出版的《中国历代凤纹纹饰艺术》，第 97 页。

（3）唐代银器中的凤鸟纹饰图案

①唐代银器中的凤鸟纹饰图案之一。凤鸟做展翅的姿势，如同由上及下的飞翔状。装饰性较强，凤鸟纹饰的刻画与周边的花朵纹饰十分协调。此件凤鸟纹饰的头部没有刻画出凤冠的装饰，仅仅是类似羽毛状的抽象图案。羽翅分出四个层次的羽翼纹饰，上面的羽毛较小，最下方边缘的羽毛较大，具有展翅之势。凤鸟头部之下，先刻画出横状线纹，于此纹路相连的是鳞状纹饰。而凤鸟的腹部依然使用短线表示。尾部的须状羽毛在此处刻画成打结的单线条。羽尾的特征更加具有特色，羽尾如同大叶草纹饰，一根根的向上伸展。在刻画上，由于羽尾的一根根装饰纹样相互衔接，形成了一种视觉的块状纹饰。凤鸟的嘴中衔着一颗花草，形成一种花团锦簇的视觉效果，见下图。

②唐代银器中的另一件凤鸟纹饰图案之二。该图案描绘了凤鸟单腿直立，另一条腿弯曲作踱步的姿态。凤鸟头部的凤冠已经被替换成三条竖起的羽纹，凤鸟的腹部用短横线条刻画，由脖子处一直延续至腿部。腹部两

凤鸟——银器，唐代。

图片来源：北京，人民美术出版社，2004 年出版的《中国历代凤纹纹饰艺术》，第 138 页。

侧已经没有鳞状的纹饰，而是用点形的短线代表。羽翅向外发散的伸展，靠近身体的部位是类似云纹的纹饰。羽尾是叶状的简单纹饰，在凤鸟羽翼下还有一条绶带，垂在凤鸟身体的下方，见下图。

凤鸟——银器，唐代。

图片来源：北京，人民美术出版社，2004 年出版的《中国历代凤纹纹饰艺术》，第 138 页。

(4) 唐代瓷器中的凤鸟纹饰

凤鸟纹饰在瓷器中的纹样也较为不同。在这个图式中，凤鸟成对出现。凤鸟头部装饰鸟冠，但因对生，凤冠的形状如同两个相连的心形。凤鸟眼睛圆睁，头后有规整的毛发，尖嘴。脖子处的装饰物类如斗篷，身体上用短弯曲的线条刻画，没有鳞状纹饰。羽翅刻画出类如钉子状的外形，在翅膀上刻画出骨线。羽翅下方有层状的羽毛。凤鸟单腿抬起，另一条腿直立于地下。羽尾刻画着两条弯曲向上的凤尾。两条凤尾的纹饰是以短线条的骨线横向将羽尾分为节状。因此两条并列的纹饰羽尾具有很强的装饰性，见下图。

凤鸟——瓷器，唐代。

图片来源：北京，人民美术出
版社，2004 年出版的《中国历代凤
纹纹饰艺术》，第 126 页。

（5）唐代服饰中的凤纹图像

凤鸟嘴中衔着一支花草，头部饰有灵芝冠，见下图。头部后方有发须
线在空中飘扬。凤鸟身体上刻画有鳞状纹饰，鳞状纹饰布满整个身体。羽
翼形状较为规整，羽翼肩部用类似云纹的纹饰装饰，其下有两层羽毛。三
条凤尾处，可见短线条将长条的羽尾分隔成节状。

凤鸟——服饰，唐代。

图片来源：北京，人民美术出
版社，2004 年出版的《中国历代凤
纹纹饰艺术》，第 121 页。

（6）唐代刺绣中的凤纹图像

凤鸟做单腿向前抬起，另一条腿直立，昂首挺胸地向前踱步的姿势。
凤鸟头部装饰有类似卷草纹的头冠。眼睛硕大，嘴部较小。羽翼呈"M"
形状，肩部刻画云纹的花纹，其下部是两层羽毛的羽翼。尾部是硕大的叶
纹状的羽尾，其上勾勒骨线。凤鸟单脚站立在莲花台纹饰之上。此纹饰的
凤鸟形象灵秀，简洁的造型不同于其他凤鸟纹饰的繁复，见下图。

凤鸟——刺绣，唐代。

图片来源：北京，人民美术出版社，2004 年出版的《中国历代凤纹纹饰艺术》，第 120 页。

　　根据以上关于凤鸟图像的描述，可见唐代的凤鸟纹饰存在一些共同的造型规律。这些图像中普遍存在以下特点，一是凤鸟的腹部处有短横线的刻画。例如在（1）类型中的②、③，（3）类的①、②。二是凤鸟腹部一旁的身体处有类似鳞状的纹饰。如在（1）类型中的①、②，（3）类的①和（5）类型。三是凤鸟的尾巴纹饰过于繁复，并且在一些凤鸟的图像中出现并列的条状羽尾，在纹饰上用短线条将长羽尾分为节状。例如在（2）、（4）类型和（5）类型的凤鸟羽尾纹饰。有些羽尾大如叶形，一簇簇的叶片状的羽尾叠加在一起，形如麦穗。如（3）类的①和（6）类型。四是在凤鸟的身体下方和鸟腿部交接处有须状的羽毛。如（1）类型中的①、②和（2）类型。诸如此类的特点，在唐代各类艺术品的凤纹图像中有所呈现，也说明了唐代的凤鸟纹饰具有时代的造型特点，而这些造型特点是由唐代文化所孕育的，也正是这些不太被人们注意的符号暗含着图像的年代问题。

　　当分析了唐代凤纹所具有的特点之后，再次反观 5 号迦陵频伽纹瓦当。发现 5 号迦陵频伽纹瓦当与这些凤纹的共同规律有着极其相似的特点。例如迦陵频伽身上的鳞状纹饰、身体下方的须状羽毛、如同麦穗状的羽尾和三条并列的羽尾。在三条并列的羽尾上被刻画出短横线，将长羽尾分成节状。这些特点和上述凤鸟纹饰的某些特点是相近的。展现了唐代迦陵频伽身体纹饰的繁复倾向，也说明此件瓦当上的迦陵频伽纹饰的造型与唐代的凤鸟纹饰有关。体现了本土凤鸟纹饰的美，也更增加了作品的视觉张力。另外，值得注意的是在迦陵频伽的双手处有一条形如绶带的飘带从前胸绕过。在身体后方还有一条，两条形如绶带的飘带在迦陵频伽造型中。那么，它在图像中存在，也必然有着一定的造型来源。它的造型来源可能一方面是源于凤鸟纹饰中常常见到的绶带，而在此图像中绶带演变成飘带绕在迦陵频伽的身上。另一种可能是来源于敦煌莫高窟中飞天中的飘带形象。或是受到同时期瓦当的飞天造型的影响。再者可能是工匠随意而为之的图像，本身没有什么图像联系。这些图像中，符号便有了自己独有的语言，在这些符号的背后隐藏着中外的历史文化。正如迦陵频伽头部的造型，即是反映了犍陀罗佛像的造型特点。

5 号瓦当中迦陵频伽头部的刻画，首先引人注目的是人物头部的发髻，头顶部有着一个饰有点状纹的发髻，这其实是肉髻相。对于肉髻相的解释，即是佛陀头顶部的肉，或是头顶骨的隆起部位。肉髻相象征着佛陀的智慧，代表的是佛陀的王者形象。肉髻相的大小或者形状是犍陀罗佛像特征与秣菟罗佛像造像特征相互区别的不同点之一。例如，在秣菟罗佛像的造像特征中，将肉髻相刻画成卷贝形特异状态的肉髻，并且剃发。秣菟罗佛像的肉髻相的特点是将王者的王冠和圣者的形象融合为一。而犍陀罗的佛陀通常是不剃发，头部的发型与平时常人的发型很接近，体现了行者的一种自然状态。将头发很自然地束起成高髻。但是在犍陀罗的晚期，肉髻则表现出低平的特征。❶ 在 5 号瓦当主体形象的面部中，肉髻显得高耸，宽大。在肉髻上刻画出点状纹。眉线与鼻根相连。眉毛线条刻画得细长，近乎延伸至太阳穴处。眼睛轮廓较长，犹如半睁。嘴唇线细长，形成"M"形状。在犍陀罗佛像的造像特征中，面部呈现出脸型稍长，高鼻深目，眉线舒展和嘴唇较薄的特征。这与秣菟罗的脸型较圆，眉线隆起，鼻子微张以及嘴唇较厚的特征形成一种对比。半睁半闭的眼睛是犍陀罗佛像的特征之一。传达着犍陀罗佛像所具有的宁静的气质和智慧、沉着，以及超脱现实的精神世界。❷ 在犍陀罗佛像艺术中，特征之一便是佛像中对胡

---

❶ ［日］宫治昭. 犍陀罗美术寻踪［M］. 李萍，译. 黄文昆，审读. 北京：人民美术出版社，2005：146 – 147.

❷ ［日］宫治昭. 犍陀罗美术寻踪［M］. 李萍，译. 黄文昆，审读. 北京：人民美术出版社，2005：143.

髭的刻画。特别是在初期的佛像，胡髭的表现在佛像中很常见。随着佛像特征的改变，便出现了有胡髭和没有胡髭之别。例如，在秣菟罗佛像的造像中即看不到胡髭的特征。因此，可以说佛像具有胡髭的特征是犍陀罗佛像的特点。当然，这与当地人民的形象或习俗有关，因为在帕提亚族和贵霜朝诸王都蓄有胡髭。❶ 胡髭的有与无成为犍陀罗佛像艺术的一个明显的特征，而此特征在 5 号瓦当的迦陵频伽面部特征中有所体现。

从 5 号瓦当迦陵频伽头部特征与犍陀罗佛像造像特征比较来看，二者在造型上有联系。无论是头顶部的肉髻相，还是高鼻深目和与此相连的细长眉线，甚至是较薄的嘴唇和嘴唇上方的胡髭。这些特征均显示出此迦陵频伽的头部特征是犍陀罗佛像的特征。制作此件瓦当的工匠有意模仿犍陀罗佛像的造像特点，从而将迦陵频伽的头部刻画成犍陀罗佛头。在迦陵频伽的头部后方还有背光，背光的外围一圈刻画着类似联珠纹的点状装饰。这更加强化了瓦当本身的佛教特征。那么，具有犍陀罗佛像造像特点的头部与具有本土特征的凤鸟身体相结合，这是图像的融合，也是图像的替换。将不同形象组合成一种新的图式，并形成了现在我们看到的迦陵频伽形象。虽然初看很难理解此类造型的时代和历史背景。但是当将其分开单独理解便能够发现生成此类图像的来源，以及图像本身所蕴含的造型变化。

六、6 号羽人瓦当是收藏在古陶文明博物馆的一件瓦当

6 号羽人瓦当是收藏在古陶文明博物馆的一件瓦当。瓦当中心主体形象是人首有翼的形象。主体形象外围有一圈凸弦纹，凸弦纹外是较宽的边轮。边轮与瓦当瓦面几乎齐平。主体形象头部的头发所占面积略大，像似卷发，厚厚的像个帽子。面部可见鼻梁高耸，圆眼，地颏方圆。从肩部披着一长飘带，垂于身体的两旁。手中托举着一件类似笙的乐器。双手托举的乐器下方为主体形象的下半身。用多条平行弯刻线修饰腹部，腿部也同样是用短线将腿部的纹饰表示出来。直直的两条腿站立在地面

---

❶ [日] 宫治昭. 犍陀罗美术寻踪 [M]. 李萍，译. 黄文昆，审读. 北京：人民美术出版社，2005：148.

上。下半身展现出人腿的特点，这样的造型应该有其造型渊源。在主体形象身体的两旁呈现"V"字形展开的羽翼。羽翼与身体相接处有一片如鳞状的装饰纹，由鳞状装饰纹延伸向外的是一根根的羽翅。在身体下方的后部，有着类似鳞状纹饰的羽尾，粗看好似龙尾。此件瓦当上的主体形象造型较为特别，但是根据细节的描述，此主体形象没有佛教的造型特征。因此，对于主体形象的称谓应是羽人，这件瓦当应为羽人纹瓦当。

6号瓦当的时代问题，可将洛阳地区瓦当时代分期的特征作为一个很重要的参考依据。因为此瓦当的边轮具有一定的特点。而洛阳地区瓦当的时代分期对边轮有着详细的描述。根据之前对瓦当的分析，已经对洛阳地区从隋唐至北宋时期的瓦当有个大致的分期。根据这个分期，可知瓦当的边轮宽度逐渐变宽是在盛唐时期，中晚唐时期的瓦当的边缘已经薄厚不均，然而有的瓦当边轮还是较宽，但是瓦当边轮不圆。根据这个特征，可见6号羽人瓦当的边轮较宽的特征，与洛阳地区盛唐时期的瓦当十分类似，6号瓦当边轮有些破损，边轮略圆。边轮稍微具有不圆的特征。因此，6号羽人瓦当的年代应是盛唐至中晚唐时期。

以洛阳地区的唐代及中晚唐时期的瓦当实例来看6号羽人瓦当。

①唐代的兽面纹瓦当。出土于隋唐洛阳城遗址的唐代兽面纹瓦当，其直径15厘米。瓦当瓦面刻画着兽面纹饰，兽面张口，正面造型形如狮子，外貌写实。瓦当的边轮较宽、较圆，边轮内有一圈凸弦纹。形制与6号羽人瓦当的形制较相类，如下图所示。

兽面纹瓦当——唐代，直径15厘米。

图片来源：北京，科学出版社，2007年出版的《洛阳出土瓦当》，第399页。

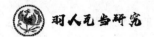

②唐代莲花纹瓦当。出土于洛阳盛世唐庄工地的唐代莲花纹瓦当,其直径12厘米。瓦当的边轮宽度适中、较圆,边轮内装饰一圈联珠纹,联珠纹内有一圈弦纹线,其内刻画着莲瓣纹与"T"字形纹饰交叉装饰带,瓦当中心是由7个乳丁纹装饰,如下图所示。

莲花纹瓦当——唐代,直径12厘米。

图片来源:北京,科学出版社,2007年出版的《洛阳出土瓦当》,第358页。

③唐代莲花纹瓦当。出土于洛阳纱厂工地唐代地层的唐代莲花纹瓦当,其直径是16.3厘米。瓦当边轮较宽、较圆。边轮内装饰一圈凸弦纹,弦纹内刻画圆瓣莲花纹,瓦当中心位置装饰着八个乳丁纹,如下图所示。

莲花纹瓦当——唐代,直径16.3厘米。

图片来源:北京,科学出版社,2007年出版的《洛阳出土瓦当》,第359页。

④唐代莲花纹瓦当。出土于隋唐洛阳城温柔坊遗址,其直径是13厘米。瓦当边轮较宽、较圆。边轮内饰有一圈联珠纹,联珠纹内有一圈弦纹与联珠纹共同形成了装饰带,装饰带内有一圈莲瓣纹和"T"字形纹交叉装饰的纹样,中心有一乳丁纹。瓦当边缘有残缺,如下图所示。

莲花纹瓦当——唐代，直径 13 厘米。

图片来源：北京，科学出版社，2007 年出版的《洛阳出土瓦当》，第 349 页。

⑤唐代莲花纹瓦当。出土于隋唐洛阳城宫城遗址的唐代莲花纹瓦当，其直径是 13.8 厘米。瓦当的边轮较宽、同时较圆。边轮内装饰一圈联珠纹，联珠纹内有装饰莲瓣纹。莲瓣如同圆圈内有一点，莲瓣头部呈现圆形，无尖，如下图所示。

莲花纹瓦当——唐代，直径 13.8 厘米。

图片来源：北京，科学出版社，2007 年出版的《洛阳出土瓦当》，第 311 页。

⑥晚唐兽面纹瓦当。出土于隋唐洛阳城宫城遗址的晚唐兽面纹瓦当，瓦当边轮不圆、略微宽。在边廓内装饰一圈凸弦纹，凸弦纹内有一圈联珠纹。瓦当中心是兽面纹样，兽面由点和线组成。此纹样较为抽象。不同于写实的兽面纹，如下图所示。

⑦唐代兽面纹瓦当。出土于隋唐洛阳城应天门遗址的兽面纹瓦当，其直径是 15 厘米。瓦当边轮略宽，不圆。边轮内有一圈凸弦纹，瓦面上装饰一兽面纹，十分写实。兽面大口开张，怒眉瞪眼，兽面威视于下，很是威严，如下图所示。

兽面纹瓦当——晚唐，直径14.5厘米。

图片来源：北京，科学出版社，2007年出版的《洛阳出土瓦当》，第407页。

兽面纹瓦当——唐代，直径15厘米。

图片来源：北京，科学出版社，2007年出版的《洛阳出土瓦当》，第398页。

从①至⑦类型的瓦当皆是洛阳地区的瓦当，也是唐代时期的瓦当。只是在晚唐时期的瓦当出现了边轮不圆的特点。当然在这些罗列的唐代瓦当中，有些也是不圆的。这些不圆的唐代瓦当的年代需要再分期。但是标注为晚唐的瓦当，确实存在瓦当边轮不圆的特点，这一特点为确定瓦当是否是晚唐时期的瓦当提供了依据。唐代的瓦当有的边轮规整较圆，也有不圆的。而6号羽人瓦当的边轮略微不圆，与晚唐时期不是很规整、不是很圆的瓦当还是有所区别。不过6号瓦当的边轮也存在着略微的不圆。因此，此瓦当的时段应在盛唐至中晚唐之间。

6号羽人瓦当的造型也是一个较为有意思的图像。其主体形象不同于其他的羽人瓦当中人首是男童，或者是佛头，或者是女性形象。它刻画了一个男性形象，而且头部特征显现出胡人的特征。如头发像帽子的卷发，高鼻深目，地颌方圆，腿部直立如同脚上穿了靴子。这些特征在胡人俑中均能找到视觉原型，特别是手持乐器的形象，则与胡人伎乐的图式相似。胡人伎乐在唐代的工艺品中大量出现，这些图像以及当时的乐舞文化对瓦当的制作产生了一定的影响。

对于此件瓦当中主体形象是否为胡人，可从唐代的胡人俑中窥见一些造型特征。对胡人形象的塑造，早在北朝时期的文物中即可见。如出土于青海省湟中县徐家寨的胡人牵驼画像砖，画像砖中一个胡人在骆驼前方，高大的骆驼被胡人牵着往前行进。在画像砖的背景处刻画着高山的风景，如下图所示。胡人头发略多如帽，高鼻深目。

胡人牵驼画像砖——长 18.7 厘米、宽 15.5 厘米，青海省博物馆藏。

图片来源：河南博物院，《丝路遗珍——丝绸之路沿线六省区文物精品展》，第 66 页。

再如北魏时期的昆仑奴俑，这件俑出土于河南省洛阳市元邵墓，高9.2 厘米。此件昆仑奴俑是一个身着红衣蹲在地上蜷缩身体的形象。只是看到昆仑奴俑的头发是卷发，面部深深埋在身体之内，腿部穿着横纹的靴子。这样的形象，其实使人观察到昆仑奴俑的发型亦如帽子的卷发，如下图所示。

通过对胡人的脸部特征的观察，亦可见胡人的特点。在胡人俑中，脸部地颌方圆是胡人俑可见的特征。例如，在陕西省西安市韩森寨出土的彩绘胡人牵马俑，在这件牵马俑的造型中，雕刻了一位身着胡服的胡人，身戴皮囊壶。一手好似牵着马绳，面对马而立。胡人的面部特征是地颌方圆，并且腮帮处十分饱满。眼睛圆鼓，额头短窄。脚上穿着靴子，直直站立，如下图所示。

昆仑奴俑——高 9.2 厘米，洛阳博物馆藏。

图片来源：河南博物院，《丝路遗珍——丝绸之路沿线六省区文物精品展》，第 89 页。

彩绘胡人牵马俑——高 58 厘米，西安博物院藏。

图片来源：河南博物院，《丝路遗珍——丝绸之路沿线六省区文物精品展》，第 109 页。

那么在 6 号羽人瓦当中主体形象身上所披戴的飘带，可谓是乐舞文化影响下的一个道具或是符号。羽人身披飘带的形象可参见丝绸之路上的乐舞图像中舞蹈的形象。在出土于宁夏盐池县苏步井乡窨子梁的胡腾舞石刻墓门上的图像。在墓门上刻画两个正在舞蹈的男性形象，所跳之舞正是胡腾舞，如下图所示。舞蹈者的形象也是具有胡人的形象，额头短，面部下

胡腾舞石刻墓门——宁夏博物馆藏。

图片来源：河南博物院，《丝路遗珍——丝绸之路沿线六省区文物精品展》，第129页。

方较为圆润。身体肩部披着长长的飘带。飘带随着舞者的腾跳，而在空中飞舞。石刻的线条刻画精美，充满韵律感。在这里，舞者身上的飘带给予胡腾舞本身增加了动感，也为胡人形象提供了一个更为丰富的造型。这种造型是不同于牵马或者牵驼的胡人俑形象。因此，这件石刻中的舞者所披的飘带也是乐舞文化的符号，为其他的图像生成提供了范本。

　　胡人的高鼻深目在另一件胡人俑中可见。如在甘肃省山丹县博物馆收藏的一件唐代鎏金铜胡腾舞俑，如下图所示。这件工艺品雕刻了一位胡人俑单脚站立在类似莲花的基座上舞蹈的情景。双袖一高一低的在空中摆动，手在袖中勾手揽袖。裙摆在空中向一侧摆动，以传达扭胯之姿。对舞者胡人形象的刻画，则表现了高鼻深目的特征。面部圆润，脚上穿着靴子。

鎏金铜胡腾舞俑——甘肃省山丹县博物馆收藏的一件唐代鎏金铜胡腾舞俑。

图片来源：河南博物院，《丝路遗珍——丝绸之路沿线六省区文物精品展》，第130页。

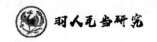

因为胡腾舞的特点是以腿脚的功夫见长，所以此作品更加注重对身体腿部的表现。

胡人伎乐的图像在玉器工艺品中也有反应，如在西安市文物局藏唐代舞人玉带板。在玉带板上刻画的是一位舞人，舞人站在舞毯之上舞动的一瞬间。舞人头部类似卷发的发式，长袖长袍，脚上穿着靴子，身后飘带飞舞，如下图所示。舞人单腿站立，另一条腿微微抬起，胯部向一侧扭动，

西安市文物局藏唐代舞人玉带板——在舞毯之上舞动的形象。

图片来源：上海，上海音乐出版社，2015年出版的《中国乐舞史料大典》，第253页。

手部在袖子中舞动。舞人面部特征是方脸，比较符合胡人的面部特征。并且从舞人的服饰特征来看，也反映了此图像是胡人乐舞图像。舞人所跳之舞应是胡腾舞。从发式的特点来看，胡人的发式是卷发式的发型，与6号瓦当上主体形象的头部发式有类似之处，即发式如同帽子一般。如果说从类似帽子特征的发式来看，唐代舞人玉带板上的人物发式与6号瓦当主体形象的头部发式之间有着某种联系的话。那么，6号瓦当的主体形象手中所持的乐器和身后的飘带组合的图式，在唐代乐人玉带板上亦可见，如下图所示。西安市文物局藏唐代乐人玉带板之一的一件玉雕件，其图像刻画了胡人吹奏笙的形象，吹奏笙的胡人坐在地毯上，盘腿而坐。胡人的身后还刻画了飘起的绸带，当然这样的造型属于艺术上的夸张，但是却保留了一种图式，即乐人吹奏笙乐器时，飘带在身体周围飞动，当然飘带在这里起到装饰作用。这件玉带板图像恰好是乐人吹奏笙，在身上披着飘带。与6

西安市文物局藏唐代乐人玉带板——胡人吹奏笙的形象。

图片来源：上海，上海音乐出版社，2015 年出版的《中国乐舞史料大典》，第 253 页。

号瓦当的主体形象在吹奏乐器的类型和身体佩戴飘带的特征类同。从这些特点来看，唐代胡人乐舞的造型图式应有着一定的转向。因为在建筑构建中或是其他的工艺品中，也能够见到胡人伎乐的图像。这是一种图式的挪用，将工艺品中的图式用于对迦陵频伽造型的补充。而迦陵频伽纹瓦当的图式则是当时文化风尚的一种体现。当然，在玉带板上刻画出人物吹笙并在身体上佩戴飘带的图式不是个孤例，在上海博物馆收藏的唐代舞人玉带板和故宫博物院藏唐代乐人玉带板上，也能看到胡人吹奏乐器的图像。上海博物馆藏唐代舞人玉带板，上面刻画了伎乐和舞蹈的形象。伎乐的乐人吹奏横笛，如下图所示。

上海博物馆藏唐代舞人玉带板——乐人吹奏横笛的形象。

图片来源：上海，上海音乐出版社，2015 年出版的《中国乐舞史料大典》，第 252 页。

也有吹奏笙簧的形象，如下图所示。但是在乐人的身后都刻画了向上飞舞的飘带。一位乐人盘腿而坐，一位乐人跪地而坐。两位乐人均为坐在方形的地毯之上。飞起的飘带与方形地毯共同形成了一种直线和曲线的对比。在构图上形成了一种独特的构图样式。当然，在内容上乐人手持乐器的图式与飞舞的飘带则共同形成胡人伎乐的固定图式。这种固定的图式在

上海博物馆藏唐代舞人玉带板
——乐人吹奏竽篥的形象。

图片来源：上海，上海音乐出版社，2015 年出版的《中国乐舞史料大典》，第 252 页。

故宫博物院藏的唐代乐人玉带板上，同样如此。其中一位乐人手持鼓乐，做正在敲鼓的姿势。此乐人也是坐于舞筵之上，同样在他的身后刻画着向上飘浮的飘带。虽然这些玉带板被收藏在不同的地方，但时代皆为唐代。这说明在唐代，胡人乐舞的图式是固定的，至少在玉带板中能够得到展现。关于玉带板上的胡人伎乐图像，在出土于西安市未央区关庙小学基建工地，现收藏在西安博物院的碾文伎乐白玉带中可见；在出土于何家村窖藏，现收藏在陕西历史博物馆的碾文伎乐狮纹白玉带中可见；以及在出土于西安市韩森寨唐墓的玉带銙中可见。在西安市未央区关庙小学基建工地出土的碾文伎乐白玉带中可见这种固定的图式，它的造型特征是："其中 10 块雕有图像，5 块为胡人伎乐，卷发，深目高鼻，身穿窄袖紧身服，脚穿长筒靴，肩披飘带。皆双腿交叉于前，坐于垫毯上，双手持乐器，作演奏状。……此外，还有 1 胡人饮酒、1 胡人舞蹈、1 胡人持壶、2 胡人献宝。"❶ 可见在胡人乐舞图式中，乐器和舞动的飘带是胡人乐舞图式的两个较为重要的符号。"玉带上除了乐舞外还有饮酒、献宝等图案，以往常常同乐舞分开来认识，现在看来并非如此。胡人玉带均有飘带装饰，这与'饮酒、献宝'题材是没有关系的。众所周知，飘带是舞蹈者的一种道具，如果乐舞与饮酒、献宝是两种题材，则飘带绝不应该出现在后一种题材中。"❷ 那么，对于飘带为什么出现在饮酒和献宝的玉带之上，包燕丽认为饮酒和献宝之人也是乐舞的成员。其实，如果从视觉图式的传播来看，飘

---

❶ 杨瑾. 唐代玉带銙上的胡人伎乐形象 [J]. 丝绸之路研究集刊，2017（00）：108 - 109.

❷ 包燕丽. 胡人玉带图考 [J]. 上海博物馆集刊，2002（00）：482.

带出现在饮酒和献宝之人的身后，是因为图式的借用。在唐代，对于胡人伎乐的刻画，身披飘带，手持乐器成为图式的显性特征，而在图式传播中得以扩展至其他的主题中。所以在饮酒和献宝的图式中可以见到胡人身后披有飘带。因此在 6 号瓦当中，吹奏笙和身上所披飘带的图式暗示了这件瓦当是唐代的瓦当。或者说这个图式是有关唐代胡人伎乐的内容，只是这个主题内容与有翼形象相融合，并形成一个新的图式。即是我们所见到的 6 号羽人瓦当中的主体形象。

　　唐代胡人乐舞文化也是一个很值得探讨的主题。唐代的胡人伎乐图像大量出现在工艺品中，在何家村遗址可见鎏金伎乐纹八棱银杯等工艺品，鎏金银杯上所錾刻的人物皆是胡人，见下图。胡人一共八位，每个人都有

鎏金伎乐纹八棱银杯——装饰有八位胡人形象纹饰的鎏金银杯。

图片来源：北京，文物出版社，2003 年出版的《花舞大唐春：何家村遗宝精粹》，第 81 页。

自己的所持之物。有几位胡人手中的器物为乐器，有几位胡人手中所持器物为生活用品。八位胡人每位的帽子皆不同，有戴高帽，有戴圆帽等不同样式的帽子。在这八位胡人的造型中，有两位胡人是戴着圆形帽，其中一位是执杯的形象。胡人的圆形帽好似南瓜之形，戴在头部，见下图。此造型不同于中国传统的服饰特点，也是表达了胡人的不同身份。

　　6 号瓦当中的羽人头部明显有圆圆的发型，对于主体形象的造型来源是波纹式发型还是西域胡人的帽子？这是一个可以推敲的问题，不过无论是帽子还是卷发发式，都是在说明 6 号瓦当中的主体形象是胡人，这一点是可以肯定的。

　　6 号瓦当瓦面中主体形象是具有胡人特点的羽人造型。这样的造型是 6 号瓦当的特点，不同于具有佛教特点的迦陵频伽形象。但是如果说这件瓦当的主体形象是羽人，主体形象的羽翼又并非如同汉代羽人形象中羽翼的刻画。6 号瓦当主体形象羽翼的造型特征也是述说它的年代问题的一个重

鎏金伎乐纹八棱银杯上的人物
纹饰——胡人执杯的形象。

图片来源：北京，文物出版社，
2003 年出版的《花舞大唐春：何家
村遗宝精粹》，第 83 页。

要语言。如何去识别这个符号背后的年代问题，需要对唐代这个时期迦陵
频伽造型的发展有个大致了解。在盛唐至中晚唐时期，迦陵频伽羽翼的形状
有出现"V"字形的造型特征，因此"V"字形的造型特征应是判断迦陵频
伽造型年代的一个依据。陕西临潼庆山寺舍利塔下精室石门楣上刻画的迦陵
频伽形象，其羽翼即是呈现"V"字形，而它的年代是在盛唐时期，见下图。

唐临潼庆山寺舍利塔下精室
石门楣——羽翼向上呈"V"
字形。

图片来源：任平山的《迦陵
频伽及其相关问题》，四川，四
川大学，第 21 页。

一身迦陵频伽形象是吹奏排箫，一身迦陵频伽是弹奏琵琶。这两身迦陵频
伽的羽翅与身体相连的羽毛处刻画着纹饰，由纹饰再向两边伸展，中间由
一条装饰线隔开，羽翼分成两个部分。迦陵频伽的头部戴着头冠，冠带在
两边飞舞。羽尾是长长的卷草纹纹饰，卷草纹羽尾上下各有条状羽线，分

为三个部分。其腿为鸟腿，双腿站立在地面之上。从这两身迦陵频伽的造型来看，向上翻起的羽翼，并呈现"V"字形是它们的特点。在西安碑林博物馆的大智禅师碑刻上侧面雕刻着迦陵频伽形象，此碑刻于唐开元二十四年，如下图所示。迦陵频伽头戴冠饰，头冠两旁装饰飘带。其羽翼向外

唐大智禅师碑侧迦陵频伽——
羽翼向上呈"V"字形。
图片来源：任平山的《迦陵频伽及其相关问题》[D] 四川，四川大学，第21页。

侧翻转，并呈现"V"字形。羽尾向上伸展，是一种繁复的卷草纹纹饰。晚唐时期的迦陵频伽的羽翼也有如此刻画，如莫高窟156窟的迦陵频伽伎乐。此处迦陵频伽手持绸带，向右边摆动。头部也朝向绸带摆动的方向。身上佩戴璎珞，鸟腿的方向也是朝向绸缎摆动的方向，站立于莲花台之上。羽翼的羽翅分出三个层次，由上向下逐渐变长，整体向上翻转，呈现"V"字形。此身迦陵频伽的形象是吸收了舞伎菩萨的造型特征。羽尾是繁复的卷草纹。眉目刻画出女性的特征。

以迦陵频伽的羽翼呈现"V"字形来看，从盛唐至中晚唐时期这一特点一直存在。而向上翻转，呈现"V"字形的特点与6号瓦当的主体形象羽翼造型相近。6号瓦当的主体形象羽翼的造型特征是吸收来自于迦陵频伽羽翼的造型特点。虽然6号瓦当上没有出现佛教造像的特征，展现的是胡人伎乐的某些造型特征，而羽翼又与迦陵频伽盛唐至中晚唐时期的羽翼特征相似，从而形成了6号瓦当中的主体形象。它是一个综合的造型，不是单一的羽人造型，也不是单一的迦陵频伽造型。如果根据迦陵频伽造型的界定，这件瓦当应为羽人纹瓦当。不过它是吸收了迦陵频伽造型的羽人

纹瓦当，也是吸收了胡人造型的羽人纹瓦当。对于 6 号瓦当的年代问题，根据瓦当的边轮特点、瓦面的主体形象的特点，此瓦当的年代应是在盛唐至中晚唐之间。6 号瓦当的艺术特征是具有唐代胡人伎乐的造型特征，表达了建筑构件对当时社会文化的反映，也是工艺品中胡人伎乐图像在建筑构件图像上的传播。

七、7 号羽人瓦当是收藏在甘肃省博物馆的一件瓦当

7 号羽人瓦当是收藏在甘肃省博物馆的一件瓦当，这件瓦当被认为是汉代的瓦当。在这件瓦当上，刻画了一位双翼展开的有翼人形象。头部没有任何冠饰，脸部也未有明显的特征。双手合十于胸前，腹部圆鼓，双腿直立于凸起物之上。凸起之物两边各有一个装饰，类似云纹。主体形象的肩膀后面装饰着 5 条线纹，左右共 10 条。这 10 道线条象征着有翼人的羽尾。在主体形象外一圈装饰有凸弦纹，凸弦纹外是一圈联珠纹。瓦当的边轮宽度适中，边轮与瓦面基本齐平。从此件瓦当的主体形象特点来看，此件瓦当应是羽人纹瓦当。

对于边轮与瓦面之间的高低，也是判定年代的一个参考依据。在内蒙古地区，汉代的瓦当大部分呈现出边轮外凸，当面内凹的特点，而北魏时期的瓦当大部分呈现边轮与当心纹饰处于一个平面的特征。洛阳地区的瓦当，在东周和西汉时期出现了高低、宽窄不一的边轮。而北魏时期的瓦当边轮与瓦面基本齐平。从边轮与瓦面基本齐平的特点来看，7 号瓦当与北魏时期瓦当的边轮特征似乎是一致的。在此先不论 7 号瓦当的年代问题。下面仅从瓦当的视觉风格特点来对此进行分析。

7 号瓦当上出现了一圈联珠纹和一圈凸弦纹。这是一件瓦当能够告诉给我们的一个年代信息。在北魏时期，莲花纹瓦当大量出现。也是联珠纹在瓦当上出现的一个重要时期，它伴随莲花纹的装饰纹样而存在。例如，以下洛阳地区的北魏莲花纹瓦当：

①莲花纹瓦当。出土于汉魏洛阳城永宁寺遗址的一件莲花纹瓦当。瓦当边轮宽度适中，其直径 15.5 厘米。瓦当内装饰一圈联珠纹，联珠纹内装饰莲瓣纹，瓦当中心饰有 7 个乳丁纹。莲瓣呈现圆瓣的特点，联珠纹装饰带内未饰有凸弦纹。但是瓦当边轮与当面基本齐平，如下图所示。

莲花纹瓦当——北魏，直径
15.5厘米。

图片来源：北京，科学出版社，
2007年出版的《洛阳出土瓦当》，
第266页。

②莲花化生纹瓦当。出土于汉魏洛阳城永宁寺遗址的莲花化生纹瓦当。瓦当的直径是15.5厘米，边轮宽窄适中。瓦当内装饰一圈联珠纹，联珠纹内饰有一圈凸弦纹。凸弦纹内有莲瓣纹的装饰纹样，瓦当中心是半身双手合十的佛像，佛像头后有背光。在此件瓦当上，比较明显的纹饰即是联珠纹内有一圈凸弦纹装饰。瓦面与瓦当边轮基本齐平也是这件瓦当的特点，如下图所示。此件瓦当的视觉风格已经与7号瓦当的视觉风格很接近。

莲花化生纹瓦当——北魏，直
径15.5厘米。

图片来源：北京，科学出版社，
2007年出版的《洛阳出土瓦当》，
第282页。

③兽面纹瓦当。出土于汉魏洛阳城永宁寺遗址的兽面纹瓦当。瓦当直径是15厘米。其边轮适中，边轮与瓦面基本齐平。在边轮内饰有一圈联珠纹，联珠纹内有一圈凸弦纹。瓦面中心是兽面纹，兽面较为写实，面目狰狞。此瓦当的瓦面装饰中，使人注意的是瓦面内与边轮相接的是一圈联珠纹，联珠纹内有一圈凸弦纹，如下图所示。

兽面纹瓦当——北魏，直径15
厘米。

图片来源：北京，科学出版社，
2007年出版的《洛阳出土瓦当》，
第291页。

　　从以上三件北魏时期的瓦当来看，瓦当的瓦面上装饰着一圈联珠纹和
一圈凸弦纹是这个时期的特点。并且装饰的顺序基本一致，均为联珠纹在
外，内饰一圈凸弦纹。通过比对，发现这一纹样与7号瓦当的视觉特点是
一致的。甚至至隋代、初唐时期，这样的装饰纹样和次序还依然得以
保留。

　　④莲花纹瓦当。出土于隋唐洛阳城宫城遗址的莲花纹瓦当。瓦当直径
12厘米。这件瓦当是隋代至初唐时期的一件瓦当，瓦当边轮宽窄适中，边
轮内装饰一圈联珠纹，在联珠纹内有一圈凸弦纹。凸弦纹内装饰着莲瓣
纹，莲瓣的特点是花瓣头内凹，并且是圆弧的花瓣特征。中心装饰着十个
乳丁纹。此件瓦当的装饰次序和装饰特点依然延续了北魏时期莲花纹瓦当
的特点。但是在边轮内的一圈联珠纹装饰带的空白较大，联珠纹本身较
小，如下图所示。

莲花纹瓦当——隋代至初唐，
直径12厘米。

图片来源：北京，科学出版社，
2007年出版的《洛阳出土瓦当》，
第292页。

⑤莲花纹瓦当。出土于隋唐洛阳城宫城遗址的莲花纹瓦当。其直径 13 厘米，是隋代至初唐时期的瓦当。瓦当的边轮宽窄适中，边轮内是一圈联珠纹，联珠纹内有一圈凸弦纹。凸弦纹内装饰莲瓣纹，莲瓣纹花瓣的特点是尖头。瓦当中心饰有七个乳丁纹。在此件瓦当上，联珠纹的装饰带空白空间大，联珠纹显得较小，见下图。此件瓦当的联珠纹装饰空间比起北魏时期的联珠纹装饰空间明显要宽。这应是隋代至初唐时期不同于北魏时期瓦当的地方。

莲花纹瓦当——隋代至初唐，直径 13 厘米。

图片来源：北京，科学出版社，2007 年出版的《洛阳出土瓦当》，第 293 页。

⑥莲花纹瓦当。出土于隋唐洛阳城宫城遗址的莲花纹瓦当。其直径 9.4 厘米，是隋代至初唐的一件瓦当。瓦当边轮宽度较窄，边轮内装饰一圈联珠纹装饰带，联珠纹内有一圈凸弦纹。凸弦纹内装饰莲瓣纹，莲瓣纹与"T"字形纹饰交叉成为一圈装饰带。瓦当中心装饰七个乳丁纹。从瓦当的整体比例来看，联珠纹一圈的装饰空间较大，联珠纹较小。宽度几乎与边轮宽度相近，见下图。如果依照与北魏莲花纹饰关于联珠纹内有一圈凸弦纹的装饰次序，此件瓦当也是相同的装饰次序。但是对于联珠纹所在

莲花纹瓦当——隋代至初唐，直径 9.4 厘米。

图片来源：北京，科学出版社，2007 年出版的《洛阳出土瓦当》，第 299 页。

的空间来讲，北魏时期更加密集，而隋代至初唐时期的一圈联珠纹装饰带的宽度得以增加。然而，隋代至初唐瓦当上的联珠纹装饰带也存在密集的例子。

从隋唐至宋代，洛阳地区的花草纹瓦当中出现了变形的莲花纹。变形的莲花纹瓦当的装饰特点出现了一些变化。那么此时变形的莲花纹瓦当装饰表现形式有以下几种："一种当心为一个较大的乳凸，莲瓣也呈乳凸状，外围一道凸弦纹和一周联珠纹；一种全部由较小的乳凸组成，即当心为一乳突，外围饰三周联珠纹；再一种为凸弦纹夹联珠纹，有三道弦纹与三周联珠纹相间隔，也有的为两道弦纹与两周联珠纹相间隔；还有一种为两道凸弦纹各与两周联珠纹相间隔；极个别的在两周联珠纹之间饰一周栉齿纹。"❶ 在隋唐至宋代的变形莲花纹的装饰纹样中，瓦当中装饰一道凸弦纹和一周联珠纹是在莲花纹瓦当中可见到的特征，也是上文中着重讨论的一种纹饰。瓦当边轮内饰一圈联珠纹，在联珠纹内又饰一圈凸弦纹。也是7号瓦当中表现出来的装饰特征。从视觉角度来看，北魏时期和隋代至初唐时期的莲花纹瓦当中同样能够见到相类的装饰次序和纹样。当然，这是从视觉风格分析角度来看。从陶质的特点来看，此件瓦当为白灰色陶质。因此，此件瓦当的年代可能是北魏或隋代至初唐。

八、8号瓦当是统一新罗时期的一件瓦当

8号瓦当是统一新罗时期的一件瓦当，瓦当的中心装饰着纹饰，被称为瑞禽纹，又被称为迦陵频伽纹饰。统一新罗时期的瓦当出现了多种的动植物纹样，莲花纹的纹饰较之前的更为繁复。之前的莲花纹呈现单瓣的莲花纹，而这个时期的莲花纹饰出现了重瓣和复瓣的特征。而且在莲花瓣的花头部分不仅有圆形，还有椭圆形等造型。瓦当中心的主体纹饰增加了麒麟、凤凰和迦陵频伽等瑞禽纹。8号瓦当主体纹饰是与佛教有关的迦陵频伽形象，因此，8号瓦当应为迦陵频伽纹瓦当。

这件统一新罗时期的迦陵频伽纹瓦当，瓦当的边轮廓装饰一圈联珠纹，一圈联珠纹的宽度极其窄细。边轮内装饰一圈莲瓣纹，莲瓣纹呈现两

---

❶ 程永建. 洛阳出土瓦当 ［M］. 北京：科学出版社，2007：30.

瓣为一组的装饰带，共 12 组。莲花瓣的头部呈椭圆形。莲花瓣内装饰一圈联珠纹，这一圈联珠纹较边轮廓的联珠纹小而窄。瓦当的中心刻画了一身正在飞翔的迦陵频伽。此身迦陵频伽头部带着一个类似高耸的植物纹的头冠，这个可能是韩国统一新罗时期当地流行的一种冠饰。脸部为椭圆形脸型，朝向身体后方看去。双臂向上打开，胸前佩戴圆形珠串，类似璎珞。身体似鸟身，不现鸟腿。身体类似初唐时期敦煌壁画中迦陵频伽的飞天形象。在迦陵频伽的身体两边装饰着羽翼，羽翼线条简单稚拙，羽翅朝下呈"一"字形。瓦当的联珠纹和莲瓣纹在瓦当上所占的比例小，整体往外扩展，中心的位置让给迦陵频伽纹饰。并且，迦陵频伽纹饰与莲瓣纹结合在一起作为纹饰出现在瓦当之上。这是此瓦当最为突出的特点，也是与中国唐代时期迦陵频伽纹瓦当的不同之处。

　　统一新罗时期的瓦当，还有一件出土于庆州月城忍冬纹瓦当。瓦当的边轮廓上依然如 8 号瓦当一样，装饰着联珠纹。边轮内装饰一圈忍冬纹，忍冬纹装饰带内有一圈莲瓣纹，瓦当中心有一圈凸弦纹和俯视的四瓣莲花纹，在中心有一乳丁纹。瓦当的瓦面造型繁复，瓦当边轮上细窄的面上装饰一圈联珠纹，这与 8 号迦陵频伽纹瓦当的装饰特点相似。由此可知，统一新罗时期瓦当的特点即是边轮细窄，在细窄的边轮上装饰一圈联珠纹。瓦面的中心主体装饰纹样的外圈有一圈装饰带。8 号瓦当与此件瓦当均体现了韩国瓦当的不同造型特征。8 号瓦当体现了统一新罗时期的一种瓦当图案，即为复瓣纹。所谓的复瓣，是在莲花花瓣里面，由一条凸起的线条将每个大花瓣分为两个莲花花瓣的装饰纹样。这一装饰纹样出现于三国时期的后叶，主要表现在统一新罗时期的瓦当上。而此件忍冬纹瓦当所体现的装饰图案特点，即是混瓣。所谓混瓣，指的是由两种或两种以上花瓣特点的莲花共同构成的图案，这一装饰图案出现在新罗时期以后。当然，在统一新罗时期的瓦当装饰图案中，还有重瓣和细瓣的装饰图案。重瓣是指重叠式的重瓣，一层层的由外向内装饰莲瓣纹。而细瓣指的是在瓦面上排列着多个细长的莲花瓣，好似菊花的特征。有时细瓣的莲花纹瓣可达到 16 瓣以上。❶

---

　　❶　［韩］Koreavisuals 编辑部. 韩国文化遗产之旅［M］. 李华，李华敏，译. 北京：生活·读书·新知三联书店，2007：323.

这是一件出土于东宫池塘内的瓦当，池塘原名为月池。朝鲜时代称为雁鸭池，雁鸭池位于月城东侧。"据韩国《三国史记》记载，为了纪念新罗统一三国，文武王14年（674）12月，在'宫内挖池、造山、种花草、养珍禽奇兽'，通过考古发掘，在雁鸭池内共出土了3万多件文物，其中各种瓦当占有一定的比例。"❶ 此件瓦当名为迦陵频伽纹瓦当，见下图。瓦

迦陵频伽纹瓦当——出土于韩国雁鸭池遗址。

图片来源：韩钊发表的《韩国庆州出土的新罗瓦当》，2005年第6期的《考古与文物》，第61页。

当边轮极细和窄，在边轮上装饰一圈联珠纹。内侧装饰一圈复瓣莲花瓣纹，在莲瓣纹内再次装饰一圈联珠纹。瓦当中心装饰一身迦陵频伽形象。瓦当直径15.2厘米。对于此件瓦当的造型特点，可以说与8号瓦当的造型特点是几乎近似的。它同样是复瓣莲花瓣纹，那么统一新罗时期的复瓣莲花瓣纹是否受到了唐代莲花纹瓦当莲瓣纹的影响！从洛阳地区北魏至唐代的莲花纹瓦当的莲瓣纹纹饰的发展来看，统一新罗时期的迦陵频伽纹瓦当受到了唐代莲花纹瓦当的影响。

可见统一新罗时期的迦陵频伽纹瓦当中的莲瓣纹与北魏至唐代洛阳地区的莲花纹瓦当的莲瓣纹造型有一些渊源联系。

①出土于汉魏洛阳城遗址的莲花纹瓦当。其直径13厘米。瓦当边轮宽度适中，边轮内有两圈凸弦纹，凸弦纹内装饰莲瓣纹。莲瓣纹是由一个花瓣为一组，花瓣头部有尖，花瓣内部由一条线将花瓣内的纹饰一分为二。莲瓣纹内饰有一圈联珠纹，联珠纹内有一个大乳丁纹。此件瓦当较为突出的是莲瓣纹饰的造型特点，莲瓣纹的头部尖尖，中间有装饰线将莲瓣纹分为两个部分，见下图。

---

❶ 韩钊. 韩国庆州出土的新罗瓦当 [J]. 考古与文物，2005 (6)：60 - 61.

莲花纹瓦当——北魏，直径 13
厘米。

图片来源：北京，科学出版社，
2007 年出版的《洛阳出土瓦当》，
第 267 页。

②出土于汉魏洛阳遗址的莲花纹瓦当。其直径为 13 厘米。此瓦当的边
轮细窄，边轮内装饰一圈联珠纹，联珠纹内一圈凸弦纹。瓦当内装饰莲瓣
纹，在莲瓣纹内有一圈联珠纹，联珠纹内饰有一乳丁纹。单片莲瓣纹中间
有一条竖线将其分为两个部分。单片莲瓣纹内被分为两个部分的纹饰是曲
线装饰，曲线纹饰将两个单片莲瓣相连。莲瓣头部呈现尖状。此为瓦当的
一个特点，见下图。

莲花纹瓦当——北魏，直径 13
厘米。

图片来源：北京，科学出版社，
2007 年出版的《洛阳出土瓦当》，
第 268 页。

③出土于汉魏洛阳城遗址的莲花纹瓦当。其直径 12.3 厘米。瓦当的边
轮适中，瓦当不圆。边轮内装饰着莲瓣纹，莲瓣纹头部尖角，莲瓣纹内有
一根装饰线，将莲瓣纹内的装饰纹分为两半。瓦当中心饰一个乳丁纹，乳
丁纹一周饰有联珠纹，见下图。

④出土于汉魏洛阳城永宁寺遗址的莲花纹瓦当。瓦当边轮较宽，边轮
内装饰莲瓣纹，莲瓣纹头部尖角，莲瓣纹的尖头部向下延伸出一条线，将
莲瓣纹分为两个部分。单片莲瓣纹之间有两条短线将其相连，在莲瓣纹的

莲花纹瓦当——北魏，直径 12.3
厘米。

图片来源：北京，科学出版社，
2007 年出版的《洛阳出土瓦当》，第
270 页。

外圈形成一个六边形。瓦当的中心有一个乳丁纹，乳丁纹外圈装饰一圈联
珠纹，见下图。

莲花纹瓦当——北魏。

图片来源：北京，科学出版社，
2007 年出版的《洛阳出土瓦当》，
第 273 页。

⑤出土于汉魏洛阳城遗址的莲花纹瓦当。瓦当直径为 13 厘米。瓦当边
轮上装饰一圈类似联珠纹的装饰纹带，内部装饰莲瓣纹，莲瓣纹头部呈现
圆弧状，单片莲瓣由单线条将其分为两个部分，分开的装饰纹样下部延伸
的曲线和另外一个单瓣的半个装饰纹相连。瓦当中心有一乳丁纹，乳丁纹
外刻画一圈如同花蕊的短线条。此瓦当有残损，见下图。

莲花纹瓦当——北魏，直径 13
厘米。

图片来源：北京，科学出版社，
2007 年出版的《洛阳出土瓦当》，
第 274 页。

⑥出土于隋唐洛阳城上阳宫园林遗址的莲花纹绿釉瓦当。瓦当的边轮较宽,边轮内装饰一圈联珠纹,联珠纹内有一圈凸弦纹。瓦当中心装饰莲瓣纹和七个乳丁纹。它们之间有一圈凸弦纹。此瓦当不同于之前北魏时期的瓦当,在莲瓣纹的头部演变为圆头内凹的造型。单片莲瓣纹内装饰着实心的装饰纹样,与莲瓣纹头部的造型同形。见下图,从莲瓣的头部造型的演变来看,由北魏时期的尖头变为唐代内凹的圆形。由此件瓦当的莲瓣纹饰的造型,也可见唐代的莲花纹瓦当的莲瓣纹饰与北魏时期的此类瓦当的纹饰特征之间的联系。唐代的莲花纹瓦当纹饰源自北魏时期的莲花纹瓦当纹饰。

莲花纹绿釉瓦当——唐代,直径10.5厘米。

图片来源:北京,科学出版社,2007年出版的《洛阳出土瓦当》,第383页。

陕西地区的唐代莲花纹瓦当,也保存着类似造型的瓦当。例如大明宫含元殿遗址出土的莲花纹瓦当,瓦当边轮适中,边轮内装饰一圈凸弦纹,凸弦纹内有联珠纹,联珠纹内饰有莲瓣纹,共6组。莲瓣纹头部圆润内凹,莲瓣被边线一分为二。如下图所示:6组莲瓣纹共同朝向中间的乳丁纹,

莲花纹瓦当——瓦面内饰有6组莲瓣纹,中心为较大的乳丁纹。

图片来源:西安,陕西人民出版社,2016年出版的《椽头乾坤:陕西古代瓦当》第226页。

乳丁纹较大。一片莲瓣纹饰由二个单瓣纹共同组成，莲瓣纹较为细长。陕西地区的瓦当中，出土于西明寺和青龙寺遗址的莲花纹琉璃瓦当中也保存了类似纹饰的瓦当。如下图中的瓦当，瓦当边轮较宽，边轮内装饰一圈联

莲花纹琉璃瓦当——瓦面内饰有8组莲瓣纹，每组莲瓣纹由两个瓣心组成，瓣心外有一条随形线条装饰。

图片来源：西安，陕西人民出版社，2016年出版的《椽头乾坤：陕西古代瓦当》第231页。

珠纹，联珠纹内装饰两圈凸弦纹，凸弦纹内装饰8组莲瓣纹。每组莲瓣纹由两个瓣心组成，瓣心外有一条随形线条装饰。莲瓣头呈现圆头内凹的造型。与大明宫出土的那件瓦当不同之处，在于一组莲瓣纹之间是否有分割线做装饰。由此可见，大明宫含元殿遗址出土的莲花纹瓦当的莲瓣纹饰与统一新罗时期迦陵频伽纹瓦当上的复瓣莲瓣纹纹饰最为近似。只是，陕西地区出土的这两件莲花纹瓦当的联珠纹均在边轮之内。

　　8号瓦当与上述的瓦当比较，北魏时期洛阳地区的莲花纹瓦当的莲瓣纹饰，突出的特点是莲瓣的尖头，但是也出现了将单片莲瓣纹一分为二的特点。北魏时期的莲花纹瓦当已经展现出类似复瓣纹的特点，只是头部是尖角，并且造型稚拙。在北魏时期的莲花纹瓦当中，联珠纹装饰在边轮内和莲瓣纹之间。而统一新罗时期迦陵频伽纹瓦当的联珠纹则装饰在边轮之上，联珠纹和莲瓣纹均压缩式地向边缘靠拢。至唐代，莲花纹瓦当的莲瓣纹饰则与统一新罗时期莲花纹瓦当的莲瓣纹饰逐渐相似。在唐代，莲瓣纹的头部已经改变了北魏时期的尖头，变为内凹的圆头，而统一新罗时期的莲瓣纹的头部特征亦是圆头内凹。唐代的莲花纹瓦当上有联珠纹装饰，只是大部分联珠纹在边轮内装饰，并且边轮较宽。陕西地区的莲花纹瓦当保存有与统一新罗时期迦陵频伽纹瓦当莲瓣纹饰近似的纹饰。如大明宫含元殿遗址出土的莲花纹瓦当，在此瓦当上装饰的莲瓣纹饰是一片莲瓣纹上有边线将莲瓣一分为二的特征。但是莲瓣纹饰的数量较少，只有6瓣。不同

于统一新罗时期的迦陵频伽纹瓦当上的莲瓣纹饰。统一新罗时期的迦陵频伽纹瓦当上的莲瓣纹较为繁复，数量多，可达12瓣。相同的是莲瓣纹与联珠纹相连，区别是一个为联珠纹在边轮内，一个联珠纹在边轮上。大明宫含元殿遗址出土的莲花纹瓦当与统一新罗时期迦陵频伽纹瓦当的同异之处正说明后者受到了前者的影响。因此，8号瓦当瓦面上的莲瓣纹和联珠纹特点的艺术渊源来自于唐代的莲花纹瓦当，或者说受到了唐代瓦当的影响。

8号瓦当当面中心装饰的迦陵频伽图像，是一种特别的造型。不同于唐代迦陵频伽的造型，但又有某些联系。迦陵频伽的头部装饰的头冠，在唐代迦陵频伽的造型中是没有的。这或许是统一新罗时期当地对于迦陵频伽图式的再加工。从迦陵频伽的头部特征和上身佩戴的璎珞来看，应为女性的特征。这一特征如同敦煌壁画中迦陵频伽的形象。8号瓦当中迦陵频伽的下半身则是不现鸟腿的飞翔的鸟身形象，亦如初唐时期敦煌壁画中迦陵频伽的形象。8号瓦当上的迦陵频伽形象比较引人注意的是迦陵频伽双臂向上抬起呈打开的姿势。这样的姿势与云冈石窟中飞天的形象类似。8号瓦当不仅受到敦煌壁画中迦陵频伽造型的影响，也受到云冈石窟中飞天图像的某些造型特征的影响。

从艺术风格特征方面看，8号迦陵频伽纹瓦当的羽翼刻画较为简单稚拙，身体刻画的形状简单，只可大概看出侧身的身形，迦陵频伽不是正面的迦陵频伽形象，并非双手合十，而是双手打开的飞翔状。因此属于飞天类的迦陵频伽的造型特征。迦陵频伽图像和周围装饰的莲瓣纹共同构成了一种图式，这一图式更加符合佛教建筑的特征。瓦当的造型繁复，莲瓣纹呈复瓣，但是主体形象的羽翼和身体造型简单，两个特点形成了一种矛盾的冲突，从而构成了8号瓦当独特的艺术特征。

九、9号瓦当是收藏在甘肃省博物馆的一件瓦当

9号瓦当是收藏在甘肃省博物馆的一件瓦当，瓦当的边轮消失，瓦当上的主体形象突出于整个瓦面。主体形象是有翼人的形象，头部刻画出佛教造像的特征，人物面部头戴宝冠，宝冠两边各垂下一条冠带。冠带垂于两肩之上。人物面部刻画出白毫相，眉目修长，脸型清秀。耳朵硕大，脖

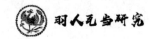

子处有一圈凸纹，人物双手合十，上臂佩戴臂钏。腹部没有刻画横纹线，露出肚脐，下半身穿着裤子。腿部分开而立。人物头部后方有背光，肩部两旁装饰一对羽翅。羽翅刻画较为抽象、概括。在主体形象的周围分别刻画向外发散的细线。其艺术特征体现了线条装饰的对称性、造型归纳的概括性、人物精神外貌的世俗性、服饰特征的平民化等特点。从图式的艺术特征来看，此件瓦当的时代确实为宋代。根据人物面部的白毫相和宝冠以及双手合十的造型，它应被称为迦陵频伽。因此，这件瓦当是迦陵频伽纹瓦当。

9号瓦当的主体形象是头戴宝冠的形象，此形象与宋代的迦陵频伽图像是类似的。如西夏王陵的迦陵频伽形象，其形象头部是女性的特征，头戴佛冠。双手合十，小臂平行于腿部，与合十的手部形成十字形。脸部圆润，眉目细长。腹部有横线的刻画，其下身没有具体的刻画，只是塑造一个台座。身后有两个羽翅和羽尾。西夏王陵的迦陵频伽形象能够体现时代特点的是头部的佛冠。与9号瓦当的主体形象有类似之处，即是头戴冠饰。在敦煌莫高窟的窟顶上刻画了两身宋代的迦陵频伽形象亦为头戴宝冠，宝冠两边垂下冠带。

9号瓦当的另外一个艺术处理手法是生活化，在对迦陵频伽的塑造上，出现了裤子和肚脐的刻画。这些特征的出现流露出当时瓦当对于审美时尚的反映。宋代其他地区的瓦当上同样有类似的现象。洛阳地区出土的宋代瓦当，出现了大量牡丹纹饰的瓦当。例如，出土于洛阳纱厂北路宋代烧窑遗址的折枝牡丹纹瓦当，其直径12厘米。瓦当边轮适中，内饰一圈凸弦纹，瓦当中心刻画着折枝牡丹。牡丹纹饰较为写实，牡丹花两边装饰的叶子具有变化，虽然左右对称，但是叶子的纹饰和前后位置有变化，具有一种空间感和写生的趣味。写生的趣味还在另一件瓦当中显现，出土于隋唐洛阳城宫城遗址的折枝菊花纹瓦当，瓦当直径14.3厘米。瓦当边轮适中，内饰一圈凸弦纹。瓦面由一枝菊花的叶茎作为主干，在主干上伸出一根茎干，共同构成画面对称的叶纹饰。左右叶饰托举一朵菊花纹，此瓦当的菊花纹饰体现出的意趣更浓些。这是两件折枝花卉纹瓦当的样式，当然还有其他类装饰纹样。在此不再一一列举。折枝牡丹纹、菊花纹瓦当流露的意趣，说明当时人们对于瓦当的需求从莲花纹饰转向了生活中常见的牡丹、菊花纹饰的喜好。究其原因，一是人们的审美趣味更加生活化，另外也是工匠将绘画中的画意融入瓦当主体形象的塑造。洛阳地区的折枝牡丹纹、菊花纹瓦当与9号瓦当共同的特点是瓦当上反映出生活化的特征。

9号瓦当瓦面上刻画的迦陵频伽形象，其造型中包含了诸多佛教造像的特征符号。瓦当之上的迦陵频伽的头部刻画，较为特别的是头顶部的宝冠。如下图所示：宝冠造型特别，其正面下方有类似三角的刻纹，纹路线将宝冠的正面分为三个三角形所组成的面饰。宝冠正面的两个侧面是由类似两个山形的凸起为装饰。三角形面饰上方是由几条横线向头部后方的背光延伸。在宝冠的顶部两侧好似台阶状的尖顶，顶部从上至下呈类三角形，迦陵频伽头顶部的刻画应指的是发髻。此迦陵频伽头顶部的宝冠造型可能是宋代流行的一种宝冠，或者是来自于菩萨造型中的一种冠饰。

迦陵频伽纹瓦当——收藏于甘肃省博物馆。

图片来源：西安，三秦出版社，2011年出版的《庄严妙相－甘肃佛教艺术展》，第135页。

在宋代的铜质水月观音像中，其头部的宝冠与迦陵频伽头部的宝冠相同。铜质的水月观音像高14.9厘米，一侧腿部支撑着同侧上臂，脚踩在台座的上方。另一侧上臂支撑在方台上，同侧腿部弯曲放于台座下。形成了一高一低的腿部姿势，展现了菩萨安详地坐在一个方形台座上的造型，这一造型带有内地的造像风格。见下图，水月观音像的面部丰满端正，脸型较为方正。眼睛微张，嘴小上翘，眉毛与鼻根相连，眉毛微微上抬。胸前佩戴璎珞，上臂佩戴臂钏。头带三叶宝冠，发髻高耸。对这件水月观音的刻画，展现出宋代观音造型中逐渐流行的造像方式。头戴的冠饰，工匠将其刻画成冠面呈三角形，两边各有一个凸起的冠面。在顶部是类似三角山

铜质水月观音像——高 14.9 厘米，收藏于甘肃省博物馆。

图片来源：西安，三秦出版社，2011 年出版的《庄严妙相——甘肃佛教艺术展》，第 122 页。

形的发髻。高耸的发髻两边雕刻出三条凹线，状如有层次的阶梯。此件宋代水月观音像的头部冠饰特征与 9 号瓦当中迦陵频伽头部冠饰很接近。水月观音像头部的宝冠正冠面呈三角形，迦陵频伽头冠的正面亦是三角形。另外在水月观音像的头顶部对发髻的刻画是将两边雕刻出阶梯的棱状，而迦陵频伽的头顶处也同样由类三层阶梯的发髻做装饰。通过比较，迦陵频伽头部上方的宝冠装饰应是三叶宝冠，而最顶处的有层次感的棱线是迦陵频伽的发髻。以宋代铜质水月观音像为参照件，可知迦陵频伽的宝冠并非是工匠的随意之作，而是有一定参照对象的雕刻作品。

9 号瓦当上迦陵频伽上臂处雕刻出一个圆形凸起，应是迦陵频伽上臂佩戴的臂钏。但因瓦当有一定的破损，臂钏的造型已经模糊。臂钏的造型为何？通过唐代的铜臂钏可以还原迦陵频伽上臂所佩戴臂钏的造型。陕西历史博物馆收藏着一件铜臂钏，臂钏长 30 厘米，宽 31 厘米。臂钏的装饰面圆鼓，在圆鼓的面上显现出十字交叉的纹饰，交叉的四个方向均为椭圆形内饰尖状纹饰，正中间是方形的纹饰。圆形的鼓面与下方凸起的圆形基座相连，圆形基座两边延伸出圆形圈，形成了这件铜臂钏。在 9 号瓦当的迦陵频伽身上，左边上臂处有一个凸起物，凸起面圆鼓，在圆鼓的面上有一圆点，圆点周围刻画着发散的线条。它的造型特点与唐代的铜臂钏有相似之处。

9号瓦当上的迦陵频伽面部描绘出白毫相。白毫相是在眉间有白色向右旋转的毫毛，形状如鼓起的圆点。白毫相在犍陀罗佛像的面部中可见，后来随着佛教的东传，白毫相成为佛和菩萨的造像特征。那么，9号瓦当上迦陵频伽饰白毫相应是一种对菩萨形象的模仿或塑造。另外迦陵频伽的双手合十，头后有背光的特点，也是工匠塑造其形象的元素之一。

从上述提到的迦陵频伽头顶的三叶宝冠和高耸的发髻、面部的白毫相、双手合十的姿势和头后的背光，以及上臂处佩戴的臂钏，均说明9号瓦当上迦陵频伽的外形存在对菩萨造像的模仿。当然这种模仿仅仅是某些造型因素，工匠在瓦当中所要塑造的还是迦陵频伽本身，因为在其身后增加了一对羽翼。9号瓦当上的主体形象再次表明迦陵频伽形象中的复杂性特征，带有双翼的形象未必均是人首鸟身，也未必均为伎乐形象，它也可能具有菩萨的造型特征。

第三章　羽人瓦当的相关图像识读

第一节　观风鸟·扁鹊·迦陵频伽——
观风鸟视觉图像的前世今生

观风鸟是墓葬中出现的一种明器，对观风鸟的研究集中在对于观风鸟是否是观风鸟、观风鸟与相风鸟的关系、观风鸟与迦陵频伽的关系、观风鸟的渊源等几类问题。对于前者的研究，大致有耿超的《观风鸟源流研究》《浅议观风鸟在墓葬中的作用》《唐宋墓葬中的观风鸟》、王铭的《唐宋墓葬中的千秋万岁鸟与观风鸟的不同形象辨析、历史来源及象征意义》、萧兵的《羽人·相乌·观风鸟——〈马王堆帛画与楚辞〉一则》和王其亨的《浑源圆觉寺塔及古代候风鸟实物》等文章。耿超的《观风鸟源流研究》中认为迦陵频伽与观风鸟没有必然的联系，唯一共同之处可能就是源于对鸟形象的崇拜。❶ 王铭在其文章中提出一对人面鸟身俑与观风鸟不同，人首鸟身形象与千秋万岁鸟有关，如合肥西郊隋墓出土的一对人面鸟身俑。其依据是出土地点，千秋万岁鸟一般分列于墓室的东、西两侧。萧兵先生的文章中认为羽人、相风鸟与观风鸟是引亡魂升天，这种导引游魂的"观风鸟"，凤凰或雄鸡有时可以用"简化"或"卑化"的鸟羽来代表。❷ 王其亨的《浑源圆觉寺塔及古代候风鸟实物》一文谈的是浑源圆觉寺塔上顶部的候风鸟，也是相风鸟。此塔是金代时所建。因此，相风鸟在此时建

---

❶ 耿超. 观风鸟源流研究 [J]. 文物春秋, 2007 (1): 43.

❷ 萧兵. 羽人·相乌·观风鸟——《马王堆帛画与楚辞》一则 [J]. 兰州大学学报, 1980 (2): 61.

筑中应为一种时尚。文章具有借鉴价值。纵观前人有关观风鸟的研究成果，对观风鸟大致的认同是观风鸟的含义为升仙等寓意，观风鸟与迦陵频伽无关。观风鸟与相风鸟有关，其形象来源可以追溯到汉代。那么，观风鸟与汉代的画像石中扁鹊是怎样的关系？观风鸟与迦陵频伽之间在视觉图像方面真的没有什么关系吗？这些问题都值得探讨。

因事死如事生的观念，墓葬中明器的原型来自墓葬主人生前所使用的物品。那么，生活中使用物品的艺术风格对墓葬中明器的造型特征也会产生一定的影响。有时，时代的风尚对墓葬艺术产生很大影响，我们在观看墓葬中明器或是生器时，看到的是当时整个时代的风尚。"初唐时期，妇女的发式已由隋代的平云式发髻转而流行高髻，这也影响到墓中随葬的观风鸟，都头梳高髻。男性观风鸟面部的络腮胡须可能也是得益于'唐太宗虬髯挂角弓'的传说，魏晋南北朝以来，社会上流行蓄须风气，到了唐代，一些贵族官吏仍然对前朝流行一时的胡须情有独钟，从而使男性观风鸟面部也留络腮胡须。"❶ 观风鸟的产生某种程度上来自地上之物造型，这也不是不可能的。

当然也有墓葬仪轨要求下产生的造型特点。例如在《大汉原陵秘葬经》中有简略的记载，书中说："天子山陵用盟器神煞法……方相氏三尺五寸，五彩结之，有四眼，手秉挝屯权，观风鸟一个，长三尺……亲王盟器神煞法……观风鸟长两尺"❷。文献的记载是对之前墓葬型制的记述，但也反映了墓葬的仪轨。而"盟器神煞"是指随葬的器物。如需考证墓葬明器所在的位置，可查阅此《秘葬经》。如在记载天子陵墓的仪轨时，便提到了长三尺的观风鸟一个。在天子的陵墓中，观风鸟是与方相神并列放置在墓的通道处。当然，观风鸟与方相神也依然如此并列放置在亲王的墓葬中。观风鸟与方相神并列摆放，或许也是一种仪轨。此种仪轨是表达其功用的一种方式。方相神是傩文化的一个象征。在傩仪中，方相氏是驱傩的一员。所谓的傩，是驱鬼迎神的一种仪式。而方相氏在墓葬中被称为方相神，它所起到

❶ 耿超. 唐宋墓葬中的观风鸟研究 [J]. 华夏考古，2010（2）：117.

❷ 王爱文，李胜军. 冥土安魂：中国古代墓葬吉祥文化研究 [M]. 郑州：中州古籍出版社，2011（9）：228.

的功用应该就是驱鬼之意。方相氏的形象在汉画像石中也大量存在，方相氏的形象较为凶恶，它是驱逐鬼魅的象征。当以驱逐鬼魅为其功用的方相氏与观风鸟并排在一起放置时，观风鸟的意义应该与方相氏的功用联系在一起来理解，方相氏是驱逐鬼魅之用，那么下面即是为了迎来美好的事物。因此在前人研究的成果中，对于观风鸟含义的理解应为迎来吉祥之风。

此意与相风鸟相联系。与相风鸟相关的一则文献是关于对相风车的记载："汉相风车……建修竿之亭亭，栖神鸟于竿首，侯祥风之来。"❶ 在文献中，明确地表述出相风鸟是等候吉祥之风。也正恰恰符合观风鸟与方向神并列放置一起的用意。相风鸟与观风鸟相关的另外一个原因是，"从'相风鸟'转变为'观风鸟'，从吉卤簿中转而进入凶仪明器之列，其背后的宇宙观念是一以贯之的。可以说，从相风鸟到观风鸟的演变，是唐宋时期卤簿制度渗透入丧葬仪制的产物"❷。观风鸟产生来源之一与相风鸟有关。观风鸟在天子和亲王的墓葬中均存在，但是在公侯卿相坟墓堂和大夫以下至庶人坟墓明器神煞方位图中却缺失了方相神和观风鸟。体现了当时墓葬级别的区分，也说明唐宋时期墓葬实际的情况未必与《秘葬经》所述内容一致，或者有出入。❸ 在唐宋时期，墓主身份为流民、监死犯人等人的墓葬中，亦能发现人首鸡身俑和人首鸟身俑，耿超在其《唐宋墓葬中的观风鸟研究》一文中，认定其为观风鸟。他认为"唐宋时期，观风鸟在某些地区是中级以上官吏墓葬中流行的随葬明器。它之所以出现在下层官吏甚至平民墓葬中，可能是由于厚葬习俗的盛行，人们竞相逾越的结果"❹。由于在唐宋时期墓葬中明器的实际摆放与《秘葬经》中内容也未必完全一致的原因，观风鸟的认定不能绝对

❶ [宋] 王应麟. 玉海 [M]. 清文渊阁四库全书本:（玉海卷第七十九车服）24.

❷ 王铭. 唐宋墓葬中的千秋万岁鸟与观风鸟的不同形象辨析、历史来源及象征意义 [J]. 江汉考古, 2014 (1): 99.

❸ 四川成都跳澄河宋墓的墓门两旁，正放置着两个武士装束的陶俑，王家祐认为这种陶俑"实际上就是方相的演变形态"。但是，《秘葬经》所记方相的形状与此不合。此外，至于山陵的平面布置，《秘葬经》所记的也与北宋、明代诸陵不尽相同。此内容参见：徐苹芳. 唐宋墓葬中的"明器神煞"与"墓仪"制度——读《大汉原陵秘葬经》札记 [J]. 考古, 1963 (2): 90-98.

❹ 耿超. 唐宋墓葬中的观风鸟研究 [J]. 华夏考古, 2010 (2): 118.

化。人面鸟身的形象应该也是观风鸟。❶ 观风鸟源自相风鸟，但是应该还有所不同，不然名称可以完全相同。相风鸟只是观风鸟的历史来源，有时也是形象来源之一。观风鸟的形象来源也可以是其他的形象，例如千秋万岁鸟。王铭认为唐宋墓葬中的人首鸟身形象是墓室壁画中表现的千秋万岁鸟。这个可能性很大，因为出土的墓葬中对于观风鸟的描述有时是一对，有男性形象和女性形象。所以，一对观风鸟应该是千秋万岁。不过不能因此否定墓葬中类似千秋万岁的人首鸟身的明器不是观风鸟。如果将鸟首鸟身作为区别是否为观风鸟形象的特征，那么那些单个出现在墓葬中的人首鸟身俑是干什么用的呢？这将很难解释。千秋万岁是成对出现，单个的人首鸟身未必是千秋或者是万岁。单个的人首鸟身明器是什么含义，它不能称之为观风鸟，它应为何物？观风鸟在每个地域都呈现出不同的样貌来，地域的不同造成形象的不同。不同地域的观风鸟反映的是当地的墓葬风格特征，人首鸟身的特征也成为一个地域的特征。从耿超所列出的观风鸟出土情况及其特点中，可以看出地域不同观风鸟的特点不尽相同，如河北地区的观风鸟大多呈现的特点是双手握于胸前，头梳高发髻等特点。而湖南地区的观风鸟则没有双手握于胸前的记载。观风鸟应该具有自身的时代特色和地域特色。因此，观风鸟的样貌应该根据地域不同而不同，用一个共同的标准来确定其特征似乎还不够准确。因为史料中没有观风鸟的确切记载，而后人在制作墓葬时，也是根据当地墓葬的要求来进行制作，不免带有当地人们生活的写照。因此，观风鸟应该包括人首鸟身、鸟首鸟身的形象，只是在人首鸟身的形象中，出现一对的人首鸟身俑是千秋万岁。

　　人首鸟身不仅是观风鸟的造型，还是迦陵频伽和画像石中扁鹊的造型，那么三者之间是否有联系？或者说在形象特征中是否有继承和影响的联系。

---

　　❶ 原文中说道："人首鸟身形象是自汉代以来墓室壁画中即有表现的一对千秋、万岁鸟，并非观风鸟。区别观风鸟和千秋万岁鸟的关键特征有三点：第一，是否系人首形象。观风鸟应该整体都呈鸟形，即鸟首鸟身，而千秋万岁则是人首鸟身。第二，是否有立竿和底座，而千秋万岁则无。第三，在墓葬中的位置。观风鸟应位于墓室之外的墓道口，而一对千秋万岁则位于墓室之内的棺椁两侧或附近位置。"参见：王铭. 唐宋墓葬中的千秋万岁鸟与观风鸟的不同形象辨析、历史来源及象征意义［J］. 江汉考古，2014(1)：96.

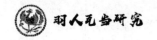

一、观风鸟与扁鹊

观风鸟是墓葬中一种明器，而扁鹊则出现在汉画像石中。二者似乎没有什么联系，但是从视觉形象上，二者是否有某种联系？在前人研究成果中，论证观风鸟与千秋和万岁有着联系。对于人首鸟身形象之间，人们论证它们之间的不同。然而，它们之间是否有着视觉图像的联系？

首先它们的共同之处是二者都为鸟，这似乎是对的。原本早期文化中就存在鸟文化。例如山东大汶口出土鸟形陶器、商代出土的鸟形玉器和与鸟有关的图像、良渚文化中的鸟形族徽等。从东至西从南到北，都能看到早期文化中对于鸟的崇拜。可以说这是一种鸟文化，早期文化中还有傩文化，傩文化也被称为鸾文化，似乎也与鸟有关。在山东出土的画像石中，有数幅是鸟医针刺图以及问医图，人首鸟身形象是作为巫医诊疾问病，并施行针砭之术，且有祛除疾患、保人康泰之意，从而影射了鸟图腾与医药的关系。❶

与诊疾问病相关的是扁鹊和仓公两个石刻形象。山东的画像石中有着许多人首鹊身的形象，其中之一即是扁鹊的形象。对于扁鹊的含义，"刘敦原教授认为，扁鹊有二种含义，一为上古时之扁鹊氏族，代表了早期的鸟图腾，而其氏族以善针砭而命名。另一种的含义，即后世的扁鹊，则为战国时的秦越人。扁鹊针刺图同时揭示了针砭之术的起源"❷。扁鹊图像在汉画像石中皆以神医治病的场景出现。例如，山东微山出土的汉画像石中，保存着扁鹊治病的形象。画像石中扁鹊的形象皆带有一个特点，神医扁鹊被描绘成人面鸟身的形象，其鸟身的尾巴处像鹊尾一样挺直地并成一束。因为，楔形是喜鹊尾巴的特征，而辨识扁鹊的神话形象也以此为标准。❸ 当然在汉画像石中还有类似扁鹊人首鸟身的形象，但是其尾巴处是散开的，以柔软的线条舒展在空中。有时类似扁鹊的形象也出现在看病的

---

❶ 杨金萍，何永. 汉画像石中鸟图腾与中医 ［J］. 医学与哲学（人文社会医学版），2007（1）：64.

❷ 杨金萍，何永. 汉画像石中鸟图腾与中医 ［J］. 医学与哲学（人文社会医学版），2007（1）：64.

❸ 叶又新. 神医画象石刻考 ［J］. 山东中医学院学报，1986（4）：56.

场景，其实这类形象不是扁鹊而是仓公的画像。❶ 而与仓公尾巴相似的另
一形象被称为苍生，这种大鸟的冠羽较长，其嘴含丹丸。❷ 仅汉代的画像
石，在对人首鸟身的描绘上，便可以分出诸多形象，名称也各有不同。那
么在墓葬中的人首鸟身形象是否受到汉画像石中一些羽人造型特点的影响
呢？这是有可能的，所谓汉画像石是指墓室、墓阙或者墓地祠堂等墓葬礼
制性建筑中的建筑构石。观风鸟也是墓葬中的明器，对于二者所处的位置
来讲，二者的位置性的符号功能❸是一致的，二者都是为墓主人祈求美好。
那么，匠人在筑造墓葬时，对汉代的画像石中人首鸟身形象的借鉴是不可
避免的。在迦陵频伽纹瓦当中，可以看到汉画像石中羽人形象的某些特
征。而墓葬明器中的观风鸟对汉代画像石的艺术特征方面有一定的借鉴，
在造型上应该可以找到二者的相似性。如上文中对于汉画像石的扁鹊形象
的探讨，发现画像石中神医扁鹊的形象特点依据是喜鹊的外形特点，主要
看其尾巴处是否与喜鹊的尾巴相一致。扁鹊的尾巴较为明显地呈现楔形并
成一束，这与观风鸟尾巴的造型有些类似。如河北省南和县出土的陶观风
鸟，和河北省安国市梨园村出土的观风鸟。前者的观风鸟是两件，应该是
千秋和万岁。在河北南和出土的陶观风鸟其中之一上半部为"人面人身，
头束高髻，身着对襟阔袖服，揖手于胸前。下半部为鸟身，有羽毛，尾上
翘，下连圆形座。带座通高 17 厘米。另一件为人首鸟喙，带座通高 17.5
厘米"❹。这件千秋与万岁的尾巴处，造型较为特别，塑造成一束的尾巴。
这与画像石中扁鹊的造型特点类似。至少在尾巴的处理特点上，千秋与万
岁吸收了画像石中扁鹊形象的特点。另外，王去非指出合肥西郊隋墓中出
土的一对陶制人首鸟身俑就是千秋万岁。但是这件千秋万岁的面部特征确
实是人首，说明千秋万岁的造型特征也是不断地发生着改变，不是不变
的。合肥西郊隋墓出土的这件人面鸟身俑已经打破了画像砖上的千秋万岁
鸟的规律，但在河南省邓州市北齐墓彩画砖中的千秋万岁鸟形象，一个是

❶ 叶又新. 神医画象石刻考［J］. 山东中医学院学报，1986（4）：56.
❷ 叶又新. 神医画象石刻考［J］. 山东中医学院学报，1986（4）：56.
❸ 彭兆荣. 人类学仪式的理论与实践［M］. 北京：民族出版社，2007：206.
❹ 辛明伟，李振奇. 河北南和唐代郭祥墓［J］. 文物，1993（6）：25.

人首鸟身，一个是兽首鸟身。因此，对于墓葬中千秋万岁的形象，无论从其尾巴处的并为一束，还是面部全为人面，都说明了墓葬中千秋万岁形象的发展变化。既然千秋万岁的造型发生着演变，那么对于墓葬中的观风鸟来讲，它的造型应该也不会一直是鸟的形象。如河北省安国市梨园村出土的观风鸟，仅为一件。此件观风鸟人面鸟身，头梳高发髻，嘴尖突，其尾部上翘，并为一束。在尾巴与身体之间的转折处有一圆环，而画像石中扁鹊的身体与尾巴的连接处也有一个圆环的刻画。因此，更加说明汉代画像石中神医扁鹊形象对于墓葬中人首鸟身形象的影响，以及观风鸟与汉画像石中名为扁鹊人首鸟身形象有着一定的联系。

二、观风鸟与迦陵频伽

观风鸟与迦陵频伽是不同的，这在前人的研究成果中已经提到。迦陵频伽形象带有佛教造像的特征，而观风鸟则不同。如果说二者不同，是否观风鸟与迦陵频伽之间没有一点联系？当我们将二者放置在一起时，就会发现人首鸟身的观风鸟与人首鸟身的迦陵频伽之间在造型上还是有着某种演变上的联系。在墓葬中也能看到迦陵频伽的身影，如西夏王陵迦陵频伽像就是放置于陵墓的环境中。墓葬中的迦陵频伽像的造型与迦陵频伽纹瓦当的主体造型基本一致，均为双手合十、头戴宝冠、人物面部具有佛教的特征。而观风鸟更多的是世俗人物的面部、双手拱于胸前、鸟腿特征明显，并直直地立于其地。那么，在工匠制作墓葬中的迦陵频伽和观风鸟时，是否会将二者的特点融合呢？或许有这个可能，因为二者同处于一个时期，均是在唐宋时期为其主要发展的时期。比较明显的例子是河北省邯郸市观台镇磁州窑址出土的一件迦陵频伽像。这件迦陵频伽像兼具迦陵频伽与观风鸟的特征。如人物的面部显然是世俗中平民的面部，双手拱于胸前，腿部是鸟腿，直直地立在地上。这些造型特征与观风鸟十分相近，唯独在人物的头部装饰有白毫，呈现白毫相。估计依据白毫相才将此件物件认定为迦陵频伽。认定为迦陵频伽的头部以下的部分又与观风鸟很相似，好似将迦陵频伽的特点与观风鸟的特点相融合，形成了我们看到的磁州窑出土的这件迦陵频伽像。它或许是从迦陵频伽到观风鸟的一个演变过程的中间阶段。毕竟双手合十与拱手于胸前还是比较相似的。或许二者的联系存在于它们之间的演化中。

因此，观风鸟与扁鹊和迦陵频伽并不是没有联系，三者之间在艺术样式的传播中存在某种联系。

第二节　中外有翼人试析

一、中国有翼人形象的生成与演变

以鸟为联系的要素似乎要从最早神话中寻得对于鸟文化的崇拜，从纹饰中，在早期的青铜器等器物中找到羽人（本土有翼人）的形象来源。例如兽面纹中，鼻、目、口刻画得很是生动，用一种平面的方式展现古人对立体兽的理解。距今5300—4200年的良渚文化即出现对于鸟的刻画，出光美术馆保存的一件良渚文化玉鸟即为一例。如下图，林巳奈夫认为翅膀上

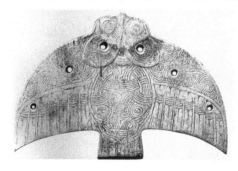

玉鸟——出光美术馆保存的一件良渚文化玉鸟。

图片来源：北京，三联书店，2009年出版的《神与兽的纹样学：中国古代诸神》，第61页。

描绘的图案象征着放射的热量，即是太阳的光芒。根据他的观点，此时的玉鸟又与农耕文化有关。因为在稻作地区，太阳的光照与鸟都是必不可少的有利因素，有助于稻子的成长。因此，鸟的符号渐渐成为人们崇拜的对象。在玉器等器物中，表现鸟的符号来传达他们对丰收的诉求。那么，对这些符号的解读，就不仅仅停留在对于崇拜物的理解层面，更为重要的是人们对于物质的基本诉求，从而对于鸟形象的创作，形成了一种本土原始的鸟文化。与良渚文化不同的是龙山文化，龙山文化对于鸟的描绘表现在对于金雕的刻画。龙山文化中有很多器物是对金雕的描绘，有时在金雕的图像中还刻画着人像。

上海博物馆收藏着一件金雕玉，见下图。在金雕的头部上方雕刻了一

金雕玉——在金雕的头部上方
雕刻了一条龙形纹样，在龙形背后
又雕刻了一个鸟形，与金雕反向而
立。在金雕的爪子下部装饰一个
人头。

图片来源：北京，三联书店，
2009 年出版的《神与兽的纹样学：
中国古代诸神》，第 75 页。

条龙形纹样，在龙形背后又雕刻了一个鸟形，与金雕反向而立。在金雕的
爪子下部装饰一个人头。"巫鸿认为这里表现的是鸟攫取人首的情景，也
就是为把人牲奉献给鸟形神而举行祭祀时的情景。与此相对，邓淑萍认为
虽然人首的头发下垂，不过金雕与人头是分开的，仅此一点就可以推翻前
面的说法。"❶ 而林巳奈夫认为人头应是金雕人形化后的化身。人头应为人
首神，是灶神耆。❷ 另一件人面鸟身神的器物是收藏在根津美术馆的大型
盉，"弓形把手下半部分为猛禽的翅膀，上方为钩状嘴。猛禽上方有一个
头戴羊角的人脸兽面。人面特征为：大鼻、大耳、眼球突出、粗眉，头顶
有羊角"❸。在器物上装饰的是人面鸟身，人面鸟喙的形象。见下图，此时
的器物展现了人面与鸟形相互结合的雏形。

在早期神话中，"孟舒国民，人首鸟身。其先主为虞氏，训百禽，夏
后之世，始食卵。孟舒去之，凤凰随焉。止于丹山，此山多竹，长千仞，
凤食其实，去九疑万八千里"❹。"句芒"是东方木神，形象是以人面鸟身

❶ [日] 林巳奈夫. 神与兽的纹样学 [M]. 常耀华，等，译. 北京：生活·读
书·新知三联书店，2009：81.

❷ [日] 林巳奈夫. 神与兽的纹样学 [M]. 常耀华，等，译. 北京：生活·读
书·新知三联书店，2009：82.

❸ [日] 林巳奈夫. 神与兽的纹样学 [M]. 常耀华，等，译. 北京：生活·读
书·新知三联书店，2009：160.

❹ [晋] 张华. 博物志 [M]. 清道光指海本：（卷八）9.

人面鸟身神——殷后期，根津
美术馆收藏的大型盉。

　　图片来源：北京，三联书店，
2009 年出版的《神与兽的纹样学：
中国古代诸神》第 158 页。

出现。在文献中对句芒的解释是："句芒，东方青帝之佐也，鸟身人面。"
而商代亦有"天命玄鸟，降而生商"之说。人首鸟身形象还出现在对于九
天玄女的描绘。文献中曰："人首鸟身，谓帝曰：我九天玄女也。"❶ 对于
人首鸟身的历史记载还有这则："仰天叹所未捷，以精思之，感天大雾，
冥冥三日三夜。天降一妇人，人首鸟身，帝见稽首，再拜而伏。妇人曰：
吾玄女也，有疑问之。帝曰：蚩尤暴人残物，小子欲万战万胜也。玄女教
帝《三宫秘略五音权谋阴阳之术》。"❷

　　将迦陵频伽与羽人相联系，是由于羽人不仅在明器中可见，亦可见于
生器中。"铜镜、博山炉等器物，虽出自墓葬，但多非明器，而是随葬的
'生器'。种种迹象表明，羽人图像同样存在于当时人们的日常生活环境
中。"❸ 工匠在制作这些羽人图像时必将这些关于人首鸟身的形象发展演变

---

　　❶　[唐]王维. 王右丞集笺注 [M].[清]赵殿成，笺注. 清文渊阁四库全书本：
14.

　　❷　[宋]张君房. 云笈七签 [M]. 北京：中央编译出版社：2017：（卷一百纪传
部纪）1134.

　　❸　贺西林. 汉代艺术中的羽人及其象征意义 [J]. 文物，2010（7）：50.

下去。羽人的造型特征较为丰富，不仅有人首鸟身，亦有鸟首鸟身。湖北江陵天星观 2 号楚墓出土彩绘木雕羽人。"彩绘木雕羽人，出土于墓葬东室，上半部为羽人，下半部为凤鸟的身躯且为整木雕刻，羽人的双臂和鸟尾、凤鸟的双翅和后尾是分件雕刻，由竹签做插榫与生漆一道粘接。"荆州天星观 2 号墓羽人体现了羽人中的一种类型。羽人分为两种类型，一种是人首鸟身，一种是鸟首鸟身。羽人有两个明显的特征：一是"身生毛羽"，二是"鸟喙"。无论哪一种类型其实都能表达其能够飞翔，从而达到羽人所在位置的宗教功用。李淞先生认为这种更早的具有人首鸟喙、下半身为鸟身的"羽人"实不同于汉代流行的羽人。汉代的羽人一般是肩、腿生出毛羽。当然，这两种都可以被称为羽人。❶ 以人首鸟身的形象来判定是否是羽人，这是不够全面的。

羽人形象代表的是本土的艺术文化。如果追溯，对于鸟的崇拜是羽人的早期形象来源之一。本土的鸟形玉器，是鸟崇拜的物化艺术品。当然这些商代的鸟形玉器是带有神性的意味，是当时人们的当下认识，带有一种质朴的崇拜意识。对于鸟的崇拜不仅在艺术品中展现，还在仪式中有所表现。傩文化也被称为鸾文化。"距今 7000 年至 5000 年之间的农耕文化遗址中，一些作为祭器的陶器、玉器或骨器上，太阳神鸟纹（一种将太阳与神鸟结合于一体的图案）是经常可以看到的。如湖南黔阳县的高庙出现了从太阳的产门中孕育神鸟的宗教画像，长沙南沱乡的大塘出现了口含禾苗的神鸟纹，浙江余姚市的河姆渡出现了'双鸟捧日''双鸟拱嘉禾''双鸟拱傩面''双鸟共日'等纹饰。"❷ 双鸟拱嘉禾和双鸟拱傩面的图案纹饰，是一个值得注意之处，因为羽人也是手持嘉禾，理解这些纹饰对于理解手持嘉禾的羽人含义有益。而这些图案也是对理解傩文化是鸟文化提供了图案样本。鸟拱嘉禾，说明鸟与农耕文化有关。在壮侗语族的语言中，对于傩的发音不同，代表的事物不同。雒字在壮侗语族称为傩的发音，它的意思是嘉禾的神灵。而鸾鸟的鸾的发音也为傩的音译之一。从壮侗语族称

---

❶ 李淞. 中国道教美术史（第一卷）［M］. 长沙：湖南美术出版社，2011：3.
❷ 林河. 中国巫傩史［M］. 广州：花城出版社，2001：249.

稻、田、鸟、人、民族等为傩来看，傩与农耕文化有着一定的关联。❶ 这是因为"兽耕鸟耘"在古代是一个很正常的现象。而至今已经看不到这样的现象，从而被人们忽略了鸟图像与农耕文化之间的联系。至元代王祯著《农书·农器图谱集》云："耘爪，耘水田器也，即古所谓鸟耘者。其器用竹管随手指大小，截之长可逾寸，削去一边状如爪甲，或好坚利者以铁为之，穿于指上，乃用耘田，以代指甲，犹鸟之用爪也。"❷ 从这个文献可知鸟耘。将鸟作为农耕地区的图腾，因为鸟不会踩坏禾苗，相较兽更加适合农田的耕耘。所以在西南民族的铜鼓和青铜器农具上，装饰着太阳、鸟和牛等纹饰。"西方学者有稻作文化产生于印度的阿萨姆邦的说法，但考古学却告诉我们，中国的稻作文化要比印度早出几千年，语言学还告诉我们，东南亚与印度的阿萨姆邦的语言也是壮侗语族的分支，他们的人民中，有一部分应该也是壮侗语族的先民，经过广西、云南、缅甸辗转迁徙到印度去的呢。……壮侗语族称凤凰为 nuote（鸾），印度语称凤凰为 garu-da（迦偻达）。……中国壮侗语族的农耕文明远比埃及的农耕文明为早，中国壮侗语族称'太阳鸟'为 nuo，而埃及则称太阳神为 ra 或 ruk，也是鸟形。……印第安人也是鸟图腾，也称鸟为 nuort，称太阳神为 tonatiuh（陀傩帝鸟），与壮侗语族称傩神为 putonuo（卜傩陀，意译为傩神公公）也极其相似，印第安人还尊中国古代的东海鸟夷的古帝少昊为祖，他们的北方祖神也是一位头戴太阳神冠坐在小船上的神灵，似说明他们的祖先是从中国漂洋过海来到美洲的。与中国《傩神出世》神话，傩公傩娘坐在葫芦里在洪水中漂流的内容十分相似。"❸ 本土对于鸟崇拜早已经深深扎根，在历史的演进中自然对于鸟的认识得到进一步的深化。"颜师古说：'鸟夷，东南之夷善捕鸟者也。'……可知鸟夷是生息在东部、东南、东北沿海，包括今东北一部、山东、江苏全境，河北、河南、安徽、浙江之大部的原始民族，他们与西边的夏民族为邻而对立，古代文献统称'东夷'，是传说中太昊、少昊、蚩尤的属民，'羽人''羽民''鸟人'是他指或自

❶ 林河. 中国巫傩史［M］. 广州：花城出版社，2001：246.

❷ ［元］王祯. 王祯农书［M］. 卷十农器图谱四，清乾隆隆武英殿刻本：8.

❸ 林河. 中国巫傩史［M］. 广州：花城出版社，2001：251.

我的称呼。"❶

　　至汉代，人们对鸟的认识转变为对羽人的理解。汉代崇尚修仙，墓葬中出现很多羽人、西王母、东王公等形象。神仙信仰的盛行，致使人们在墓葬中，实现在世时的愿望，即升仙。那么，此时的升仙已经不再是对鸟的描绘，而是羽人指代的人羽化升仙的艺术化形象。因为在"汉代对羽人的描写大多表现了世俗化、人性化的特征，王充在其《论衡·道虚》篇中指出：'好道学仙，中生毛羽，终以飞升……为道学仙之人能先生数寸之毛羽，从地自奋，升楼台之陛，乃可谓升天。''好道之人……故谓人能生毛羽，毛羽具备，能升天也。'这里反映了人们开始认为羽人是由人'变'的仙人，而不再是某种自然神灵或者殊方异类。又同书《雷虚》篇中曰：'飞者皆有翼，无翼而飞谓仙人，画仙人之形，为之作翼。'均描述详细，对照汉画像石中的羽人，亦不啻为当时流行的羽化仙人形象的生动素描"❷。人们对于羽毛的功用已在文献中表述出来，人如果要升仙得道，就需要身上生出羽毛。另外在画仙人的形貌时，将羽翼画出来。那么，羽人与人或者说墓主人有一定的联系，当羽人被赋予了可以升仙的观念，那么墓葬中的羽人不单单是羽人，它还指代着墓主人升仙不死的愿望。正是墓葬中人们对于死后成仙的愿望，将羽人的形象不断地改变成与人们心中所设想的那样，也就是人首的世俗化进一步加深。

　　早期羽人的头部是长头，身上生有羽翼。且对于羽人造型解释为有鸟喙，这只能说本土的羽人有着自己发展的体系和造型观念。至于羽人是否接受了外来因素的影响，笔者的观点是中国早期一直存在鸟文化的传播，对于鸟的崇拜不仅一个地区，这也形成了当地人对鸟文化的认识和重塑。因此，从单纯鸟的崇拜到"羽民"，直至具有升仙职能的羽人。这中间应该有发展的脉络，不是突然出现的某个艺术造型。在汉代画像石中，除了羽人还有神人。二者在造型上有联系。但是神人的人物更加具体，并且背后所包含的意义与羽人应该有所不同。在墓葬中，神人与羽人所代表的功

❶ 邵学海. 关于羽人缘起、信仰及传播诸问题 [J]. 职大学报，2008（2）：6.
❷ 王立，刘畅. 从汉代羽人看神仙思想及其相关观念 [J]. 黑龙江社会科学，2008（5）：129.

用是不同的，但是都与鸟有关，在视觉上还是有联系。只是这一联系需要从视觉形象出发。可能当时的工匠对于文本或口诀均有保存，对于神人和羽人的形象有自己的把握，从而创作出各自的视觉形象。至于羽人中不同的头部形象，这是地域不同而产生的差异。

本土的羽人都有哪些呢？这与不同的地域有关。徐中锋的《汉代文化核心区中的羽人形象》、高原的《汉代画像砖羽人图像研究》等论文在论证不同地域的羽人形象时，对此都有相关的论述。例如，高原在文中总结出四川地区的羽人有吉祥羽人、升仙羽人、娱乐羽人和日月神羽人。吉祥羽人即具有祥瑞寓意的羽人，这些羽人手中会持有仙草和药，或者做戏龙、戏凤等姿势。对于祥瑞图像的生成，主要来自生者对于墓中之人的另一空间的建设，是事死如事生观念的体现。他们将祥瑞图像赋予羽人，创造出羽人与祥瑞的关系，从而通过羽人实现这个美好的愿望。升仙也是羽人的主要职责，羽人不仅具有升仙的功能，还具有带领墓主升仙的含义。因此，升仙是羽人在墓葬中最主要的功用。那么表现在图像上，则是羽人骑龙或者戏龙，当然还有描绘骑虎或者骑鹿等图式。

在狭小的空间中，古人如何表现他们对事死如事生的观念？工匠将羽人画作人们日常的生活场景，这也就出现了娱乐功能的羽人。"仙人六博"图式是关于羽人常见的内容。在《仙人六博画像砖》中，刻画出二位羽人游戏的场景，一位羽人将手部做出射箭的姿势，并展现出半起身状，使整个画面看起来相当生动。

羽人与羽人在画像砖中，出现六博的游戏之状。那么当其与西王母放置在一起时，又构成了另外一个系统。当然这类羽人被称为侍奉羽人。羽人常常放置在西王母的两旁。或者羽人手持空容器，祈求赐予仙药。

日月神羽人在四川地区是一个较为特别的图式，日神羽人与月神羽人是两个正在飞翔的人首鸟身羽人，在羽人的腹部处有一圆轮，在圆轮中刻画的是蟾蜍和金乌。较为特别的是在羽人的翅膀和尾巴处，均以线条刻画出羽毛的样子，鸟类特征较为明显。另外明显在人首处刻画出男女的差别。圆轮中是蟾蜍的为女性，而圆轮中是金乌的为男性。二者的头部刻画也不同，一个头发是被风吹散的样子，而另一位女性形象则是将头发盘起，或者头部带有头冠。二者之间有差别，二者应是对日神和月神的不同理解，被赋予了一种阴阳的概念。

　　河南地区的羽人图像主要集中在洛阳、郑州和南阳等地区，且主要以三个地区为中心。河南地区的汉墓也相当多，与东汉迁都洛阳有关，当时的贵族注重厚葬之风，在墓葬中可以看到河南地区人们对于羽人的理解。河南地区的羽人多与龙、虎、鹿等具有升仙和吉祥寓意的动物并置一起组成一个图像系统。❶ 河南的画像砖有《二龙穿壁、仙人驾虎、骑射画像砖》，二龙穿壁是祥瑞的寓意，而画像砖中的虎与怪兽相斗，则是体现升仙中避邪的场景，图式较四川地区的羽人图像较为丰富。

　　那么，羽人所包含的含义有哪些呢？在墓葬中出现过大量的羽人。这些羽人有的又被称为仙人，在马王堆1号汉墓彩绘棺画中绘有一仙人。仙人的形象是一个世俗的人物形象，"一位甩长袖，做舞动状；一位抱腿而蹲，做沉思状：肘处生有长长的羽毛，宽肩粗臂，身材健壮，右手支颐，双目若有所思。最值得注意的是漆棺头档的云纹中有一位似为老妇人的形象，仅见大半身，侧面，挽髻或包着头，弯腰，双手向前伸开，似为在黑暗中摸索前行状。这个人物十分特殊，没有见到任何神话的意味，令人直接联想起墓主人辛追夫人，联想起帛画中间那个也是侧面向左前行的墓主人像，这里或许确有叙事的因素，描写女主人的灵魂在黑暗的世界里孤独前行"❷。墓葬中的仙人世俗的形象，有时暗含了仙人代表的是墓主人。汉代王充在《论衡》卷二之《无形篇》中批判地说到仙人图像："图仙人之形，体生毛，臂变为翼，行于云，则年增矣，千岁不死。"说明当时人们绘制仙人时，是将身体上绘制出羽毛，在臂膀上增加羽翼。而对于肩膀上的这些羽毛，人们认为它们是祥兆，当时建章、未央、长乐宫钟虡铜人皆生毛，长一寸许，时以为美祥。❸

　　仙人的另一个含义是指王子乔，"涉乎王子乔的图像可能有三种：羽人形、人首鸟身形、人形。"❹ 为什么羽人的另一所指是王子乔呢，李淞先

---

❶ 高原. 汉代画像砖羽人图像研究 [D]. 石家庄：河北大学，2010：17.
❷ 李淞. 中国道教美术史（第一卷）[M]. 长沙：湖南美术出版社，2011：39.
❸ 李淞. 中国道教美术史（第一卷）[M]. 长沙：湖南美术出版社，2011：53.
❹ 李淞. 中国道教美术史（第一卷）[M]. 长沙：湖南美术出版社，2011：56.

生在其书中写道："如罗振玉旧藏铜镜拓片，其中可见一位羽人做跪状，双耳出头顶，肩生羽翼，手持长棍状物，旁有文字'王子乔'。"❶ 而"第二种人首鸟身的图像在汉代已经出现，如陕西出土一面七乳羽人纹镜，有虎、麒麟、朱雀等图像，还有人首鸟身图像，或是仙人王子乔。"❷

墓葬中墓室壁画中绘制的羽人含义具有引导升仙的功用。如在西安南郊岳家寨村西北乐游原之上，发现了一座汉墓。在墓中的北壁处绘有一羽人，羽人呈现侧面状，双耳高耸于头顶，肩膀和身体下部均绘制有羽翼，头顶有长发飘动，双手做捧物状，向前伸向巨龙。李凇先生认为墓中所绘制的仙人或者称为羽人，可以看作引导墓主人灵魂升天，或者看作墓主人对自己日后生存状态的一种理想化的描绘。❸

因此，汉代的羽人肩负着三项神圣的使命，其实也是羽人所在的意涵。这三个意涵或者使命是接引升仙或赐仙药；其次是行气导引，助长寿；最后是奉神娱乐，辟不祥。❹ 羽人图像的功用主要也是如上三点。由此看来，画像石中凤鸟衔仙丹仙药的画面，暗含的寓意是长生不死。

羽人瓦当的主体形象是有翼人，大多是人首鸟身。正是人首鸟身的形象暗含了许多含义。并且类似的图像相当多，如阿富汗出土的文物中，有大量的有翼人，以及工艺品中同样有相类似的图像。这些图像有自己的含义与所指，所指的内容不同但却在视觉上有类似，不得不说是一种美美与共，天下大同。

而迦陵频伽纹瓦当的主体形象是迦陵频伽，那么什么是迦陵频伽？迦陵频伽是一种鸟，有时把它称为"妙音鸟"。而迦陵频伽的功用即是发出美妙的声音。由于迦陵频伽鸟的宗教功用，以此为图式的壁画十分多，在敦煌壁画中不乏迦陵频伽的图像。当然有观点认为飞天与迦陵频伽有着某种关联，如果从视觉形象的发展来看，迦陵频伽与飞天是有关系。但是从功能上来看，二者之间是不同的。"迦陵频伽"造像："上身为人，胸直头

❶ 李凇. 中国道教美术史（第一卷）［M］. 长沙：湖南美术出版社，2011：56.
❷ 李凇. 中国道教美术史（第一卷）［M］. 长沙：湖南美术出版社，2011：57.
❸ 李凇. 中国道教美术史（第一卷）［M］. 长沙：湖南美术出版社，2011：148.
❹ 贺西林. 汉代艺术中的羽人及其象征意义［J］. 文物，2010（7）：52.

正，曲肘合掌；下身为鸟，双足肃立，长尾摇曳。"❶ 迦陵频伽纹瓦当基本均为此类造型，当然还有些迦陵频伽纹瓦当的主体形象是与敦煌壁画中的飞天造型相类似。这或许是由于图像传播的原因，造型的特征随着地域不同的原因，仅是对原本造型的改变，其功能不变。以迦陵频伽为装饰图案的建筑构件、工艺品在不断地出现，说明古代以迦陵频伽为其装饰图样十分盛行。例如在《营造法式》中，绘有嫔伽，其尾巴处"摇曳着长长的凤尾，凤尾作浪花状或卷草纹，象征锦上添花、前程辉煌"❷。而在其手中所托之物为"神草"。❸ 迦陵频伽作为建筑装饰样式，双手托举"神草"，代表了一种祥瑞的观念。这一观念在建筑中能够传达出人们对美好的向往。

通过以上对本土有翼人形象的生成与演变及功用的归纳，发现羽人与道教中仙人联系紧密，羽人这一词汇较迦陵频伽更加本土化，羽人如果与宗教有关，它应该与道教有关。但是在艺术文化传播过程中，一个图式的传播和演变与中外交流有关，有时在西域的图案或者艺术品中我们可以看到与本土相近的图像或者艺术品。这些都在说明中外艺术品在交流中融合，并形成一种新的样式。迦陵频伽纹瓦当在发展演变中，即展现了这一特点，在瓦当的图样上能够体现本土羽人的特点，同时兼具佛教造像的某些特征。迦陵频伽纹瓦当的主要发展时期是在唐宋，而唐代是保存迦陵频伽图案最多的一个时期，这皆与丝绸之路的文化艺术交流有关，当然也是与丝绸之路的再次繁荣有关。迦陵频伽纹瓦当与羽人纹瓦当之间，还是有一定的不同。根据本土羽人形象，有助于我们理解迦陵频伽纹瓦当的艺术特征。因墓葬中的羽人图像是一个巨大的图像资源，可为我们提供相关图像佐证。而迦陵频伽纹瓦当讲述着本土艺术与外来艺术之间的交流与融合。

---

❶ 吕变庭. 营造法式：五彩遍装祥瑞意象研究 [M]. 北京：中国社会科学出版社，2011：255.

❷ 吕变庭. 营造法式：五彩遍装祥瑞意象研究 [M]. 北京：中国社会科学出版社，2011：257.

❸ 吕变庭. 营造法式：五彩遍装祥瑞意象研究 [M]. 北京：中国社会科学出版社，2011：256.

二、外国有翼人形象的种类和职能

在国外的有翼人中，犍陀罗艺术品上保存有大量的有翼人形象，如阿弗洛狄忒的形象。有翼人的形象在陶瓶或陶罐中同样大量存在。如在一件希腊陶瓶上绘制着一位身有双翼的女性驾驭战车的形象。女性形象被丑

雅典红绘陶酒坛——赫拉克勒斯乘坐在由尼斯驾驭、肯陶洛斯人拉着的战车上。

图片来源：济南，山东画报出版社，2006 年出版的《古代艺术品中的神话形象》，第 19 页。

化。在她身旁站着赫拉克勒斯，他的面部形象狰狞，手持大棒。而拉车的是陶洛斯人。陶洛斯人的形象是半人半马，他们是虚构的人物。❶ 在这个公元前 410 年至前 400 年的陶瓶上，拥有羽翼形象的是胜利女神尼斯。绘制这些陶瓶还有一些是固定的主题模式。这些不断复制模仿的主题大多与爱情有关。有一部分是神灵向凡人求爱的故事，一部分是凡人追求喜爱对象的场景。如一件名为厄俄斯追求克法罗斯的红绘双耳罐，见下图。在名

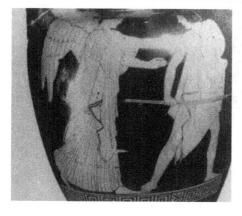

雅典红绘双耳罐——厄俄斯追求克法罗斯。

图片来源：济南，山东画报出版社，2006 年出版的《古代艺术品中的神话形象》，第 60 页。

---

❶ ［英］苏珊·伍德福德. 古代艺术品中的神话形象［M］. 贾磊，译. 济南：山东画报出版社，2006：19.

为雅典红绘双耳罐上，绘制着一位身生羽翼的女性，正伸手追逐前方的男性。而这位男性手持长矛，正要离开，呈现回望之姿。❶ 陶罐中有翼人形象是黎明女神厄俄斯，而她追求的情人是猎手克法罗斯。类似的图案还有厄俄斯追求提托诺斯、波瑞阿斯追求俄里蒂亚以及色雷斯妇女袭击俄耳甫斯。肋生双翼的形象不仅出现在描写女神方面，也用于男性形象，如勇猛而残暴的北风之神波瑞阿斯。还有些图像中，出现的是小天使的形象。如在精美的石棺上雕刻酣睡的阿里阿德涅，其中一件石棺上雕刻的是阿里阿德涅侧身躺着，左手支撑着头部，右手绕过头部放于头顶。在她的周围有三位小爱神围绕着她。似乎在传达着信息，这个信息是"狄奥尼索斯将要走来的消息，暗示着惨遭遗弃的阿里阿德涅马上就会得到拯救"。❷ 有着双翼的形象不仅在表现男性或者女性形象，在大量的带有神话故事的图像中，小爱神的形象也是十分丰富。

有翼人的形象不仅与爱情有关，当然有时也和一些戏剧性的冲突有关。其中一件艺术品是描绘哈耳皮埃从不幸的菲纽斯处偷走食物的一件红绘水罐。水罐上刻画出三个哈耳皮埃将十分无助的盲人菲纽斯的食物偷走的场景。在一些艺术品中，有翼人的形象刻画得较为丑陋，这也是与当时古风时期的艺术家喜欢描绘怪物与动作激烈的场景有关。❸ 如下图所示。

雅典红绘水罐——哈耳皮埃从不幸的菲纽斯处偷走食物。

图片来源：济南，山东画报出版社，2006 年出版的《古代艺术品中的神话形象》，第 137 页。

❶ [英] 苏珊·伍德福德. 古代艺术品中的神话形象 [M]. 贾磊，译. 济南：山东画报出版社，2006：60.

❷ [英] 苏珊·伍德福德. 古代艺术品中的神话形象 [M]. 贾磊，译. 济南：山东画报出版社，2006：69.

❸ [英] 苏珊·伍德福德. 古代艺术品中的神话形象 [M]. 贾磊，译. 济南：山东画报出版社，2006：131.

在阿富汗地区，关于有翼人的形象同样出现在大量的艺术作品中，如在贝格拉姆出土的公元1世纪的英雄浮雕装饰。这是一件圆形装饰盘，装饰盘中雕刻的是形如男童的头像，头部低垂，好似睡着的婴儿。见下图，

装饰盘——灰泥，公元1世纪，出土于贝格拉姆。

图片来源：张东芳拍摄，2017年在故宫举办的《浴火重光——来自阿富汗国家博物馆的宝藏》展，2017年5月。

双手怀抱胸前衣巾。装饰盘中隐约显现着男童的翅膀，亦如小天使的模样。在主体形象的周围还有一圈线，好似中国本土的瓦当。此件装饰盘让人常常联想起本土的北魏莲花化生瓦当中的主体形象。从塑造形象的刻画上，二者有一些视觉的联系。当然，在阿富汗地区，有一些装饰盘的出土，说明这个地区装饰盘的使用较为常见。不仅在装饰盘中能够看到神话故事、具有场景的场面，同时也能看到英雄的个人肖像，类似浮雕的形式，栩栩如生。装饰盘中的装饰还有一些题材是水果花卉，这也是当时当地主要物质生活的一种视觉上的记载。

在当地，对于男童的刻画是一个较为常见的主题。如贝格拉姆出土的另一件青铜雕件。名为"哈伯克拉底小雕像"，见下图。这是公元1世纪的雕塑，足见当时对人体美的注重以及技艺的精湛。哈伯克拉底的故事，与玫瑰花有关。当时哈伯克拉底收到了玫瑰花，是为了给别人保守秘密。那么玫瑰花就成了保守秘密的象征，而哈伯克拉底小雕像对于这个故事的再现，也应将哈伯克拉底雕刻成保守秘密的神态。但是这件作品已经看不出对此类故事的陈述，而是更加表现出哈伯克拉的沉思，有点类似于思维菩萨的神态。头部与胯部形成了一个优美的"S"形线条，十分优

美。左腿略微向前倾斜，做弯腿的姿势。而右腿绷直，腿部姿势极具特色。

哈伯克拉底小雕像——青铜，公元 1 世纪，出土于贝格拉姆。

图片来源：张东芳拍摄，2017年在故宫举办的《浴火重光——来自阿富汗国家博物馆的宝藏》展，2017 年 5 月。

与此件雕像类似的作品是另一件名为哈儿波克拉提斯的青铜小雕像。它出土于西尔卡普遗址 E 方一间房屋底下的第二文化层。此件青铜小雕像，童神哈儿波克拉提斯站立挺直，右手食指放于嘴边。暗示着保密之意。作品表现出孩童天真之趣。"这件小雕像是希腊—罗马时代青铜制品的代表作，虽然这种雕像在希腊—罗马世界的许多地方都有制作，但这件作品最有可能来自亚历山大里亚城，这里是哈儿波克拉提斯崇拜的中心。"❶ 这件青铜小雕像与贝格拉姆出土的青铜雕像相比，二者有类似之处，如均为孩童，天真地用手指指向自己的下巴，头顶装饰着一个装饰物。但是二者不同在于，贝格拉姆出土的这件青铜雕像体现出明显的身体曲线美，而另一件的哈儿波克拉提斯的造型则是直立地站着，没有曲线的造型，见下图。因此，贝格拉姆地区的造像风格好像受到了印度造像风格的影响。工匠在艺术品的制作中，对于造型特点有着关键的影响。地区之间不同的艺术风格，也在工匠的手中完成了一种塑造过程。

那么，对于哈伯克拉底的雕刻，或许与有翼人之间有着某种联系。在

---

❶ ［英］约翰·马歇儿. 犍陀罗佛教艺术［M］. 王冀青，译. 兰州：甘肃教育出版社，1989：28.

哈儿波克拉提斯——直立站着
的哈儿波克拉提斯。

图片来源：兰州，甘肃教育出
版社，1989 年出版的《犍陀罗佛教
艺术》，书后附图。

对丘比特的刻画中，同样刻画出类似于哈伯克拉底的男童形象。见下图，
丘比特左手持类弓箭的器物，右手拿着一个残缺的器物，暂时无法辨认是

丘比特——青铜，公元 1 世纪，
出土于贝格拉姆。

图片来源：张东芳拍摄，2017
年在故宫举办的《浴火重光——来
自阿富汗国家博物馆的宝藏》展，
2017 年 5 月。

何种器物。丘比特背后的双翼证明了其特别的身份。但是从人物的身形和
神态来看，如同哈伯克拉底的样貌，或许当时当地的工匠应用着同一个范
本。这是为什么对男童的刻画如此的生动。也是一个地区对某种主题的不
断表述。这一主题与阿弗洛狄忒和丘比特有关。在金银器中经常看到二者
形象的出现。这一主题在当时当地的出现，不能不说是一个传播现象。因
为在塔克西拉地区，也出土了一件有翼的阿弗洛狄忒形象的金制胸针，而

在阿富汗地区同样保存着一件蒂拉丘地出土的阿弗洛狄忒金制装饰品。在《波斯和伊斯兰美术》一书中对这件工艺品是这样描述的："雕像是一个小女孩的形象，似希腊神话中的女神，可能是维纳斯。一只手臂倚在一根矮柱上，另一只手放在腿部，姿态和身体的重心相应，形成了美丽的曲线。面部浑圆，大眼睛，直鼻梁，表情深沉。背部长有双翅，与胜利女神的形象接近。女神面部两眉之间有一个小圆圈，与佛教艺术中的'白毫相'相似。虽然整体形象是希腊的维纳斯，但也受到印度民族信仰的影响。"❶ 见下图，这是随着地域之间的交流与文化传播，一种盛行的装饰主题再次传

阿弗洛狄忒像——黄金，公元25—50年，出土于蒂拉丘地。

图片来源：张东芳拍摄，2017年在故宫举办的《浴火重光——来自阿富汗国家博物馆的宝藏》展，2017年5月。

入另一个地区的佐证。因为在蒂拉丘地出土的这件阿弗洛狄忒金制装饰品与塔克西拉地区出土的那件阿弗洛狄忒金制品略有不同。在这件金制品上，只能看到形制的类似与造型的简洁。

与该地区其他有翼青铜像的造像类似的是腿部，其左腿部向前半躬的姿势，好似是这一个地区出土艺术品中比较常见的姿势。这或许是一种模式化。阿富汗地区的阿弗洛狄忒形象塑造简洁，与工匠的雕刻技术和审美有关。有可能这是一件较早期的同类形象的艺术品。

---

❶ 罗世平，齐东方. 波斯和伊斯兰美术［M］. 北京：中国人民大学出版社，2010：115.

在作品中，依然可以看到无论是在塔克西拉出土的还是在阿富汗出土的阿弗洛狄忒金饰上均可见到的斜倚的凭栏。这个道具是不变的，改变的是对人物头部的刻画、翅膀的刻画，以及对面部的细节刻画。见下图，这

阿弗洛狄忒与丘比特——黄金，公元 25—50 年，出土于蒂拉丘地。

图片来源：张东芳拍摄，2017年在故宫举办的《浴火重光——来自阿富汗国家博物馆的宝藏》展，2017 年 5 月。

些均为细节的处理，但是正是这些细节之处展现了文化与文化之间的碰撞与融合，不同地域之间艺术、宗教之间的交流。在阿富汗出土的阿弗洛狄忒金饰，突出了当地的特色，犍陀罗艺术和印度人物表现风格在此表露甚少，这是不同于塔克西拉地区出土的那件阿弗洛狄忒胸针之处。见下图。

阿弗洛狄忒像与丘比特耳夹——黄金，公元 25—50 年，出土于蒂拉丘地。

图片来源：张东芳拍摄，2017年在故宫举办的《浴火重光——来自阿富汗国家博物馆的宝藏》展，2017 年 5 月。

另外，阿弗洛狄忒与丘比特同时出现于一个金饰中，也再次表明阿富汗地区对丘比特主题刻画的看重。正如上文中青铜材质的丘比特雕件。丘比特的形象不仅可以单独出现，还可以与阿弗洛狄忒同时出现，共同构成一套完整的装饰物件。如在耳饰上曾刻画出丘比特的形象。雕刻有丘比特的耳

饰与阿弗洛狄忒的装饰件，共同展示着公元 1 世纪阿富汗地区人民对金饰品的喜爱与好尚。见下图，对于丘比特主题形象的关注，且不停地刻画其形象，说明此主题应具有一定的功用。一是与爱情有关，二是与再生有关。希腊化的因素在金饰品中体现得更多些。亚历山大东征导致这些金饰品带有多元的文化气息。

　　丘比特不仅与阿弗洛狄忒组合出现，他和具有特色的海豚一起构成图像，并成为金属装饰物。名为骑海豚的爱神丘比特，正是此类金饰品，见下图。总之，在阿富汗出土的一系列有翼人，带有一种特有的语言符号，这不能不使人感叹艺术形式与地域之间的某种联系。艺术形式随着某种宗教、地域特点和本土文化等因素而发生着改变。

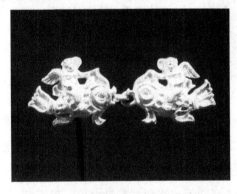

骑海豚的爱神丘比特——黄金，公元 25—50 年，出土于蒂拉丘地。

　　图片来源：张东芳拍摄，2017 年在故宫举办的《浴火重光——来自阿富汗国家博物馆的宝藏》展，2017 年 5 月。

　　如果说爱神和天使是这一时期人们常常表现的内容，而人与鸟身的结合形象就显得比较特别。"装饰小鸟和女像的壶"便是这个时期关于人鸟结合的艺术品。如下图所示：这件装饰小鸟与女像的壶是出土于贝格拉姆

装饰小鸟和女像的壶——陶瓷，公元 1 世纪，出土于贝格拉姆。

　　图片来源：张东芳拍摄，2017 年在故宫举办的《浴火重光——来自阿富汗国家博物馆的宝藏》展，2017 年 5 月。

的公元 1 世纪的工艺品。女性的半身形象构成了此件壶的主体形象，女性
双手合十，面部严肃，嘴巴微张，若有所说的状态，高鼻梁连着眉骨，耳
垂两边各有一个圆形装饰，异域特色明晰。头发呈现麻花辫形状连接壶
身，壶身刻画出鸟身羽毛的纹样，在头部发饰与壶身连接的后方有一开
口，应是壶口。女像的上半身裸露，上臂处装饰着臂饰。艺术品整体充满
了原始的质朴气息。但是双手合十的手势，和微张的嘴巴会使人想到一种
神秘的仪式行为，见下图。神秘色彩的仪式行为有其一定的地域来源。另

装饰小鸟和女像的壶——陶瓷，
公元 1 世纪，出土于贝格拉姆。

图片来源：张东芳拍摄，2017
年在故宫举办的《浴火重光——来
自阿富汗国家博物馆的宝藏》展，
2017 年 5 月。

外，双手合十的姿势在窣堵波上的托架中亦可见。从公元前 2 世纪至 1 世
纪，在窣堵波上安装一种托架，用以悬挂奉献的宝物和花环。这种托架所
雕形象是提婆或提毗。❶ 例如早期托架的作品，"它取带翼提婆形式，提婆
双手举至胸前，手中拿的什么东西尚辨认不清。他戴手镯，佩长短璎珞，
一件披巾从背上拖下，绕过双臂，留下前体裸露在外，头缠宽而有缨的头
带，双腿从膝以下省去不雕"。❷ 另外还有一件双手合十的有翼提婆造型的
托架。这件托架所雕的提婆形象，双手合掌，放于胸前。背上有双翼。头
部包裹头布，耳朵戴圆柱形耳饰❸，见下图。最后值得一提的是同为托架

---

❶ ［英］约翰·马歇儿. 犍陀罗佛教艺术 ［M］. 王冀青，译. 兰州：甘肃教育出
版社，1989：22.

❷ ［英］约翰·马歇儿. 犍陀罗佛教艺术 ［M］. 王冀青，译. 兰州：甘肃教育出
版社，1989：22.

❸ ［英］约翰·马歇儿. 犍陀罗佛教艺术 ［M］. 王冀青，译. 兰州：甘肃教育出
版社，1989：22 - 23.

提婆造型的托架——双手合掌，举至胸前。

图片来源：兰州，甘肃教育出版社，1989 年出版的《犍陀罗佛教艺术》，书后附图。

的另一件作品。在这件装饰托架上的女性形象已经不再是提婆，而是提毗（女神）。见下图，此件提毗同之前那件提婆一样，耳上戴圆形大耳饰，双

提毗造型的托架——手持物品，并将双手放于胸前。

图片来源：兰州，甘肃教育出版社，1989 年出版的《犍陀罗佛教艺术》，书后附图。

手放于胸前。但是手中持有一物❶。从这几个作品来看，工匠在雕刻这些提婆或提毗形象时，常常以印度人为主要的造型原型，在旋涡装饰和叶形装饰上则使用了希腊式的装饰特征，从而整个托架具有了一种融合希腊、印度的综合造型特征。

下图中的两个陶俑，一个是类似男性人像俑，另一个是类似女性人像俑。但是由于所塑造的面部较为粗犷，其中女性俑具有面如鸟的特征，增

---

❶ ［英］约翰·马歇儿. 犍陀罗佛教艺术［M］. 王冀青，译. 兰州：甘肃教育出版社，1989：24.

加了原始的韵味。见下图，比较此图中人俑的手部特征，与装饰小鸟和女像的壶之间的差异较小。它们并无意于手指的刻画，而是以简略的线条勾

赤陶俑——距今约 5000 年，出土于梅尔加赫。

图片来源：张东芳拍摄，2015 年拍摄于西安半坡博物馆，2015 年 5 月。

勒出手部的特征，这是二者的共同特征。陶俑的手部姿势和面部特征较装饰小鸟和女像的壶中形象特征简略许多，但是一些如同符号的特征却被保留了下来。

　　鸟的形状也是人们感兴趣的主题，白沙瓦地区出土的琉璃鸟距今约3000 年，三件琉璃鸟的样貌有着不同的变化，对于其所起到的职能，目前还不能确定，见下图。但是将鸟作为形象刻画出来，可见当时人们对于鸟形的重视。也就可以理解为什么人像能够可以和鸟像同时结合起来形成一件艺术品。

琉璃鸟——距今约 3000 年，出土于白沙瓦。

图片来源：张东芳拍摄，2015 年拍摄于西安半坡博物馆，2015 年 5 月。

　　因此在一些壶的制作中，加入了对鸟的描绘，如出土于莫亨朱达罗地区的鸟形壶，形状简略，圆润概括。在鸟背上开有一个小孔，作为壶嘴，

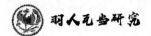

见下图。鸟形壶造型虽然简略，但是告诉人们，鸟形壶在当时的一个区域内是一个流行的制作主题。这也是为人形鸟身壶的出现提供了一些说明佐证。因此，人形壶也是人们热衷的形制。

鸟形壶——距今约 4000 年，出土于莫亨朱达罗。

图片来源：张东芳拍摄，2015 年拍摄于西安半坡博物馆，2015 年 5 月。

人形壶的面部特征塑造为正面的造型特征，突出了地域的特点，见下图。同时也展现了工匠对人形壶的理解和描绘，人形和鸟形成共同的主题，但是共同的特点均为简单原始，这也为后来壶样的塑造提供了一些造型基础。一些零碎的造型因素或许是拼凑成一个新的艺术形式的前提。

人首壶——距今约 4000 年，出土于莫亨朱达罗。

图片来源：张东芳拍摄，2015 年拍摄于西安半坡博物馆，2015 年 5 月。

在阿富汗地区出土的哈耳庇厄青铜雕像，鸟形特征刻画如同白沙瓦地区出土的三件琉璃鸟形象。只是材质不同，相同的是鸟形站在底座之上，它的职能是引领亡魂升天，见下图。对于"描绘鸟身女仙载着亡魂飞往天

哈耳庇厄小雕像——青铜，
公元1世纪，出土于贝格拉姆。

图片来源：张东芳拍摄，
2017年在故宫举办的《浴火重
光——来自阿富汗国家博物馆的
宝藏》展，2017年5月。

国的最著名例子，是古希腊的'哈耳庇厄之墓'，出自里奇亚省的扎索斯城，年代是公元前6至前5世纪之交"❶。对于哈耳庇厄形象是古希腊神话中鸟身女仙的重现，当然还有一个是名为塞壬的鸟身女仙形象。哈耳庇厄和塞壬的形象在萨珊波斯的印章中均有出现，刻画出了男性的形象，改变了之前鸟身人面形象均为女性的特点。当然，萨珊的人鸟造型中含有印度神话中紧那罗的形象因素，"在阿富汗巴米扬石窟35米高的大佛背后壁画上，月天（摩诃萨）身边描绘了两个飞翔的人鸟紧那罗，都是有须髯和头发的男子模样。他俩还带着照明的火把，象征着带来光明"❷。印度的人首鸟身形象表现为紧那罗和迦楼罗（金翅鸟），并且有属于它们的神话故事。

　　总之，阿富汗地区的有翼人形象不仅表现在装饰盘上，还表现在金饰中，甚至是陶壶上。这些器物的产生，有着一定的历史背景和职能。

　　萨珊王朝时期，带翼天使图像表现在摩崖浮雕中，见下图。"塔夸·夷·布斯坦大洞正壁拱形顶部的雕刻是极好的例证。拱顶正中为带飘带的象征日月的神，两边对称浮雕有翼天使，造型和技法十分细腻。天使的右手执装有葡萄或珍珠的金属碗，做飞翔的姿态。天使的身体采用在凸出壁面的轮廓基础上，经细部刻画又凹进的特殊手法。天使也许是拜火教中的女神，但以希腊系统的胜利女神和丰收女神为模特塑造。拱的边缘为郁金

❶　乐仲迪. 萨珊印章上的希腊鸟身女仙［J］. 丝路艺术，2017年春季卷总第2期：140.

❷　乐仲迪. 萨珊印章上的希腊鸟身女仙［J］. 丝路艺术，2017年春季卷总第2期：141.

香植物纹和鸟羽纹，两端翻卷出长长的飘带。两侧支柱刻出对称圣树。圣树不是现实中的植物，用以表现守护、避邪的观念。这一雕刻带有浓厚的叙利亚和罗马等西方美术的色彩。"❶

带翼天使——摩崖浮雕。

图片来源：北京，中国人民大学出版社，2004 年出版的《波斯和伊斯兰美术》，第 79 页。

　　关于有翼人形象的讨论，还是要回到人首鸟身的形象中去。在广东遂溪县的一座南朝时期的窖藏，出土了若干文物，其中有金环、金戒指以及鎏金银杯等。其中"两件鎏金银杯高 7.2 厘米、口径 8.3 厘米、腹径 8.8 厘米，敛口，尖底。器身通体从口沿至底环绕 5 组花纹带。口沿为两道弦纹中间夹直线篦纹，其下是波浪形缠枝纹，腹部为 7 个组合的六边形图案，六边形中分别饰鸟、人首鸟身、鸟、鱼、花草等。腹下为一周波浪形缠枝纹。底部是两层花瓣纹，中心为十瓣小花"❷。如下图所示。

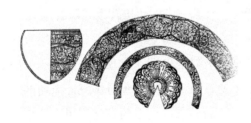

广东遂溪南朝窖藏银杯——鎏金银杯高 7.2 厘米、口径 8.3 厘米、腹径 8.8 厘米。

图片来源：北京，文物出版社，2007 年出版的《丝绸之路美术考古概论》，第 192 页。

　　无论中国的有翼人形象还是外国的有翼人形象，都有自身的职能和含义，且有自身的发展脉络。对于羽人瓦当的研究，中外有翼人图像可谓是丰富的视觉参考依据。

---

❶　罗世平，齐东方. 波斯和伊斯兰美术 ［M］. 北京：中国人民大学出版社：80.

❷　赵丰. 丝绸之路美术考古概论 ［M］. 北京：文物出版社，2007：191.

第三节　阿弗洛狄忒与羽人

　　阿弗洛狄忒与羽人，似乎是两个没有联系的形象。因为一提到阿弗洛狄忒，便会使人联想到希腊神话中的爱神以及她的儿子厄罗斯。似乎不能将它与中国经常提及的羽人放在一起比较。但在笔者的文章中，我要谈到的"阿弗洛狄忒"是一件有着阿弗洛狄忒图案的金质胸饰，而"羽人"指的是 1985 年在青海民和县川口水厂出土的唐代羽人瓦当，现在藏于青海省民和县博物馆。阿弗洛狄忒图案胸饰与羽人瓦当皆是有翼人像装饰物，二者在出土的时间和地点上有所不同，二者之间是否存在某种联系或者区别，还需进一步考证。

　　有翼的阿弗洛狄忒的金质胸针是经过约翰·马歇尔在西尔卡普遗址（现位于塔克西拉地区）考古发掘出的金制品。"从呾叉始罗的都市遗址西尔卡普出土了很多希腊风格或者说是罗马风格图案的金制品，如首饰，还有银盘、银杯等。哈尔波克拉提斯小青铜像、狄奥尼索斯的银质胸像、有翼阿弗洛狄忒的金制胸针等非常引人注目。"❶ 见下图。在这枚有翼的阿弗

有翼的阿弗洛狄忒金制胸针——出土于西尔卡普遗址。

　　图片来源：北京，人民美术出版社，2006 年出版的《犍陀罗美术寻踪》，第 218 页

---

　　❶　宫治昭. 犍陀罗美术寻踪［M］. 李萍，译. 黄文昆，审读. 北京：人民美术出版社，2005：13.

洛狄忒图案胸针的装饰物中，看到的不是有翼的厄罗斯，而是塑造了有翼的阿弗洛狄忒装饰形象，在这一点上还是比较特别的。头顶有高、圆的肉髻，前额盘旋的卷发垂于两耳边，高高的鼻梁通入眉际，有着一双凝视的大眼睛，在肩膀的上方装饰着一对翅膀，形成"M"形。身体较为丰满，以一扭动的身姿交脚站立。整体形象刻画得惟妙惟肖，非常写实，立体感很强。她的这种造型特征，让笔者想到了犍陀罗艺术的特征。"马歇尔认为，这些发掘品属于印度帕提亚时代（公元 1 世纪上半期），正值古希腊文化的复兴时期，犍陀罗美术的产生也在这一时期。"❶ 犍陀罗艺术是连接有翼的阿弗洛狄忒金质胸针与唐代青海羽人瓦当之间关系的重要艺术形式。那么犍陀罗艺术是什么，它有哪些特征呢？犍陀罗艺术诞生于印度次大陆的西北部，因其特殊的地理位置和人文环境，形成了融合印度、希腊、波斯、中亚、罗马以及伊朗文化的多元化佛教美术。在《现代佛学》1955 年 4 月号所刊载的凌空《印度佛教艺术与中国早期佛教画》一文中曾说道：

> 犍陀罗式的佛、菩萨像的体格，都雄伟健全近似欧洲人，面貌也像希腊人。当然，还是多少带有印度的地方色彩。它的特征有以下各点。面相：额部广阔，鼻梁隆起通入额部，眼大，唇薄，下颚宽大突出，头发作发结、波状或螺状，眉间有白毫。❷

以上是犍陀罗艺术面相方面的特点，因为犍陀罗艺术主要所涉及的内容就是犍陀罗佛教艺术，所以根据犍陀罗佛教造像或佛教艺术的特征，便能了解到犍陀罗艺术的特征面貌是怎样的。如下图所示。

当然除了上述的特点外，犍陀罗艺术的特点中还有一个更为明显的特征，那便是佛像头顶的肉髻。"肉髻相也叫顶髻相，被认为是佛陀头顶的肉，或者是顶骨隆起，象征佛陀的智慧。或许也是表现佛陀通过禅定力而获得的超常的特异功能，肉髻的梵语是'乌瑟腻沙'大概意思为'头戴敷

---

❶ 宫治昭. 犍陀罗美术寻踪 [M]. 李萍，译. 黄文昆，审读. 北京：人民美术出版社，2005：14.

❷ 宫大中. 龙门石窟艺术 [M]. 北京：人民美术出版社，2002：8.

佛头——犍陀罗，柏林印度艺
术博物馆藏。

图片来源：台北故宫博物院，
1998 年出版的《古代中亚丝路艺术
探微》，第 219 页。

巾冠饰'，即头戴作为帝王标志的敷巾冠饰的王者形象，因此可以说肉髻
相代表佛陀的王者形象，但同时还必须要表现出超凡脱俗的圣者形象。"❶
"犍陀罗不剃发，但在犍陀罗晚期，肉髻低平。"❷

　　根据如上所述，我们可以看出有翼的阿弗洛狄忒图案胸针的造型特点
与犍陀罗艺术特点有相似之处，例如鼻梁隆起通入额部，眼睛大而凝视，
头顶有高且圆的肉髻，并且前额有卷发，并未剃发的特点。这恰好说明了
有翼的阿弗洛狄忒图案胸针是带有犍陀罗艺术风格特点的金质装饰物。同
时，阿弗洛狄忒图案胸针中她是交脚站立，这样的造型特征很像药叉女的
造型。证明有翼的阿弗洛狄忒金质胸针反映出印度当时当地的风格特征。
"就像印度初期佛教美术一样，人们因对树神药叉、药叉女及密荼那像的
喜爱而刻意地加以表现。"❸ 例如，出土于哈拉帕距今约 5000 年的这件陶
俑，见下图。哈拉帕这个地方距离出土阿弗洛狄忒金制胸针的西尔卡普不
远，从地理及时间方面来讲，这件陶俑的造型证明阿弗洛狄忒的造型确实
在当时广为流行。

---

　　❶　宫治昭. 犍陀罗美术寻踪 ［M］. 李萍，译. 黄文昆，审读. 北京：人民美术出
版社，2005：146.

　　❷　宫治昭. 犍陀罗美术寻踪 ［M］. 李萍，译. 黄文昆，审读. 北京：人民美术出
版社，2005：147.

　　❸　宫治昭. 犍陀罗美术寻踪 ［M］. 李萍，译. 黄文昆，审读. 北京：人民美术出
版社，2005：43.

陶俑——哈拉帕出土。

图片来源：张东芳拍摄，2015
年拍摄于西安半坡博物馆，2015 年
5 月。

有翼的阿弗洛狄忒金质胸针在公元 1 世纪的西尔卡普出现，并且在犍
陀罗地区以金质装饰物形式表现，这在某种程度上告诉我们，古典希腊民
间故事在公元 1 世纪的西尔卡普有所传播。另外，犍陀罗艺术中表现阿弗
洛狄忒是当时流行的一种表现方式。"犍陀罗美术中如此多的童子（爱神）
表现的确令人惊叹。爱神原本是无形而具有超凡能力的司爱之神，在古希
腊文化时代之后，代表丰饶与美丽的女神阿弗洛狄忒（维纳斯）和可爱的
孩子的形象被广泛表现。"❶ 或许人们认为爱神会将人的灵魂送往天国，爱
神是逝去之人灵魂再生的象征。❷ 所以会塑造这样的形象，并流行开来。
因此，在有翼的阿弗洛狄忒金质胸针这枚装饰物上，至少是融合了希腊和
印度艺术风格特征的一件艺术装饰品。

公元 1 世纪的阿弗洛狄忒金质胸针中人物主体带有翅膀，而 600 多年
之后在青海也有一件带有翅膀的人像装饰物，那就是唐代青海羽人瓦当。
羽人瓦当与有翼的阿弗洛狄忒胸针一样，拥有一双翅膀。但是二者在塑造
翅膀的形象上以及其他的造型方面有着些许的不同。如下图所示。

---

❶ 宫治昭. 犍陀罗美术寻踪 [M]. 李萍，译. 黄文昆，审读. 北京：人民美术出
版社，2005：47.

❷ 宫治昭. 犍陀罗美术寻踪 [M]. 李萍，译. 黄文昆，审读. 北京：人民美术出
版社，2005：48.

唐代羽人瓦当——青海省民和县川口镇出土，瓦当上刻画着手持乐器的人首鸟身形象。

图片来源：河南博物院，《丝路遗珍——丝绸之路沿线六省区文物精品展》，第 131 页。

　　瓦当的外圈有一圈联珠纹，中间站着一位好似男童的有翼人，男童的肩膀两侧直直地长着一双翅膀，一侧翅膀的造型类似中国古人手持的羽毛扇。男童的头顶上有高、圆的肉髻，额前有蓄发。大大的一双眼睛，凝视着前方。干瘦的肩膀，两手似乎拿着一件东西，笔者认为此物是可以吹奏的乐器。因为嘴巴的造型似乎是在吹奏的样子。鼻子有损坏，不能判断是否为高耸的鼻梁。腹部有着类似肋骨的造型。比较写实，有趣生动。

　　唐代青海的羽人瓦当与有翼的阿弗洛狄忒胸针比较起来，它们的共同特点是有着高圆的肉髻以及炯炯有神的大眼睛，当然还包括二者的主体形象同为有翼人。从前面分析有翼的阿弗洛狄忒的风格特点中，我们已经看到了犍陀罗艺术风格特点都有哪些。那么笔者认为唐代青海羽人瓦当中的这些特点，也应该是犍陀罗艺术风格特征的显现，或者说唐代青海羽人瓦当受到了犍陀罗艺术的影响。

　　那么，为什么在这件唐代青海羽人瓦当中，男童的上身刻画得如此干瘦？笔者认为这应该与犍陀罗的艺术特点有关。在犍陀罗艺术中，有描绘苦修的释迦牟尼。在拉合尔博物馆有这样的收藏。如下图所示。

　　犍陀罗艺术中描绘苦修的释迦牟尼，是犍陀罗艺术的另一个特点。"即使是佛教美术作品，都是以表现肉体丰满的生命力为主旨的，因而无意对人体进行写实的表现，'苦行'这样的写实主义主题和表现手法注定要遭到排斥。而犍陀罗地区的艺术工匠们则通过甚至有些可怖的写实性的表现手法来刻画。通过直视释迦牟尼寻求真道如此艰难的境况，来表现释

苦修的释迦牟尼——西克里出土，拉合尔博物馆藏。

图片来源：北京，人民美术出版社，2006 年出版的《犍陀罗美术寻踪》，第 235 页。

迦牟尼崇高的精神。"❶ 由此看来，骨瘦嶙峋的表现方式在犍陀罗地区很流行，并且成为犍陀罗艺术的一种特征。青海羽人瓦当中的男童同样是骨瘦嶙峋，正与犍陀罗艺术特征联系起来，可以再一次证明青海羽人瓦当吸收了犍陀罗艺术的风格特点。

　　从唐代青海羽人瓦当的肉髻、五官、干瘦的上身等特点来判断，此瓦当在这几个方面确实吸收了犍陀罗的艺术风格特征，并且它吸收的是早期的犍陀罗艺术风格特征。这源于唐代青海羽人瓦当与有翼的阿弗洛狄忒金质胸针的比较。在上文中已经提到二者在肉髻、不剃发、大大的眼睛各方面的比较中，发现二者都是受到了犍陀罗艺术特征的影响。但是二者在时代方面却不相同，一个是在公元 1 世纪出现，另一个出现在唐代。说明了唐代青海羽人瓦当吸收的犍陀罗艺术特点应属于公元 1 世纪，而这个时期正是犍陀罗艺术发展的早期。与此同时，唐代青海羽人瓦当的出现还说明，唐代是接受犍陀罗艺术特征的年代，犍陀罗艺术特征在唐代延续并传播。

　　唐代青海羽人瓦当与有翼的阿弗洛狄忒金质胸针两者的比较中，笔者发现二者的造型特征基本相类。那么是否认为这样的造型特征也是受到公

---

　　❶　宫治昭. 犍陀罗美术寻踪［M］. 李萍，译. 黄文昆，审读. 北京：人民美术出版社，2005：103.

元 1 世纪有翼的阿弗洛狄忒金质胸针造型的影响呢？其实并非如此，同为有翼人像的阿弗洛狄忒金质胸针上的人物造型是吸收了希腊或是印度当地的风格样式，而唐代青海羽人瓦当上的有翼人像造型是借鉴我国唐以前的传统图式。例如在另一件唐代羽人瓦当中出现了不同的面貌。如下图所示。

唐代羽人瓦当——秦砖汉瓦博物馆藏。

　　图片来源：张东芳拍摄于西安秦砖汉瓦博物馆，2015 年 4 月。

　　在这件羽人瓦当中，我们看不到联珠纹，也看不到犍陀罗艺术的风格特征。笔者看到的是中国传统的羽人形象。并且此瓦当的刻画还是较为简略，例如羽翼的刻画，比唐代青海羽人瓦当略显简单。背后的羽毛是由一根根的线条所组成，与汉画像石中羽人身上羽毛类似，见下图。在此件秦

羽人——河南南阳，汉画像石，拓本。

　　图片来源：郑州，河南大学出版社，2013 年出版的《中国汉画图像经典赏析》，第 178 页。

砖汉瓦博物馆馆藏的羽人瓦当中，羽人头顶是方形头顶，似乎戴着一顶帽子。这与青海羽人瓦当不同。但相同的是在腹部的刻画上，两者都在腹部

处刻画类似肋骨的线。不过一个方向朝上，一个方向朝下。在这一点上，笔者认为两者应该存在一定的关系。或者可以说唐代的青海羽人瓦当吸收了这件同时期羽人瓦当的图像特征。总之，中国的羽人瓦当应有其自身发展的历史和脉络。

没有联珠纹的这件唐代羽人瓦当，羽人仅仅是双手合十，手中并未有什么物件。但在唐代青海羽人瓦当中，笔者却发现男童手中所持一件乐器。这是什么乐器呢？笔者认为这件乐器应该是觱篥。觱篥是一种管乐器，吹出的声音悲凄，羌人所吹，用来惊吓中国马。因此，它又被称为悲栗。在《太平御览》中提到，"筚篥者本龟兹国乐也，亦名悲栗"。❶ "乐部曰：觱篥者，笳管也。卷芦为头，截竹为管，出于胡地。"❷ 说明觱篥是出于胡地，是一件胡人乐器。这件胡乐在汉魏时期传入中原，对当时的社会产生了很大的影响。在《信西古乐图》及古代绘画中均有此乐器。觱篥是一种比较短细的吹奏乐，它比尺八要短小，拿在手上露出部分仅有手掌之大小。酷似唐代羽人瓦当中男童手中所持的吹奏乐器。因此，笔者认为男童手中所持之物即为筚篥。

那么，青海羽人瓦当中的男童真的是人身吗？这件瓦当中的"羽人"和中国本土的羽人有着怎样的关系，值得思考。笔者认为唐代青海羽人瓦当的男童或许与迦陵频伽有关。迦陵频伽是美音鸟。"迦陵频伽一词见于佛经，是梵文 Kalavinka 的音译。因其声音美妙动听，婉转如歌，故又名美音鸟。"❸ "佛教经典中的迦陵频伽一般在两种场合出现，一是借其声音美妙，比喻佛和诸菩萨之说法妙音。另一场合是言其存在于某一特定的境界，绝大部分说的是西方极乐净土。"❹ 它也是带有翅膀的造型。笔者认为唐代青海羽人瓦当应是迦陵频伽发展演变过程中的造型之一。因为在唐代青海羽人瓦当中男童腹部上有几道线，且另一件同时期的羽人瓦当中羽人

---

❶ ［宋］李昉，等. 太平御览［M］. 四部丛刊三编景宋本：（太平御览卷第五百八十四乐部二十二）1.

❷ ［宋］李昉，等. 太平御览［M］. 四部丛刊三编景宋本：（太平御览卷第五百八十四乐部二十二）1.

❸ 陈雪静. 迦陵频伽起源考［J］. 敦煌研究，2002（3）：9.

❹ 任平山. 迦陵频伽及其相关问题［D］. 成都：四川大学，2004：5.

腹部上同样出现了线。这些线是什么呢？有人认为是对衣服的描绘，笔者不赞同此说法。这些线其实都是对鸟身体的描绘。这些线在迦陵频伽的几幅图当中亦有相同的刻画。如下图所示。

迦陵频伽——1951 年西安市东郊中兴路窑场出土的唐代碑首上，雕刻着迦陵频伽形象。

图片来源：张东芳拍摄于西安碑林，2016 年 7 月。

在图中，主体为迦陵频伽。迦陵频伽的腹部用曲线勾勒出，显现出鸟的特征。唐代青海羽人瓦当中的男童腹部亦有同样的线。唐代青海羽人瓦当不仅在腹部的刻画上表明他是迦陵频伽，还在男童的腿部描绘上同样证明男童为迦陵频伽。男童的下半身其实是鸟腿，因其腿部有压出来的点印，腿部大腿肥胖，脚踝处极其细小，经过仔细观察，发现这并非人腿，而是鸟腿。若是有鸟腿，便是迦陵频伽。因为"'迦陵频伽'造像：'上身为人，胸直头正，曲肘合掌；下身为鸟，双足肃立，长尾摇曳'。"❶ 从唐代青海羽人瓦当的男童下半身来看，这个男童应该与迦陵频伽有关，他或许就是迦陵频伽。且男童手中所持物件为笙箫，那么他应该是在吹奏美妙的音乐。这一点与迦陵频伽能够发出美妙的声音是一个道理。笔者认为唐代青海羽人瓦当中的有翼男童所含之意应该和迦陵频伽的意义相似，都应该与佛教有关。这一点也可根据唐代青海羽人瓦当中男童头部形象的艺术风格来判定。在文章的前面部分已经提到，男童头顶的肉髻、眼睛、上身

---

❶ 吕变庭. 营造法式：五彩遍装祥瑞意象研究［M］. 北京：中国社会科学出版社，2011：255.

的骨瘦嶙峋均属于公元 1 世纪的犍陀罗艺术风格特征。犍陀罗艺术风格主要是指佛教的艺术风格特点，唐代青海羽人瓦当应是受到佛教艺术影响的装饰物件。有的书中提到这件羽人瓦当是道教的遗物，笔者认为它并非是道教的遗物，它的母本或它的源头可能是道教的遗物，它或许受到道教的影响，但其本身并非道教遗物。出现道教遗物的观点也许与羽人有关。在我国很早就出现羽人的图像，也有许多关于羽人的解释，其中一些观点认为羽人与西王母有关。当然笔者也认同这一观点。还有人认为迦陵频伽形象的源头来自我国古代本土的羽人形象，迦陵频伽只是"千秋"在形式上的转换。"有证据表明，从莫高窟早期人头鸟身上所获得，它们原本属于一种指向西王母神话的人头鸟。这个至少从西汉开始就在中国土生土长的神祇被佛教艺术所吸收并非偶然，在同一片土壤上他们共同生存了三百年。"❶ 笔者认为这一观点也是成立的。其实这样的一种观点使迦陵频伽形象的来源又归为中国本土的羽人。在河南郑州有一件汉画像砖，此画像砖中刻画了一侧面羽人的形象，手中拿着一件乐器在吹奏。是否也在说明早在汉代时期"羽人乐童"已经开始被人们所描绘，如下图所示。

羽人——河南郑州，汉画像砖，拓本。

图片来源：郑州，河南大学出版社，2013 年出版的《中国汉画图像经典赏析》，第 180 页。

在图中，这件乐器要比竽簧长，可能是尺八，也可能是较长的竽簧。无论是什么乐器，这幅图传达出的信息是，在汉代时期羽人吹奏乐器的图像已

❶ 任平山. 迦陵频伽及其相关问题［D］. 成都：四川大学，2004：99.

经存在，它或许成为一种含有一定意义的图式被保留下来，成为后世建筑装饰图案吸收和借鉴的范本。正因为有了汉代存有的这种图式，才会有我们看到的唐代青海羽人瓦当中的乐童形象。受到公元 1 世纪犍陀罗艺术特点影响的唐代青海羽人瓦当代表的是迦陵频伽所含有的宗教意义。但是它并非完全是一个吸收了西域艺术的装饰物件，它亦有自己发展演变的历程。

解释这件唐代青海羽人瓦当的含义，需要从两个方面来考虑。因为现在对于这件唐代青海羽人瓦当是在地上使用的建筑构件，还是地下墓葬中使用的建筑构件的判定上，笔者还一直没有定论。但是一些佛教徒的墓室中或许会使用到这样的瓦当。"迦陵频伽在东方药师世界出现的原因是因为据记载药师世界类似于阿弥陀净土，可见在盛唐迦陵频伽已经成为阿弥陀极乐净土的一个标识而被符号化了，并且由于这个符号与往生极乐净土的能指关系，盛唐迦陵频伽也开始出现在佛教徒的墓葬中。"❶ 如果这件羽人瓦当是地下墓葬中使用的建筑构件，其含义应该是：①接引亡者去往西方极乐世界；②给亡者提供美妙的音乐。如果是地上的建筑装饰构件，那么它应是佛教建筑的装饰物件，其含义是佛音，因为迦陵频伽所发出来的"妙音声"实喻菩萨的妙音。如在鸠摩罗什翻译的《阿弥陀经》中有这么一段记载："是诸众鸟，皆是阿弥陀佛欲令法音宣流，变化所作。"❷ 这句"是诸众鸟，皆是阿弥陀佛欲令法音宣流，变化所作"，即是迦陵频伽本身所含有的存在意义。另外迦陵频伽作为建筑的装饰物，被装饰的建筑含有净土道场的意义。例如在龙门石窟中有迦陵频伽鸟的形象，"龙门石窟之有迦陵频伽鸟驻足于屋形窟檐的正脊，大抵示意着上述洞窟赋有净土道场的含义"❸。从迦陵频伽的含义来解释唐代青海羽人瓦当的意义应该就如上所述。但是唐代青海羽人瓦当是以男童手持笙篥为其形象特征，是否这种形象本身就含有当时社会的一种意义。这种社会意义在于吹奏笙篥是受到当时人们的喜爱和欢迎的。唐代的李德裕家中有一名乐童，此乐童名为薛

❶ 任平山. 迦陵频伽及其相关问题［D］. 成都：四川大学，2004：27.

❷ ［南北朝］鸠摩罗什，译. 佛说阿弥陀经［M］. 宋刻碛砂藏本：3.

❸ 张乃翥，张成渝. 洛阳与丝绸之路［M］. 北京：国家图书馆出版社，2009：270.

阳陶。诗人白居易曾写《小童薛阳陶吹觱篥歌和浙西李大夫作》一诗来赞颂这位乐童吹奏音乐的美妙。另外在新疆库车县城以北的苏巴什佛寺即雀离大寺出土了绘有乐舞图的龟兹舍利盒，在舍利盒盖上方的四个联珠纹内分别绘有持器演奏的"有翼童子"。如下图所示。

彩绘舍利盒——苏巴什佛寺遗址出土，东京国立博物馆藏。

图片来源：上海，上海音乐出版社，2015 年出版的《中国乐舞史料大典》，第 208 页。

图中乐童手持觱篥，在演奏乐曲。扬之水先生认为此图的含义是对佛舍利的伎乐供养。李安宁先生认为"盒顶有四位裸童为'迦陵频'，用佛教习俗，奏乐迎往西方之寓意"❶。笔者认为二者的观点都成立，因为用迦陵频伽的含义来解释，乐童确实有奏乐迎往西方净土之意，就如笔者前面所论述的一样。若是仅就吹奏乐器的乐童本身来讲，那么他们确为伎乐供养。在《隋书》中曾记载"又有法乐童子伎，童子倚歌梵呗"一句。在这句中，我们可以发现我国早期便有"法乐童子伎"的出现。因此杨之水先生的"佛舍利的伎乐供养"是成立的。唐代青海羽人瓦当中的男童形象也是在吹奏觱篥，与新疆库车地区出土的这件舍利盒盖上的"有翼童子"十分相像。至少在吹奏觱篥的"有翼童子"形象本身的含义上，唐代青海羽人瓦当含有对佛的伎乐供养之含义。

唐代青海羽人瓦当无论是艺术风格上还是它所隐含的意义上都在表明，此装饰物是一件与佛教有关的建筑装饰物。在追溯唐代青海羽人瓦当的渊源时，笔者通过中外两种装饰物件的比较，发现二者在艺术风格特征、物件背后所隐含的意义及二者时代的背景等方面都是可以比较的。

---

❶ 李安宁. 龟兹舍利盒乐舞图研究 [J]. 新疆艺术学院学报，2003（3）：35.

唐代青海羽人瓦当与阿弗洛狄忒金质胸针在艺术风格上，都带有公元1世纪犍陀罗艺术的特征，表现在肉髻和大大的眼睛的特征中。在这一点上，二者是相同的。在唐代青海羽人瓦当与阿弗洛狄忒金质胸针的含义方面，它们之间是不同的。唐代青海羽人瓦当所隐含的寓意和迦陵频伽的含义是一样的，另外就是对佛的伎乐供养。而阿弗洛狄忒金质胸针的图像含义有可能是逝去之人灵魂再生的象征；另一种含义可能是本身并未有含义，仅仅是当时流行的一种装饰品罢了。在时代背景方面，阿弗洛狄忒是在公元1世纪的西尔卡普地区出现，而青海羽人瓦当是在唐代出现，二者在出现的时间背景上不同。另外，笔者梳理出唐代青海羽人瓦当的艺术渊源来自两个方面，一个是外来西域之犍陀罗艺术，一个是本土艺术。这也正体现了唐代艺术对犍陀罗艺术特征的吸收和融合，以及本土艺术在丝绸之路上的发展变化。

第四节　妙相如仪：迦陵频伽纹瓦当的宋韵

　　迦陵频伽纹瓦当的主要发展时期在唐宋，两个时期的迦陵频伽纹瓦当风格面貌十分不同，因此展现出迦陵频伽纹瓦当在丝绸之路上的变化与融合。例如，在甘肃省博物馆就收藏着一件宋代的迦陵频伽纹瓦当，见下图。

　　宋代迦陵频伽纹瓦当——双手合十的迦陵频伽形象。

　　图片来源：西安，三秦出版社，2011年出版的《庄严妙相—甘肃佛教艺术展》，第135页。

甘肃省博物馆收藏的这件宋代迦陵频伽纹瓦当瓦筒长33厘米。瓦当主体面部呈白毫相，耳朵硕大，神情威严肃穆。双手合十，头部戴有宝冠，宝冠两边垂下冠带。头带背光，背光两边装饰一对羽翅，呈现规则的月牙对称形状。下身穿着一件类似裙裤的衣服。

在青海省民和县川口镇享堂古城出土的唐代羽人瓦当中，主体形象是吹奏筝篥的乐童，而此件宋代的迦陵频伽纹瓦当的面部形象显得庄严肃穆，佛教造像的特点在此瓦当中体现得更加充分。如下图所示：面部神态传达出的是一种宗教的仪式感。

宋代迦陵频伽纹瓦当——双手合十的迦陵频伽形象。

图片来源：西安，三秦出版社，2011年出版的《庄严妙相—甘肃佛教艺术展》，第134页。

那么迦陵频伽图像的仪式感从何而出？迦陵频伽又被称为美音鸟，通过美妙的声音传播佛法。其形象不仅在瓦当中保存，在敦煌壁画和其他类艺术品中均能发现迦陵频伽的身影。在唐代，迦陵频伽以图像的形式大量出现在敦煌壁画中。例如，初唐的372窟、329窟，另外在220窟阿弥陀经变和217窟观无量寿经变中也能看到迦陵频伽的形象。在盛唐的225窟、445窟、45窟、320窟、172窟和148窟中，以及中晚唐的159窟、112窟、7窟、126窟、199窟等36个石窟中均见有迦陵频伽。除此之外，五代和西夏石窟中亦可见其形象，分别是98窟、61窟和207窟，宋代的是55窟、427窟和444窟。❶迦陵频伽出现在以上的洞窟中，大多是在观无量寿经变壁画和阿弥陀经变壁画，以及药师经变壁画和说法图中。总之，迦陵

---

❶ 任平山. 迦陵频伽及其相关问题［D］. 成都：四川大学，2004：13 – 17.

频伽所在的图像有些与说法有关。这应是与《阿弥陀经》中所记载的"是诸众鸟，皆是阿弥陀佛欲令法音宣流，变化所作"❶有关。在历史长河演变过程中，当迦陵频伽的形象出现在其他类装饰物中，人们便形成了对迦陵频伽符号的再认识。而迦陵频伽的含义也随之场域的改变而改变。不同的场域赋予了迦陵频伽图像以特殊的含义，其中之一便是伎乐供养之意。在敦煌壁画中，可以看到迦陵频伽手持乐器的形象。其实伎乐供养早在三国的康僧铠《大无量寿经》佛说无量寿经卷下中便有记载："即时四方自然风起，吹七宝树，出五音声，无量妙华，随风四散，自然供养，如是不绝。一切诸天皆赍天上百千华香，万种伎乐，供养其佛及诸菩萨、声闻之众。"❷

　　另外在唐代亦有文献记载，如：

　　　　复次，曼殊室利，若有净信男子、女人，得闻如上七佛如来、应、正等觉所有名号，闻已诵持，晨嚼齿木，澡漱清净，以诸香华、末香、烧香、涂香，作众伎乐，供养形象。❸

　　伎乐供养佛在文献中被记载。与伎乐供养同时还提到的是香花，那么香花亦为一种供养。而此类供养恰恰是一种仪式的表现。正如"供养仪式品第三——如是正业净其身，住定观本真言主。以真言印而召请，先当示现三昧耶。真言相应除障者，兼以不动慧刀印。稽首奉献阏伽水，行者复献真言座。次应供养花香等，去垢亦以无动尊"❹所述。如果说供养花香是一种仪式，那么伎乐供养也应为一种供养仪式。在文献文本中提到"应供养花香等"，诸如供养应该还有其他类。由此可推断，伎乐供养应为仪

　　❶ ［南北朝］鸠摩罗什，译. 佛说阿弥陀经［M］. 宋刻碛砂藏本：3.

　　❷ ［三国］康僧铠，译. 大无量寿经［M］. 宋刻碛砂藏本：(佛说无量寿经卷下) 4.

　　❸ ［唐］义净，译. 药师琉璃光七佛本愿功德经［M］. 宋刻碛砂藏本：(药师琉璃光七佛本愿功德经卷下) 4.

　　❹ ［唐］输波迦罗共沙门一行，译. 大毗卢遮那成佛神变加持经［M］. 宋刻碛砂藏本：(大田比卢遮那成佛神变加持经卷第七) 8.

式之一。那么以伎乐供养为其含义的迦陵频伽形象，它本身暗含了仪式的特征。特别是当迦陵频伽成为符号，不断地出现在其他类的装饰物中，它的仪式感便得到体现和加强。当人们看到迦陵频伽纹瓦当时，人们便会想起它所象征的含义及其意义。

而迦陵频伽纹瓦当作为建筑构件，它的数量不止一件用在建筑中。如果从重复的数量上看，迦陵频伽纹瓦当在建筑中的功能之一便是增加了仪式感。仪式定义中最为重要的是："它们是标准化的、重复的行动。"❶ 人们将迦陵频伽的形象装饰在建筑构件中，实现一种带有仪式感的功用。不仅在形式上体现出此意，在文本与图像的结合上亦能发现这一功用。如北京云居寺中的压经塔，此塔建于辽天庆八年（公元 1118 年），名为《续秘藏石经塔》。塔身分为八棱柱、仰莲、飞天、乐人、双狮。其中比较明显地是飞天装饰图案，八面的飞天面貌变化多样，见下图。当人围绕压经塔

迦陵频伽图 1——北京云居寺中的压经塔之《续秘藏石经塔》局部。

图片来源：张东芳拍摄，2016 年拍摄于北京云居寺，2016 年 10 月。

顺时针转一圈时，可以看到飞天图像的变化，有的表现是飞天，有的表现是迦陵频伽飞天造型。它好似在讲述着迦陵频伽与飞天之间的联系。尽管在八棱柱上没有经咒，但是在压经塔上装饰着迦陵频伽图像却是要传达出法音流布的功用，见下图。

体现佛教思想的迦陵频伽图像符号，带有一定的仪式，它是宗教中的仪式。有时仪式是通过图像符号来表达的，仪式就是一个巨大的象征系统。《象征辞典》是这样解释仪式的："基本上说，每一个仪式都是象征化并再生产出其创造性。所以，仪式与象征的机能紧密地联系在一起。"❷ 那

---

❶ 彭兆荣. 人类学仪式的理论与实践［M］. 北京：民族出版社，2007：13.

❷ 彭兆荣. 人类学仪式的理论与实践［M］. 北京：民族出版社，2007：202.

迦陵频伽图2——北京云居寺中
的压经塔之《续秘藏石经塔》局部。

图片来源：张东芳拍摄，2016
年拍摄于北京云居寺，2016年10月。

么，对于迦陵频伽这一图式符号，我们看到它便会想起说法的象征含义。
在宋代瓦当上使用更加具有佛教造像特点的迦陵频伽形象，从而增加人们
对于佛教的认识。并且也增强瓦当所在建筑位置的功能性。它体现的是
"位置性的符号功能"。即如迦陵频伽纹瓦当以重复数量出现在建筑中时，
其在建筑场域的表述功能得到加强是一个道理。那么，迦陵频伽纹瓦当所
象征的符号含义与宗教有关，在宗教建筑中呈现出它应有的功能。人们观
看时，它同样发挥着自身的符号作用。此件迦陵频伽纹瓦当以正面朝向观
看者的造型为其特点，使观看者产生一种心灵的净化感与肃然感。且正面
造型较侧面造型更能形成看与被看的关系。从而能更好地通过符号传达出
一种仪式感。

　　我们身处在充满各种符号的世界。从古至今，从国内至国外，我们可
以看到或者接触到各种图式符号。例如佛祖的脚印，在国内外寺庙中都能
看到佛足印的身影，如在西安的大兴善寺和卧龙寺就保存着佛足印的碑
刻。"佛足印象征佛祖释迦牟尼曾到此地。佛教徒认为佛足印是佛祖流于
人间，指引世人大彻大悟，获得启迪的圣物。许多佛足印多装饰有象征图
案，其中包括象征成佛后的独特图案。"[1] 那么在中国传统山水画中，体
现的是人们对于宇宙的理解，画中的山石人物，有时代表了一种象征性
的符号。有的符号可以理解为阴阳的概念，有时也可以理解为画家所表
达的宗教精神。与迦陵频伽这一符号相类似的是印度著名的神话人物金

　　[1] ［英］米兰达·布鲁斯－米特福德，菲利普·威尔金森. 符号与象征 [M]. 周
继岚，译. 北京：生活·读书·新知三联书店，2012：119.

那罗和金纳里，见下图。"金那罗和金纳里，雄雌配对，半人半鸟，孔雀

金纳里——金纳里为女身，象征
美丽、优雅、造诣。

图片来源：北京，生活·读书·
新知三联书店，2012 年出版的《符号
与象征》，第 74 页。

尾。他们是天宫的乐师，象征永恒的爱。金纳里为女身，象征美丽、优
雅、造诣。"❶ 从这些符号的象征意义中可以看出无论是在国外还是国
内，都存在符号化的物质文化。这些符号是我们了解各自文化和艺术的
一扇门。

　　独有的符号系统是迦陵频伽纹瓦当图像形成的前提。与迦陵频伽纹瓦
当图像相联系的是本土的羽人形象。羽人图像在汉代的画像石当中大量出
现，图像内容也不尽相同。有些是做敲打姿势，有些是羽人六博，有些是
戏龙，有些羽人图像与西王母图像同时出现。羽人的形象极多，这也形成
了早期人们对于羽人的理解与认识。从唐代的迦陵频伽纹瓦当中可以逐渐
发现二者图像的联系。例如，山东省沂南北寨的汉画像石中的羽人形象，
见下图，此件羽人图像，明显地表现了羽人腿部的羽毛。上臂处两边各有
一羽翼，手中持有一物。另外，安徽淮北出土的一件画像石中的羽人形
象，其腿部亦有羽毛状的特征。江苏省南京市高淳出土的画像石羽人形
象、陕西省绥德县出土的汉画像石执花羽人形象、四川省成都市出土的汉

---

❶　[英]米兰达·布鲁斯－米特福德，菲利普·威尔金森. 符号与象征［M］. 周
继岚，译. 北京：生活·读书·新知三联书店，2012：74.

羽人——山东沂南北寨的汉画像石中羽人形象。

图片来源：郑州，大象出版社，2014年出版的《中国汉画造型艺术图典·神仙》，第171页。

画像石羽人皆是在腿部处刻画着羽毛。那么腿部刻画羽毛的羽人，便在此处形成一个图式特点，这些图式特征会不会对后来的羽人造型形成影响，这或许是解答迦陵频伽符号对早期本土羽人符号继承的问题。在内蒙古托克托县云中城遗址出土的一件唐代迦陵频伽纹瓦当，见下图。其直径13.5厘米，头部的刻画略似胡人，梳着高髻（带有犍陀罗的特点），头部的背

迦陵频伽纹瓦当——圆瓦当，瓦面主体形象的头部为肉髻相，双手合十呈"A"字形，西安秦砖汉瓦博物馆收藏。

图片来源：图片由西安秦砖汉瓦博物馆任军宜馆长提供，2015年10月。

景被艺术处理成两个飘带和"山"字形竖线。大大的耳朵和大大的眼睛，主体形象双手合十呈"A"字状，背部有展开的翅膀，呈"V"字形。下身有竖线的刻画，好似穿着草裙。两脚向两侧分开，但也能看出是鸟爪。瓦当材质呈现土黄色，中心形象突出于整个瓦当之上。瓦当的整体艺术特征较为规整，其特点是装饰性强。此件瓦当中心处主体形象身着的"草裙"，应该就是上文提到的汉画像石中羽人腿部的羽毛。由此可知，这应该是唐代迦陵频伽纹瓦当对汉代羽人形象的摹仿。那么唐代迦陵频伽纹

瓦当一直吸收和延续了本土羽人的图像符号特征，形成一个本土体系内新的图像符号。有时会使人很难确定将它称为羽人还是迦陵频伽。但是，在图像符号延续和融合的历史过程中，可以根据它所具有的意涵来确定它的称谓。如果体现的是佛教的思想，那么相类似的符号应该被称为迦陵频伽。

在观看此件迦陵频伽纹瓦当时，佛教造像的特征明显，并体现出世俗化的特征。鸟腹部的横线刻画已经消失，和敦煌壁画中的迦陵频伽形象已经大有不同，但是在头部宝冠和两边的装饰带的刻画上，依然继承了敦煌壁画中迦陵频伽的造型特点，如中唐 360 窟藻井中的迦陵频伽。另外在敦煌的 427 窟的前室门楣上两边各画一迦陵频伽，二者相向而立。此处迦陵频伽的头部亦如宋代迦陵频伽纹瓦当中的形象，头戴宝冠，两边装饰着飘带，见下图。在此件迦陵频伽纹瓦当中的人物形象中显现出白毫相，白毫相是如来和菩萨的特征，头后有背光，又因头部装饰宝冠以及两边长带飘逸的造型和臂饰的特征，可将此件迦陵频伽头部的造型认定为菩萨的造型。

迦陵频伽——敦煌的 427 窟的前室门楣。

图片来源：张东芳拍摄于敦煌莫高窟，2015 年 11 月。

且在佛教文献中，也曾描述菩萨与迦陵频伽类比的关系。《宝箧经》云："犹如迦陵频伽鸟王卵中鸟子，其嘴未现，便出迦陵频伽妙声。佛法卵中诸菩萨等，未坏我见，未出三界，然能演出佛法妙音，谓空、无相、无作行音。"❶ 对于说法的理解，在妙声音方面，可以将迦陵频伽与菩萨相联系。那么，佛法卵中诸菩萨等所演出的佛法妙音被称为空、无相、无作行音。而迦陵频伽其嘴未现，发出的妙声音应是空、无相、无作行音。因

---

❶ ［五代］释延寿. 宗镜录［M］. 宋刻碛砂藏本：（卷二）8.

此，工匠在制作瓦当时，将菩萨的造型应用在迦陵频伽纹瓦当的创作上，来传达空、无相、无作行音的含义。

另外在此件迦陵频伽纹瓦当中主体形象的肚脐与下身衣服的刻画，流露出世俗化的倾向。"随着宋代佛教艺术的世俗化发展，原来以佛祖造像为主的彼岸崇拜逐渐让位给具有'现世得福'意义的观音、地藏等神祇崇拜。"❶宋代佛教造像的世俗化对当时瓦当的制作或多或少都带来了影响，宋代的迦陵频伽纹瓦当一改唐代所塑造的迦陵频伽形象，逐渐受到当时风尚的影响，开始融入菩萨的造像特征。这也是人们大众的需求所至。当时人们的审美文化，即为一种世俗化、平民化的倾向。"在宋代佛像雕刻作品中，菩萨的形象塑造成就最高。创作手法以佛教造像理想化、现实化为基础，进行了个性化、具体化的大量写实加工，雕刻技法细腻认真、结构严谨、比例适当。宋代作品神情安详、沉稳和善，基本以平常人为创作原型。"❷那么，在宋代迦陵频伽的艺术处理手法上，它以菩萨造型为前提来进行创作。"宋代佛教石窟注重细节雕刻的特点，主要表现在情节和服饰上。"❸并且高超的工匠将羽翼处理成半圆状装饰在背光的两边，好似日与月的关系，十分巧妙。在中国早期的艺术符号中，日与月是相当重要的两个图像符号，它出现在壁画、画像石和墓葬中等。羽翼的处理简练概括，是不同于唐代迦陵频伽羽翼的处理手法。展现了当时工匠艺术家对于面和块的理解，逐渐由写实转向了概括提炼的形象。甚至，人物两边的装饰线也如同弯曲的羽翼一样，刻画出重复的半圆曲线来呼应主体形象。因此，宋代迦陵频伽纹瓦当中心主体头部形象塑造的是菩萨。

唐宋时期的迦陵频伽纹瓦当分布于不同地区，艺术风格面貌皆有不同。从现存可见的唐宋时期的迦陵频伽纹瓦当中可以窥见一些规律。

如下表所示。

---

❶　肖屏. 宋代佛教造像的世俗化研究 ［J］. 山东社会科学，2007（4）：53.

❷　赵瑞娟，赵志策，马凤娟. 世俗性的宋代佛像雕刻研究 ［M］. 北京：中国广播影视出版社，2015：118.

❸　赵瑞娟，赵志策，马凤娟. 世俗性的宋代佛像雕刻研究 ［M］. 北京：中国广播影视出版社，2015：121.

时间	出土地	名称	瓦当形象描述及其艺术风格	资料出处
唐代	青海省民和县川口镇享堂古城出土	迦陵频伽纹瓦当	迦陵频伽面部为男童，头部为肉髻相。手持筚篥，消瘦的肩膀两旁刻画一对翅膀。瓦当的外圈为联珠纹。直径12.9厘米，厚1.7厘米	《河湟藏珍·历史文物卷》青海省博物馆，青海民族博物馆编著，祝君主编，北京：文物出版社，2012年10月版，第197页
唐代	内蒙古托克托县云中城遗址出土	迦陵频伽纹瓦当	迦陵频伽头部为肉髻相，双手合十呈"A"字状，背部装饰着"V"字形展开的翅膀。下身刻画出羽毛，头部背景装饰羽尾。直径13.5厘米	西安秦砖汉瓦博物馆藏
唐代	不详	迦陵频伽纹瓦当	瓦当上部有残损，迦陵频伽面部不清楚，头部有肉髻相，双手合十，身体下部不见鸟腿，只现鸟腹。身旁刻画有翅膀，头部背景装饰羽尾。最大直径12.3厘米，厚3.5厘米	《问陶之旅——古陶文明博物馆藏品掇英》，路东之编著，北京：紫禁城出版社，2008年3月版，第266页
宋代	不详	迦陵频伽纹瓦当	迦陵频伽头戴宝冠，宝冠两边垂下冠带。面部呈白毫相，慈目大耳，双手合十。上臂两旁装饰一对月牙状羽翅，头部有背光。肚子有肚脐，下身穿一件类似裙裤的衣服	《庄严妙相——甘肃佛教艺术展》俄军主编，西安：三秦出版社，2011年3月版，第134－135页

　　从上表中可以发现，唐宋时期的迦陵频伽纹瓦当共同的特点是具有佛教的特征。如肉髻相或者白毫相等，如果不具有此特征，其图像特征如与敦煌壁画中迦陵频伽形象类似者亦被称为迦陵频伽纹瓦当。宋代的迦陵频伽纹瓦当较唐代的迦陵频伽纹瓦当更加的世俗化，如肚脐、衣服之类的刻画。表中有明确出土地的迦陵频伽纹瓦当，一件出土于青海省民和县，另一件出土于内蒙古托克托县。从出土地可知迦陵频伽纹瓦当为丝绸之路上的建筑构件。唐代的迦陵频伽纹瓦当与汉画像石中的羽人和敦煌壁画中的迦陵频伽形象联系较多些。如青海省民和县川口镇享堂古城出土的迦陵频

伽纹瓦当体现出了两方面的艺术来源，一个是外来西域之犍陀罗艺术，一个是本土艺术。它展现出本土艺术在丝绸之路上的发展变化。❶ 由此可知，迦陵频伽纹瓦当在演变中形成了自己独有的符号。

在判断此瓦当是否为迦陵频伽纹瓦当时，或许图像符号能起到一定的作用。宝冠或者肉髻（佛教的特征）、双翼和鸟腿是最主要的判断依据，而其他判断依据来自于图像传承中所具有的一些特点。在宋代之前的迦陵频伽图像中，造型变化较多，有伎乐形象和双手合十的形象等。仪式功能赋予了迦陵频伽图像在延续的过程中得以发展，即在人们的经验中将其符号图像化，最终在瓦当中相传下来，成为建筑中的一件装饰构件。而仪式感也在相传的过程中保留在图像符号中。宋代的这件迦陵频伽纹瓦当通过菩萨说法的形象来传达人们对于迦陵频伽的理解，从而也传达了人们对仪式的感受，或许塑造过程本身即带有一种仪式。仪式和图像符号同时在这件迦陵频伽纹瓦当中呈现。

甘肃省博物馆的宋代迦陵频伽纹瓦当与之前唐代的迦陵频伽纹瓦当不同，此件迦陵频伽头部形象更加的庄严肃穆，展现了菩萨的特征。通过对仪式与符号以及二者之间关系的论证，对于更好地解读和分析迦陵频伽纹瓦当的历史发展脉络起到一定作用，也说明了此件瓦当是带有仪式感的图像符号。此件宋代迦陵频伽纹瓦当是唐代迦陵频伽纹瓦当发展的延续，展现出宋代迦陵频伽纹瓦当的时代特点，即是趋向世俗化、平民化的特点。它体现出丝绸之路上人们对于迦陵频伽纹瓦当的再认识和再创作。

第五节　乐舞图的仪式符号：敦煌壁画中迦陵频伽伎乐形象的衍生

敦煌壁画中的乐舞形象较为丰富，有菩萨伎乐、飞天伎乐、舞蹈造型

---

❶ 张东芳. 阿弗洛狄忒与羽人——唐代青海羽人瓦当艺术渊源刍论 [J]. 美术研究，2016（1）：59.

和迦陵频伽伎乐等形象。在众多的乐舞造型中，迦陵频伽伎乐形象是具有独特仪式感的符号。迦陵频伽伎乐是敦煌壁画图式中的护法伎乐。❶ 迦陵频伽乐伎与药叉乐伎、金刚力士乐伎、天王乐伎合称护法神乐伎，属于伎乐天的一个分支。❷

菩萨伎乐如莫高窟 360 窟，此窟中的菩萨伎乐是手持琵琶的造型；中唐时期手持琵琶的菩萨伎乐还见于莫高窟 22 窟、468 窟等；晚唐时期手持琵琶的菩萨伎乐见莫高窟 14 窟和 156 窟等；晚唐时期手持凤头弯颈琴的菩萨伎乐在莫高窟 14 窟中可见；盛唐时期手持笛子的菩萨伎乐在莫高窟 148 窟、172 窟中可见；手持笙的菩萨伎乐在盛唐时期的莫高窟 445 窟中可见；手持螺的菩萨伎乐在盛唐时期的莫高窟 172 窟中可见；手持拍板的菩萨伎乐在中唐时期的莫高窟 159 窟中可见；手持钹的菩萨伎乐在盛唐时期的莫高窟 445 窟中可见；反弹琵琶的菩萨伎乐在中唐时期的莫高窟 159 窟可见；等等。

而对迦陵频伽伎乐形象上的刻画，也存在大量的描绘。其中手持琵琶的迦陵频伽伎乐形象在莫高窟的 321 窟、148 窟、360 窟、61 窟中可见；手持笛和排箫的迦陵频伽伎乐在莫高窟的 45 窟、172 窟中可见；手持笙的迦陵频伽伎乐在莫高窟的 45 窟、172 窟中可见；手持螺的迦陵频伽在莫高窟的 156 窟中可见；手持拍板的迦陵频伽伎乐在榆林窟 25 窟、莫高窟 159 窟、莫高窟的 61 窟中可见；手持埙的迦陵频伽伎乐在莫高窟的 14 窟中可见；手持钹的迦陵频伽伎乐在莫高窟的 361 窟中可见；手持笙簧的迦陵频伽伎乐在莫高窟的 172 窟、莫高窟第 61 窟中可见；反弹琵琶的迦陵频伽伎乐在莫高窟 36 窟、西千佛洞 15 窟中可见；等等。

在迦陵频伽伎乐造型中，往往可以看到与菩萨伎乐、飞天伎乐和舞蹈造型中相类似的造型特征。这与每个时期画工创作的模式化有关，也与乐器在每个时代中盛行的种类有关，还与每幅壁画中的仪式特点有关。因此，在敦煌壁画中的迦陵频伽伎乐展现了各个时期的不同乐舞特征。

---

❶ 郑汝中. 敦煌壁画乐舞研究 [M]. 兰州：甘肃教育出版社，2002：23.
❷ 郑汝中. 敦煌壁画乐舞研究 [M]. 兰州：甘肃教育出版社，2002：34.

敦煌壁画中迦陵频伽伎乐的时代特点

时代	地点	窟号	名称	乐器名称	特点
初唐	莫高窟	321	迦陵频伽伎乐	琵琶	
盛唐	莫高窟	45	迦陵频伽伎乐	笛、排箫	
盛唐	莫高窟	45	迦陵频伽伎乐	笙	
盛唐	莫高窟	148	迦陵频伽伎乐	琵琶	
盛唐	莫高窟	172	迦陵频伽伎乐	笙、筚篥	
盛唐	莫高窟	172	迦陵频伽伎乐	笛、排箫	
中唐	莫高窟	25	迦陵频伽伎乐	拍板	
中唐	莫高窟	361	迦陵频伽伎乐	钹	
中唐	西千佛洞	15	迦陵频伽伎乐		反弹琵琶
中唐	莫高窟	159	迦陵频伽伎乐		做舞蹈状
中唐	榆林窟	21	迦陵频伽伎乐	弯颈凤首琴	
中唐	莫高窟	159	迦陵频伽伎乐	拍板	
中唐	莫高窟	360	迦陵频伽伎乐	琵琶	位于藻井中
晚唐	莫高窟	14	迦陵频伽伎乐	埙	
晚唐	莫高窟	156	迦陵频伽伎乐		做舞蹈状
五代	莫高窟	36	迦陵频伽伎乐		反弹琵琶
五代	莫高窟	61	迦陵频伽伎乐	拍板、琵琶、筚篥、长笛	

从表中可见，迦陵频伽伎乐造型的手中所持之乐器，琵琶是从初唐开始至五代时期，一直是迦陵频伽伎乐图式中经常使用的一种乐器。而笛、排箫、笙、筚篥在盛唐时期的敦煌壁画中较为常见，但是在五代时期的壁画中，筚篥、长笛再次出现。中唐时期的乐器以钹、弯颈凤首琴较为突出。晚唐时期的乐器以埙为迦陵频伽伎乐的乐器。拍板在中唐至五代时期均有出现。在这些乐器中，属于西域外传乐器的组合有曲项琵琶、五弦琵琶、箜篌、方响、筚篥等；属于中原固有乐器的组合有笙、笛、萧、埙、阮等；属于敦煌本土乐器的组合有葫芦琴、弯颈琴、花边五弦琴、钩笛

等。❶对于迦陵频伽所持乐器的选取中，可见当时画工对于乐器以及迦陵频伽所发之和雅乐音的理解。从乐器的种类数量来看，五代时期的乐器较多，而且形成一定的组合。不仅反映了时代对于乐器的喜好，也说明了迦陵频伽的伎乐空间、仪式关系发生了一定的改变。无论是初唐的莫高窟321窟及盛唐的莫高窟45窟、172窟、148窟，还是晚唐的莫高窟156窟等，在这些壁画中，可以看出迦陵频伽所在的位置是有规律的，它所在的位置，"其一是在经变画中佛的下方、乐队的两侧或前方、在水池前之曲桥或平台之上。一般对称排列，与礼佛乐队相似：中间一舞，两边各一二身，手持乐器伴奏。有些大型经变，还有两层迦陵鸟乐伎的。也有的不持乐器，做舞蹈飞跃姿势。其二是出现在经变说法图中佛的左右，在壁画的两侧边沿处，一般也是对称的。其三是出现在藻井之内或佛龛之内"❷。其壁画中的迦陵频伽均为单个或者成对出现。但是在五代时期的莫高窟61窟，迦陵频伽伎乐的图像却呈现了乐队的组合关系。迦陵频伽在壁画中数量的改变，影响着仪式空间的改变。之前迦陵频伽伎乐是以单个或者成对出现在壁画主轴线的两边，而当迦陵频伽以乐队组合的形式出现后，它们形成了新的仪式空间。由次要的位置转变成了一个单独的主要的小型仪式空间，来传达西方净土的宗教思想。从视觉演变的角度来观看敦煌壁画中的迦陵频伽伎乐图，它的演变规律展现了迦陵频伽伎乐图式与敦煌壁画中菩萨伎乐、飞天伎乐、舞蹈造型图式之间的内在关系，这一关系为模仿与参照。

初唐时期的手持琵琶的迦陵频伽伎乐造型刻画得是飞翔弹奏琵琶的场景。飞翔弹奏琵琶的造型与初唐时期飞天造型有类似之处，从时代的特点来看，二者存在一定的联系。至盛唐时期，迦陵频伽伎乐的大部分造型均加入了舞筵❸，鸟腿的特征明显地表现出站立或单脚站立。晚唐时期的迦

❶ 韩兰魁. 敦煌乐舞研究文集［M］. 北京：文化艺术出版社，2014：187.

❷ 郑汝中. 敦煌壁画乐舞研究［M］. 兰州：甘肃教育出版社，2002：44.

❸ 舞筵也俗呼为地衣毛锦是也。参见：［唐］释慧琳，（辽）释希麟. 一切经音义一百卷1［M］. 日本元文三年至延亨三年狮谷莲社刻本：（一切经音义卷第十一）18.

陵频伽伎乐图像中，舞筵已经刻画成莲花座。其中值得注意的是敦煌壁画中迦陵频伽伎乐造型与敦煌壁画中菩萨伎乐、飞天伎乐和舞蹈造型的具体细节之处有某种联系。如莫高窟156窟中，刻画了手持飘带做舞蹈状的迦陵频伽，见下图。其腿部在莲花台上，身体向左方前倾。迦陵频伽的舞蹈

迦陵频伽伎乐——莫高窟156窟，晚唐，迦陵频伽伎乐形象。

图片来源：兰州，甘肃人民美术出版社，2006年出版的《敦煌舞乐线描集》，第186页。

造型与同时期莫高窟的468窟中舞伎菩萨手部动作相类，见下图。两者舞

舞伎菩萨——莫高窟468窟，晚唐。

图片来源：兰州，甘肃人民美术出版社，2006年出版的《敦煌舞乐线描集》，第106页。

蹈的手势均为抓住飘带向左方摆动。造型具有时代的特征，当然这样舞动飘带的姿势在中唐时期的舞伎菩萨造型中同样有所呈现。应该说晚唐时期的这一动作延续了中唐时期的舞蹈特点。迦陵频伽伎乐的造型中，反弹琵琶的形象在中唐、五代时期皆有所绘。在莫高窟的159窟中，也保存有中唐时期的反弹琵琶的菩萨伎乐形象。特别是五代时期的莫高窟36窟中反弹琵琶的迦陵频伽伎乐形象，见下图，与159窟中的反弹琵琶菩萨伎乐形象

迦陵频伽伎乐——莫高窟 36 窟，五代，反弹琵琶。

图片来源：兰州，甘肃人民美术出版社，2006 年出版的《敦煌舞乐线描集》，第 186 页。

近似，如面部特征均为眉目向下，正所谓菩萨低眉，见下图。二者在腿部

菩萨伎乐——莫高窟 159 窟，中唐，反弹琵琶。

图片来源：兰州，甘肃人民美术出版社，2006 年出版的《敦煌舞乐线描集》，第 9 页。

的处理上，迦陵频伽抬起左腿与菩萨抬起右腿做弯曲状有几分相似。五代 36 窟中迦陵频伽伎乐造型是对 159 窟中反弹琵琶菩萨伎乐形象的模仿。手持笙的迦陵频伽伎乐在莫高窟 45 窟与盛唐时期的莫高窟 172 窟中菩萨伎乐在造型的特点上相似，另外在 445 窟中，见下图。手持笙的菩萨与手持笙的迦陵频伽伎乐在手势上更为相近。头部皆绘制四分之三侧。这些近似之处，源于敦煌画工共用的粉本。迦陵频伽伎乐的形象特征与菩萨伎乐和飞

天伎乐、舞蹈造型的形象皆有一定的联系，如下面两图所示。

迦陵频伽伎乐——莫高窟 45 窟，盛唐，手持笙的迦陵频伽形象。

图片来源：兰州，甘肃人民美术出版社，2006 年出版的《敦煌舞乐线描集》，第 174 页。

菩萨伎乐——莫高窟 445 窟，盛唐，手持笙的菩萨形象。

图片来源：兰州，甘肃人民美术出版社，2006 年出版的《敦煌舞乐线描集》，第 18 页。

那么敦煌壁画中迦陵频伽的形象是如何生成的？关于迦陵频伽，在文本文献中多有记载。如下：

复次，舍利弗！彼国常有种种奇妙杂色之鸟：白鹤、孔雀、鹦鹉、舍利、迦陵频伽、共命之鸟。是诸众鸟，昼夜六时，出和雅音。其音演畅：五根、五力、七菩提分、八圣道分，如是等法。其土众生闻是音巳（已），皆悉念佛、念法、念僧。舍利弗！汝勿谓此鸟实是罪报所生，所以者何？彼佛国土无三恶道。舍利弗！其佛国土尚无恶道之名，何况有实！是诸众鸟，皆是阿弥陀佛欲令法音宣流，变化所作。舍利弗！彼佛国土，微风吹动，诸宝行树及宝罗网，出微妙音，譬如百千种乐，同时俱作。闻是音者，自然皆生念佛、念法、念僧之心。舍利弗！其佛国土，成就

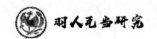

如是功德庄严。❶

　　亦如是六十四种梵音，言语相生。无增无减，无有差别。迦陵频伽，梵音声性。云何身等？谓我与诸佛法身，及色身相好，无有差别。除为调伏彼彼诸趣差别众生故，示现种种差别色身。是名身等。云何法等？谓我及彼佛，得三十七菩提分法，略说佛法无障碍智。是名四等。是故如来应供等正觉，于大众中唱如是言。❷

　　如迦陵频伽鸟，虽在𣪩中，音声已胜诸鸟。❸

　　紧那罗声者，歌音美妙故。迦陵频伽声者，韵清亮故。梵声者，出远去故。命命鸟声者，初得吉祥一切事成故。❹

　　迦陵频伽鸟，前已释竟，此云美音，或曰妙声。此鸟本出雪山，在𣪩能鸣，其音和雅，听者无厌。❺

　　迦陵频伽，经中或作歌罗频伽，或云加兰迦，或言羯罗频迦，或言毗伽，皆梵音讹转也。迦陵者，好。毗伽者，声。名好声鸟也。❻

　　在以上的文本文献中，并未讲出迦陵频伽的形象，而仅仅是对其声音、名称的描述，迦陵频伽能够发出美妙的声音，这种声音被称为和雅的乐音。但是敦煌壁画中，对于迦陵频伽的描绘应该着一定的范本，这个范本来自于哪里？在唐代之前，迦陵频伽的形象或许已经存在，但是敦煌壁画中迦陵频伽的形象较为独特，特别是迦陵频伽伎乐，这类图像是一类视觉系统。那么，生成这一系统的视觉因素大概包括以下几个方面。一方面

❶　[南北朝] 鸠摩罗什，译. 佛说阿弥陀经 [M]. 宋刻碛砂藏本：3.

❷　[南北朝] 求那跋陀罗，译. 楞伽阿跋多罗宝经 [M]. 宋刻碛砂藏本：（楞伽阿跋多罗宝经卷第三）3.

❸　[隋] 释智顗. 妙法莲华经玄义 [M]. 大正新修大藏经本：（卷三上）17.

❹　[唐] 释澄观. 大方广佛华严经随疏演义钞 [M]. 大正新修大藏经本：（卷五十一）26.

❺　[唐] 释澄观. 大方广佛华严经随疏演义钞 [M]. 大正新修大藏经本：（卷八十九）22.

❻　[唐] 释玄应. 一切经音义 [M]. 清海山仙馆丛书本：（卷一）11.

来自于文本中对于迦陵频伽的解释。对迦陵频伽的解释，《阿弥陀经》中讲，是诸众鸟，皆是阿弥陀佛欲令法音宣流，变化所作。那么对迦陵频伽形象的塑造上，它不仅被创作成鸟的外貌，还需要有庄严的面相。因此在面部则形成了具有菩萨特征的头部，而身子为鸟身的外形。庄严的面部特征是为实现迦陵频伽说法的功用。正如唐代实叉难陀在《大方广佛华严经》中所述：

> 迦陵频伽美妙音，俱枳罗等妙音声，种种梵音皆具足，随其心乐为说法。八万四千诸法门，诸佛以此度众生，彼亦如其差别法，随世所宜而化度。众生苦乐利衰等，一切世间所作法，悉能应现同其事，以此普度诸众生。❶

敦煌壁画中迦陵频伽视觉形象生成的另一个方面是外来因素与本土文化的结合。外来因素是随着丝绸之路上文化艺术的传播，外来有翼人的形象渐渐传入敦煌地区。这些因素给壁画的创作带来一定的影响。本土的文化则指的是凤鸟纹饰。这些形象保留在工匠的脑海中，当他们在创作或传授技艺时，这些母题形象再次复现在壁画的创作中。这些因素导致敦煌壁画中迦陵频伽形象的产生。

敦煌壁画中迦陵频伽形象最早出现在隋代的莫高窟第401窟的窟顶藻井上。在401窟的窟顶上装饰的迦陵频伽图像，则是敦煌壁画中最早将鸟渐渐变为人首鸟身的雏形。在初唐以后的敦煌壁画，迦陵频伽的造型便定型。且以手持乐器为其主要的特征。手持乐器代表的是一种供养仪式。正如文献所述：

> 复有二十恒河沙等诸飞鸟王，凫雁、鸳鸯、孔雀诸鸟，乾闼婆鸟、迦兰陀鸟、鸲鹆、鹦鹉、俱翅罗鸟、婆嘻伽鸟、迦陵频伽鸟、耆婆耆婆鸟，如是等诸鸟，持诸华果，来至佛所，稽首佛

---

❶ ［唐］实叉难陀，译. 大方广佛华严经［M］. 大正新修大藏经本：（大方广佛华严经卷第十四）17.

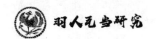

足，却住一面。❶

佛经中对于诸鸟的描绘是手持诸花果，但在敦煌壁画中迦陵频伽形象的手中大多持有乐器。这与壁画的内容需要有关，也与画工在绘制壁画时所共用的粉本有关。因此在图像的处理上，将迦陵频伽描绘成与壁画中菩萨伎乐等形象相关的造型。敦煌壁画中迦陵频伽的伎乐形象，不仅作为图像中的补充，更重要的是体现了佛经文本的内容。它犹如符号，更大程度地加强了图像本身的仪式感。正如迦陵频伽出现在东方药师世界，"迦陵频伽在东方药师世界出现的原因是因为据记载药师世界类似于阿弥陀净土，可见在盛唐迦陵频伽已经成为阿弥陀极乐净土的一个标识而被符号化了"❷。

图像的仪式感存在于敦煌壁画中，敦煌壁画中的迦陵频伽作为仪式符号发挥着自己的功用。但敦煌壁画中迦陵频伽作为仪式符号并未在壁画中僵化，它随着工匠技艺的传播，在工艺品和建筑装饰中被保存下来。

在《问陶之旅——古陶文明博物馆藏品掇英》一书中显示，古陶文明博物馆收藏着一件迦陵频伽纹瓦当。这件迦陵频伽纹瓦当是唐代时期的瓦当。瓦当具有一定的时代特征，（其主体）最大直径 12.3 厘米，厚 3.5 厘米，瓦当上部有残损，迦陵频伽面部不详，头部有肉髻，双手合十，身体下部不现鸟腿，只现鸟的腹部，见下图。这件瓦当与敦煌壁画中迦陵频伽

唐代迦陵频伽纹瓦当——双手合十飞翔状。

图片来源：北京，紫禁城出版社，2008 年出版的《问陶之旅——古陶文明博物馆藏品掇英》，第 267 页。

---

❶ ［南北朝］昙无谶，译. 大般涅槃经［M］. 宋刻碛砂藏本：（大般涅槃经卷第一）10.

❷ 任平山. 迦陵频伽及其相关问题［D］. 成都：四川大学，2004：27.

的造型特点极为相似。可以说在古陶文明博物馆收藏的这件迦陵频伽纹瓦当是属于敦煌壁画中迦陵频伽的体系。如果从丝绸之路的文化艺术传播的角度来讲，这件迦陵频伽纹瓦当是敦煌壁画中迦陵频伽符号的一个衍生品。

关于敦煌壁画中迦陵频伽符号的衍生，不止表现在迦陵频伽纹瓦当中的复现，还体现在唐代的金银器艺术品的装饰上。唐代时期的金银器被保留下来的很多，其中有装饰牌、金银碗等艺术品。

大唐西市博物馆中收藏着几件鎏金银饰牌，鎏金银饰牌的顶端呈现"M"形，下端切割成倒三角形的边缘，在下端的两边有孔印。孔印应为原来固定位置之用。在鎏金银饰牌的顶端和主体形象的两边装饰着卷草纹，有些主体形象是鸟，站立在舞筵之上，或者做飞翔状，见下图。还有

鎏金银饰牌——"M"形的鎏金银饰牌，主体形象为展翅欲飞的鸟。

图片来源：张东芳拍摄，拍摄于西安大唐西市博物馆，2017年1月。

一件鎏金银饰牌的主体形象是人首鸟身，头部形象为女性，双手欲做合十之状，双腿站立在舞筵之上。身体转向右侧，脸部露出四分之三侧，见下图。这一形象亦如敦煌壁画中迦陵频伽伎乐的形象。

迦陵频伽鸟鎏金银饰牌——迦陵频伽双手欲做合十状，站立在莲花形状的舞筵上。

图片来源：张东芳拍摄，拍摄于西安大唐西市博物馆，2017年1月。

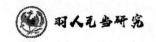

另外，在陕西省扶风县法门寺地宫出土了一件迦陵频伽鸟纹小金钵盂，现藏于法门寺博物馆。小金钵盂外侧刻画有迦陵频伽的形象，如下图：此件器物是法门寺之物，图像发挥着其装饰的功用，并传达一定的仪

迦陵频伽鸟纹小金钵盂——小金钵盂外侧刻画的是迦陵频伽的形象。

图片来源：河南博物院，《丝路遗珍——丝绸之路沿线六省区文物精品展》，第245页。

式意义。此件器物是在陕西地区出土的，时间也是在唐代，因此敦煌壁画中的迦陵频伽图式在一定程度上逐渐向东传播，对长安地区的艺术品有一定的影响。在陕西保存的还有唐代临潼庆山寺舍利塔下精室石门楣。其上刻画的迦陵频伽怀抱琵琶，并吹奏排箫。

与敦煌壁画中迦陵频伽伎乐图像有着诸多联系的，还有一件瓦当，即青海省博物馆收藏的唐代迦陵频伽纹瓦当。这件唐代的迦陵频伽纹瓦当的主体形象是手持竽簧乐器的男童，但是因其腿部为鸟腿，造像应为迦陵频伽。瓦当的外围一圈装饰有联珠纹。面部特征为男童，头部刻画着肉髻相。肩膀消瘦，身旁有两翼。其直径为12.9厘米，厚1.7厘米。此件瓦当出土于青海省民和县川口镇享堂，地理位置也位于丝绸之路的交通要道。它是一件具有中外艺术文化交流的代表性器物。它的特别之处即是瓦当中心主体造像手中所持的竽簧，竽簧本身即是一件外来的乐器，并非本土乐器。头部特征为男童特征的迦陵频伽形象隐含了当时的历史与文化。唐代长安城中，伎乐表演中的一件重要乐器即是竽簧。唐代的诗歌中不乏对此件乐器及对演奏此件乐器的描述，白居易曾写下《小童薛阳陶吹觱篥歌》的诗句。

剪削乾芦插寒竹，九孔漏声五音足。

近来吹者谁得名？关璀老死李衮生。

衮今又老谁其嗣？薛氏乐童年十二。

指点之下师授声,含嚼之间天与气。
润州城高霜月明,吟霜思月欲发声。
山头江底何悄悄?猿乌不喘鱼龙听。
翕然声作疑管裂,讪然声尽疑刀截。
有时婉软无筋骨,有时顿挫生棱节。
急声圆转促不断,轹轹辚辚似珠贯。
缓声展引长有条,有条直直如笔描。
下声乍坠石沉重,高声忽举云飘萧。
明旦公堂陈宴席,主人命乐娱宾客。
碎丝细竹徒纷纷,宫调一声雄出群。
众音龎缕不落道,有如部伍随将军。
嗟尔阳陶方稚齿,下手发声巳(已)如此。
若教头白吹不休,但恐声名压关李。❶

李德裕也作诗赞颂薛阳陶:

君不见,秋山寂历风飙歇,半夜青崖吐明月。
寒光乍出松筱间,万籁萧萧从此发。
忽闻歌管吟朔风,精魂想在幽岩中。❷

刘禹锡作诗曰:

海门双青暮烟歇,万顷金波踊明月。
侯家小儿能觱篥,对此清光天性发。
长江凝练树无风,浏栗一声霄汉中。
涵胡画角怨边草,萧瑟清蝉吟野丛。

❶ [唐]白居易.白氏长庆集七十一卷附录一卷01[M].据宋本重印:(白氏文集卷第二十一)5.
❷ [唐]李德裕.李文饶文集[M].四部丛刊景明本:(李卫公集补文)8.

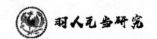

冲融顿挫心使指，雄吼如风转如水。

思妇多情珠泪垂，仙禽欲舞双翅起。

郡人寂听衣满霜，江城月斜楼影长。

才惊指下繁韵息，已见树杪明星光。……❶

张祜亦有诗曰：

紫清人下薛阳陶，末曲新筲调更高。

无奈一声天外绝，百年已死断肠刀。❷

以上是关于小童薛阳陶吹奏筚篥的诗句，而筚篥乐器之诗也被保留了下来。如杜甫曾写下《夜闻筚篥》一诗：

夜闻觱篥沧江上，衰年侧耳情所向。

邻舟一听多感伤，塞曲三更叹悲壮。

积雪飞霜此夜寒，孤灯急管复风湍。

君知天地干戈满，不见江湖行路难。❸

诗句折射出当时的文化，吹奏筚篥是受到当时士大夫的喜爱与追捧。这也是伎乐图像为什么会在艺术品和壁画中大量出现的原因。那么在唐代的敦煌，伎乐表演大量出现在壁画中，应该与此文化现象有一定的联系。而唐代青海迦陵频伽纹瓦当的出现，展现了敦煌壁画中迦陵频伽伎乐图式的东传和演变。将敦煌壁画中迦陵频伽伎乐图式转移至新的艺术品或建筑装饰构件中，是离不开工匠的技艺传授和传播。正是在传播中，不仅有继承的部分，而且还结合时代风尚和地域特色，形成了新的面貌。正如唐代

❶ ［唐］刘禹锡. 刘梦得文集［M］. 四部丛刊景宋本：（刘梦得外集卷第七）1-2.

❷ ［唐］张祜. 张承吉文集［M］. 宋刻本：（卷五杂题）3.

❸ ［唐］杜甫. 杜工部集［M］. 续古逸丛书景宋本配毛氏汲古阁本：（卷八古诗四十五首）6.

青海迦陵频伽纹瓦当的主体部分，头部特征为男童，且正面为吹奏乐器的形象。这些特征在敦煌壁画中较为少见。甚至在其他地区的迦陵频伽纹瓦当中，也是不常见的。因而，在丝绸之路的文化艺术传播中，逐渐形成了具有敦煌壁画中迦陵频伽造型特点的衍生艺术品。

　　随着丝绸之路的发展，敦煌壁画中迦陵频伽的伎乐图式不断地东传。甚至在韩国保存的迦陵频伽纹瓦当中亦带有敦煌壁画中迦陵频伽的特征。如下图：韩国的这件迦陵频伽纹瓦当的时代是在统一新罗时期。统一新罗

唐代迦陵频伽纹瓦当——复瓣莲花纹装饰，瓦当中心为迦陵频伽形象。

图片来源：北京，生活·读书·新知三联书店，2007 年出版的《韩国文化遗产之旅》，第 325 页。

时代是 668 年—901 年，而此时间段正是唐代。时间的一致性，更加说明在当时丝绸之路的传播中，敦煌壁画中的迦陵频伽这种装饰符号传至韩国。一件小小的建筑构件诉说了唐代丝绸之路的传播历史，也是中外文化艺术交流的缩影。

　　敦煌壁画中迦陵频伽伎乐形象的生成有着一定的因素，不仅来自外来的因素，还包括本土的因素。文本与图像共同建构了敦煌壁画中迦陵频伽伎乐造型的特征。而这一特征在随着丝绸之路上文化与艺术的传播，迦陵频伽的伎乐图式影响了其他的艺术形式。迦陵频伽纹瓦当、金银器中的迦陵频伽图像的生成均与敦煌壁画中迦陵频伽伎乐的图式有着某种联系。敦煌壁画中的迦陵频伽伎乐图式的东传，形成了新的艺术衍生品。这种衍生不是完全照搬，而是有自己的创造，有地域的特点和时代的风尚，在融合的过程中形成一种新型的艺术品种，从而记载着丝绸之路上的历史故事。

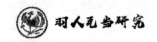

第六节　迦陵频伽与其他类鸟

一、迦陵频伽与共命鸟之间的误读

在一些书籍或是论文中，对于迦陵频伽与共命鸟之间有着一种模糊的认识。甚至在一些图录中，对于迦陵频伽图像的呈现上，有时也会将迦陵频伽与共命鸟混用。这是一个使人迷惑的问题。若要将迦陵频伽的图像梳理清楚，迦陵频伽与共命鸟到底是否是同一个概念需要论述。

迦陵频伽的概念在前文已有陈述，从迦陵频伽文献的记载上看，它是一种美音鸟，或称作妙音鸟。由于声音很好听，佛经中将迦陵频伽的声音视为佛音来看。而共命鸟的概念在佛经中也有记载。共命鸟这一名词出现的频率也较高，常常跟在迦陵频伽的后边，显然佛经想表达的是两种鸟和两个概念。在佛经中，就已经将二者区别开来，否则不会先后出现迦陵频伽、共命鸟两个名词。对于二者的定义，文献云：

> 迦陵频伽，经中或作歌罗频伽，或云加兰伽，或云羯罗频迦，或言毗伽，皆梵音讹转也。迦陵者，好。毗者，声。名好声鸟也。命命，梵言者婆者婆鸟，此言命命鸟是也。❶

且在发出的声音所表达的功用亦有不同，如文献中所述：

> 紧那罗声者，歌音美妙故。迦陵频伽声者，韵清亮故。梵声者，出远去故。命命鸟声者，初得吉祥一切事成故。❷

---

❶　[唐] 释慧琳，[辽] 释希麟. 一切经音义 [M]. 日本元文三年至延亨三年狮谷莲社刻本：(一切经音义卷第十七) 11.

❷　[唐] 释澄观. 大方广佛华严经随疏演义钞 [M]. 大正新修大藏经本：(卷五十一) 26.

迦陵频伽的声音与命命鸟（共命鸟）之间的声音是有区别，各有其特点。迦陵频伽的声音，显得清亮。而共命鸟的声音，则是得吉祥一切事成。从不同的声音的效果和功用来看，二者在佛经中显然是两个概念。那么，在图像上的呈现上，为什么会出现混同的现象。

一方面是人们对迦陵频伽和共命鸟的概念不清晰有关；另一方面是与人们对敦煌壁画中同时出现的人首鸟身的迦陵频伽形象有泛化思想有关。或许还与后代文献的误导有关，明代的彭大翼在《山堂肆考》中曾说，"佛书有共命鸟二首一身，即迦陵频伽鸟也"❶。从文献的时间来讲，明代的文献较唐代的文献晚，唐代的文献更加具有说服力。因此，明代的彭大翼之说不足为信。因为从敦煌壁画中的迦陵频伽图像的出现或者说生成之始，迦陵频伽的图像就与共命鸟的图像并未做区别。并且二者均为人首鸟身，这是使人迷惑之处。如在榆林窟21窟中，刻画出手持弯颈凤首琴的共命鸟；莫高窟172窟中刻画了手持反弹琵琶的共命鸟形象；莫高窟148窟中刻画了手持琵琶的共命鸟形象。在这些共命鸟的形象中；莫高窟172窟中既有迦陵频伽，又有共命鸟的形象。在壁画中，共同出现，难免使人认为二者没有多少区别。视觉上，共命鸟是两个人首，而迦陵频伽只是一人首。如若不从佛经中寻找二者的不同，很难将二者区分开来。

敦煌壁画中，共命鸟与迦陵频伽的比例，以迦陵频伽的数量为最多。迦陵频伽手中所持乐器的种类较共命鸟的乐器更为丰富。共命鸟手持乐器主要是琵琶和弯颈凤首琴。

二、迦陵频伽与金翅鸟之间的误识

探讨迦陵频伽与金翅鸟之间的区别和联系，首先要清楚什么是金翅鸟。"金翅鸟，为旧译名，新译为妙翅鸟、顶瘿鸟，梵语名迦楼罗、迦留罗、揭骆茶、俄罗拿、俄鲁拿、孽噜拿（Garada）等。它原为佛教神话猛禽，龙的天敌，相貌丑陋，鬼面鸟身，呈展翅欲飞状。多见于寺庙里的佛

---

❶　［明］彭大翼. 山堂肆考［M］. 清文渊阁四库全书本：（卷一百四十五释教）15.

像、壁画、神龛（云冈等）顶端中心或两侧区域，是佛的八大天神之一。金翅鸟，生活于大洋北部的一棵参天大树上（佛典亦云住于须弥山下层），以三百六十万里的两翅激浪，劈分水路，冲向龙神（Naga）扑食之，龙神几被灭绝。龙族在存亡攸关的时刻，纷纷皈依佛门。它们既得到了佛祖指派的金刚手菩萨保卫，也得到了佛赐袈裟碎片的护身，并与金翅鸟一样被佛收编，共同列于护法的八部神众。"❶ "迦楼罗，文句此云金翅，翅翮金色，两翅相去三百三十六万里，颈有如意珠，以龙❷为食，肇曰金翅鸟神。"❸ 从名称和宗教对其赋予的概念均与迦陵频伽有不同。那么，对于金翅鸟的图像职能是什么呢？在汪泛舟的《敦煌石窟龙凤与库车石窟蛇金翅鸟图象异源考》一文中，论证了龙凤与蛇和金翅鸟在图像中相互之间对照的联系。汪泛舟认为库车石窟的金翅鸟与蛇是符合华夏民族人们文化接受心理的一种形象，其实它们是与龙和凤相对应存在的。只不过在库车地区是带有西域特色较为明显的地区，在形象创作中还是保留更多西域的特征。金翅鸟与蛇的图式应与印度神话有关，关于迦楼罗的神话，有一个金翅鸟为救母取甘露的故事。在神话故事中，金翅鸟王迦楼罗是一切禽鸟之王。迦楼罗的父亲是迦叶波，他有两位妻子，一个是毗那陀，一个是迦陀楼。一天，迦陀楼许下了要一千个儿子，而且每个儿子都有着同等神光的心愿。毗那陀则许下了只要两个孩子，但是每个都要比迦陀楼的儿子强大的心愿。后来毗那陀的两个儿子之一即是迦楼罗。但因毗那陀一时心急，偷偷看了一眼未发育成熟的头生子，而被受到头生子的诅咒，成为奴隶五百年，只有等着迦楼罗出生后才能使其摆脱奴隶的命运。当然成为奴隶五百年的诅咒是源于毗那陀与迦陀楼之间的一个赌约。果真迦楼罗的母亲做了姐姐的奴隶五百年。五百年后，迦楼罗出生了。见到了他的母亲毗那陀，但是当他得知赌约之后，十分气愤，作为主人的那迦们就告诉他，只有取得因陀罗天宫里的甘露，就可获得自由。因为金翅鸟双翼如火，迅疾

---

❶ 汪泛舟. 敦煌石窟龙凤与库车石窟蛇金翅鸟图象异源考 [J]. 敦煌研究，1996（1）：80.

❷ 参见杨怡爽的《印度神话》一书，龙应为蛇。

❸ [宋] 释法云. 翻译名义集 [M]. 四部丛刊景宋刊本：（翻译名义集二）17.

如思想，它很快的打败了众神后取得了甘露。又因金翅鸟本身直率、高傲的品性，与因陀罗和毗湿奴结下友谊。毗湿奴答应将金翅鸟作为自己的旗徽，高悬起来。并约定当甘露换回母亲的自由后，甘露可随时取走。这样迦楼罗为自己的母亲和自己赢得了自由，而与其打赌的同父异母的那迦们，则因舔食曾经放过甘露的青草，而使舌头变成了两条。也就是现在蛇的样貌。而迦楼罗的后代均以蛇为食。❶ 这也正是为什么金翅鸟与蛇共同出现在同一处的原因，应与这个神话故事有关。那么根据汪泛舟的观点，库车石窟的金翅鸟应具有佛护法的功用。

迦陵频伽图像不仅在敦煌壁画中出现，还在一些工艺品中出现，甚至是在建筑构件上出现。迦陵频伽图像根据所在环境的不同，具有不同的功用，如在敦煌壁画中出现的迦陵频伽则是具有说法的功用。在建筑构件中出现，一方面是与说法有关，另一方面与表示净土道场的含义有关。

因此，迦陵频伽图像与金翅鸟图像在职能方面不同。迦陵频伽与金翅鸟是两种不同概念的鸟。那么，为什么会有误识！原因之一是在艺术创作中，西来的金翅鸟形象在本土化之后，与迦陵频伽的形象比较类似，形成了人们的误读。其实它们在石窟中的位置和搭配的图像可作为二者区分的依据。

"来自希腊神话的颇具特色的犍陀罗雕刻中，一个耐人寻味的题材是宙斯变身为鹫，将美少年身的侍酒俊童叼上天空。作为表现'升天'的图像是再普通不过的，但是犍陀罗对此进行了印度化的解释，表现为金翅鸟叼走了龙女。……特别是金翅鸟的造型，有的使人想起迦楼逻或者天狗的脸，颇为怪异。金翅鸟叼走龙女为主题，在克孜尔石窟顶部壁画上常常出现，点缀在天象图。金翅鸟叼走龙女的题材也出现在菩萨的敷巾冠饰上。福契尔从塔来里发掘出土的有名的菩萨立像上，这一题材就表现在冠饰上，也许是作为菩萨救助众生升往天上世界的象征。"❷

其中，在藏族地区，金翅鸟被奉为崇拜对象。金翅鸟被藏密佛教视为

---

❶　杨怡爽. 印度神话 [M]. 西安：陕西人民出版社，2014：37 - 44.

❷　[日] 宫治昭. 犍陀罗美术寻踪 [M]. 李萍，译. 黄文昆，审读. 北京：人民美术出版社，2005：168.

护法神，其外貌的描绘，如嘴如鹫、头部有第三只眼和角、上身为人形，从甘肃省藏密佛教寺院拉卜楞寺壁画《金翅鸟》中可见。❶ 见下图，藏密

金翅鸟——甘肃省拉卜楞寺寺内壁画。

图片来源：王承昊的《凤鸟与金翅鸟图像造型探析》，2009 年发表在《美苑》第 6 期，第 86 页。

的金翅鸟的功用有几点，其中之一是密宗供养，其二是密宗修持，其三是密宗护法神。❷ 由此可见，藏密中的金翅鸟被赋予了更高的宗教意义。这是金翅鸟与迦陵频伽不同之处。二者在功能意义上是有所区别的，二者在形象的刻画上，也具有自己独特的造型特征。

三、关于凤的种类

凤是中国传说中的一种神鸟，在禽经中对于凤的解释是："子野曰：'鸟之属，三百六十，凤为之长。'故始于此。凤者，羽族之长。"❸ 对于凤的理解，可见它的美好寓意在人们心中产生。"《诗》曰：'凤凰秋秋，其翼若干，其声若箫。有凤有凰，乐帝之心。'此不蔽之福也。"❹ 凤与吉

---

❶ 王承昊. 凤鸟与金翅鸟图像造型探析 [J]. 美苑，2009（6）：86.

❷ 王承昊. 凤鸟与金翅鸟图像造型探析 [J]. 美苑，2009（6）：86 – 87.

❸ [周] 师旷. 师旷禽经 [M]. [晋] 张华，注. 宋百川学海本：1.

❹ [战国] 荀况. 荀子 [M]. [唐] 杨倞，注. 清乾隆抱经堂丛书本：（卷十五）2 – 3.

祥的寓意联系紧密。所以在青铜器、玉器等器物上能够看到凤鸟的图案，在早期人们心中，凤鸟是人们崇拜的神。对于凤鸟形象的刻画，由于地域的不同凤鸟的形象亦不同。并且在历史发展过程中，凤鸟的形象也在改变着。金翅鸟从印度传入中国后，其形象在本土化的过程中，也发生着改变。在唐代的金银器中，大量出现凤鸟的图像和迦陵频伽的图像。那么，需要追问一个问题是凤鸟与迦陵频伽之间的关系。不仅要考虑西来的有翼之鸟形象的种类，同样也需梳理中国本土对于鸟的称谓和分类。首先什么是皇？

1. 皇

提到皇，一定是和凤联系起来读，称之为凤皇或凤凰。"在古代典籍中，凤皇这个词，最初是和舜同时出现的。与黄河下游东夷族祖先神少皞相关联的，传达天帝旨意的神鸟称为'凤鸟'而不是'凤皇'。最先记载舜和凤皇的是《尚书·益稷》。篇中描叙了舜举行隆重的庙堂之祭，钟、磬、琴、瑟、笙、鼓等乐器，配合排箫演奏了《韶》乐，出现了'鸟兽跄跄''百兽率舞'的热烈场面。而当乐曲反覆演奏到第九遍，凤皇便来到了，这便是篇中所说的'《萧韶》九成，凤皇来仪'。"❶ 因此，凤皇的出现源于原始乐舞，与先民披戴羽毛和面具演绎舞蹈有关系。"在舜之前原本称为凤鸟，到了有关舜的记载中改称为凤皇，可见'皇'和舜有着特别的关系。舜的部族称为有虞氏，《礼记·王制》说：'有虞氏皇而祭。'郑玄注：'皇，冕属，画羽饰焉。'《释文》：'𦐇音皇，本又作皇。'可见《经典释文》本《礼记》作'有虞氏𦐇而祭'。𦐇是皇的俗体，《说文解字》解释说：'从羽，王声，读若皇。'从皇、𦐇为一字，可知郑玄把皇的本义理解为画羽饰的冕是有来由的。郭沫若补充道：'我意画羽饰之冕亦是后起之事，古人当即插羽于头上而谓之皇。原始民族之酋长头饰亦多如此，故于此可得皇字之初义，即是有羽饰的王冠'，'皇字的本义原为插有五彩羽的王冠'。"❷ 那么，皇的形象应与戴着羽冠的面貌有关，例如浙江余杭出土的良渚文化玉器上的神灵徽章，头部刻画的便是装饰有羽翼的神灵。

---

❶ 王维堤. 龙凤文化 ［M］. 上海：上海古籍出版社，2000：82.

❷ 王维堤. 龙凤文化 ［M］. 上海：上海古籍出版社，2000：83.

另外在大汶口文化遗址出土的礼器大型陶尊上发现的各种符号与羽冠十分近似，浙江余姚河姆渡遗址出土的陶片上的图纹与羽冠的纹样类似，诸如此类的图像说明了与皇有关的图像更多指的是头部装饰羽冠的一种形象。

> 《山海经》云："丹穴之山有鸟焉，其状如鸡，五彩而文，曰
> 凤鸟。是鸟也，饮食则自歌自舞，见则天下大康宁。"上言鸾皇，
> 鸾，凤皇之佐，而皇，雌凤也。❶

皇不仅是头冠有羽毛，更在文献中表述其为雌鸟，凤和皇是一雄一雌的两种鸟，但有时将凤和皇合称鸟。不过对于凤，皇是雌鸟，二者有着不同。

2. 鹏

《庄子·逍遥游》中曾云："北冥有鱼，其名为鲲。鲲之大，不知其几千里也；化而为鸟，其名为鹏。鹏之背，不知其几千里也；怒而飞，其翼若垂天之云。是鸟也，海运则将徙于南冥。南冥者，天池也。《齐谐》者，志怪者也。《谐》之言曰：'鹏之徙于南冥也，水击三千里，搏扶摇而上者九万里。'"❷

鹏被记载在庄子的逍遥游中，因而人们对鹏的认识来自文献对于它的描绘。那么鹏是一种很大的鸟，可以水击三千里，扶摇而上九万里。其实鹏就是凤。且杜甫在其《赠虞十五司马》诗中曰："伫鸣南岳凤，欲化北溟鲲。"❸诗中写下了凤可以化作鲲。而鹏是由鲲变的，凤与鹏便有着一定的联系。

3. 朱鸟

朱鸟又被称为朱雀，它和青龙、白虎、玄武构成一种方位的概念。朱

---

❶ [汉] 王逸，章句. 楚辞 [M]. [宋] 洪兴组，补注. 四部丛刊景明翻宋本：（卷一离骚经章句第一离骚）30.

❷ [战国] 庄周. 南华真经 [M]. [晋] 郭象，注. [唐] 陆德明，音义. 四部丛刊景明世德堂刊本：（南华真经卷第一）1-2.

❸ 王维堤. 龙凤文化 [M]. 上海：上海古籍出版社，2000：92.

鸟是二十八宿中南方七宿的总名。作为方位的概念，朱雀常常在墓室中出现。带有引导的功用，引导墓主人灵魂之用意。朱鸟与凤皇在特征上有近似之处，朱鸟也是"五彩文"，从"东汉魏伯阳《周易参同契》的描写看，朱鸟也是'彩五色'的：'朱雀翱翔戏兮，飞扬色五彩；遭遇罗网施兮，压之不得举'"❶。当然，二者有着近似之处，不过一些文献中还是认为凤皇与朱鸟分别是两种不同的神鸟。如在"东晋陆翙《邺中记》记载当时邺都锦的纹样多彩多姿时说：'锦有蒲桃文锦……凤皇朱雀锦、韬文锦、核桃文锦。'凤皇、朱雀并列，当是视作不同的两种神鸟。《隋书·音乐志中》记'食至御前奏食举乐辞'之三，有'兴云气，飞龙苍；麟一角，凤五光。朱雀降，黄玉表；九尾驯，三足扰'等语，也把'凤'和'朱雀'当成不同的两种神鸟分别加以述说"❷。因此，凤皇与朱雀之间有着某种近似之处，但是二者之间对于产生的原因以及在建筑或者其他的装饰物中的功用是不同的。朱鸟的方位概念是其区别凤皇的重要因素，因而在理解它们的特定含义应该有所区别。

其他与凤鸟有关的鸟，还有鹓雏和鸾鸟等类鸟。鹓雏是一种传说的神鸟，它属于南方的一种鸟类。正如"《山海经·南山经》中说道：'南禺之山，……有凤皇、鹓雏。'郭璞注：'亦凤属'。"❸ 鹓雏即是凤之属神鸟，它所代表的是贤士或是才华杰出的人。鹓雏有时被认为祥瑞之鸟。常常将建筑的名字中加入鹓字，如汉代有鹓鸾殿。在南朝时期，鹓雏一词隐喻朝中文官。❹ 总之，鹓雏是与凤有联系的一种鸟，它象征有才能的人和文人。同样是凤之属的另一种鸟。对于鸾鸟外形和颜色，有着争论，是赤色的，还是青色的。许慎在《说文解字》中认为是赤色，五彩，鸡形。而早于许慎的蔡衡却说，凤多赤色，而鸾多青色。❺ 不论鸾到底是赤色还是青色，鸾在古代人的心目中，它是祥瑞的象征。"鸾和凤一样，其第一意义是瑞

---

❶　王维堤. 龙凤文化［M］. 上海：上海古籍出版社，2000：98.

❷　王维堤. 龙凤文化［M］. 上海：上海古籍出版社，2000：99.

❸　王维堤. 龙凤文化［M］. 上海：上海古籍出版社，2000：100.

❹　王维堤. 龙凤文化［M］. 上海：上海古籍出版社，2000：107.

❺　王维堤. 龙凤文化［M］. 上海：上海古籍出版社，2000：108、109.

鸟。郭璞《山海经图赞》所谓'鸾翔女床,凤出丹穴;拊翼相和,以应圣哲',鸾凤出现是世有圣哲的瑞应。"[1]

皇鹏、朱鸟、鹓雏和鸾鸟均与凤鸟相关。那么与凤鸟有关的艺术品有哪些呢?

四、与凤鸟有关的艺术品

陕西历史博物馆藏有一件鎏金翼鹿凤鸟纹银盒,见下图。在盒盖的上面錾刻一只双翼平角杜鹿,鹿的口中叼着绶带。在杜鹿的周围是一圈连心结,另外在外圈饰有由八朵莲叶忍冬组成的石榴花结。而在鎏金盒底的中

鎏金翼鹿凤鸟纹银盒——鎏金盒底的中心刻画一只口中衔着绶带的凤鸟。

图片来源:北京,文物出版社,2003 年出版的《花舞大唐春:何家村遗宝精粹》,第 132 页。

心刻画一只口中衔着绶带的凤鸟,外圈装饰连心结和八朵忍冬纹花结,在盒子的边缘一周装饰着流云和飞鸟所组成的二方连续图案。从盒盖装饰的双翼杜鹿来看,这是唐代金银器中的幻想纹样,它代表了唐代对于双翼特征动物的喜好。唐代视之为祥瑞的装饰纹样。[2] 因为鹿的谐音是"禄",而凤鸟则是一种神鸟,见者天下安宁。

关于以凤鸟为主题的金银器,在陕西历史博物馆还收藏着一件鎏金凤鸟纹六曲银盘。银盘的边缘呈现 6 个明显的葵花瓣,平底的中心錾刻一只侧身回首展翅欲飞的凤鸟纹,见下图。鎏金的凤鸟与银盘的色彩形成了鲜明的对比。由于银盘的器型属于浅腹,鎏金的凤鸟更显得展翅欲飞之势。

❶ 王维堤. 龙凤文化 [M]. 上海:上海古籍出版社,2000:114.

❷ 陕西历史博物馆,等. 花舞大唐春:何家村遗宝精粹 [M]. 北京:文物出版社,2003:130.

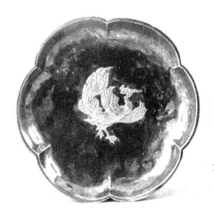

鎏金凤鸟纹六曲银盘——中心錾刻一只侧身回首展翅欲飞的凤鸟纹。

图片来源：北京，文物出版社，2003年出版的《花舞大唐春：何家村遗宝精粹》，第141页。

凤鸟头部回望的姿势与身体羽翼构成夹角，也与凤尾形成呼应，右腿稍稍抬起，也为欲飞提供了想象的空间。翅膀向上抬起呈"V"形，羽毛刻画极其工细。在其"腹部以阴线和8个短并行线'Ⅱ'錾刻出羽毛状，双翅亦用阴线錾刻出三层羽毛，尾部由前中后三层羽毛组成，其中前部有7绺羽毛，最上一绺最短且往背部回勾，后部可见3绺，二者之间由8绺长羽构成尾巴上翘高过头部，这一部分又可分成若干层次，表现出一种向前上方的力度。"❶沈睿文认为此件器物的造型以及在盘的中心装饰动物纹样手法与萨珊、粟特银器的风格相似。属于公元7世纪后半叶到公元8世纪初这段时期的器物。

商代的青铜器上刻画着凤鸟的图案，图案的特点大多倾向鸟嘴尖尖，如鹰嘴。头部有冠，尾部向上翘起，眼睛圆圆的十分醒目。无论图式怎么进行着装饰性的变形，这些特点均是凤鸟图案的主要特征。不过也不排除一些特例，如在鸟的头部没有刻画出头冠的，还有些尾部的刻画是向下走势。图式的特征有时是根据具体的构图来造型。如在商代的玉器中，凤的造型变化较多，有时刻画出瘦长的身形，可立可卧可弯曲的各种姿势。直至西周时期的凤鸟造型，青铜器上表现出了更加概括的抽象的凤鸟形象。此时的凤鸟形象好似抽象的书法符号，装饰在青铜器上。但是凤鸟之前的几个常见的特点还是保留了下来，仅仅是在视觉上更加概括。战国时期的凤纹图样主要出现在漆器、玉器、刺绣和服饰上。其特点是身体拉长，显

---

❶　陕西历史博物馆，等. 花舞大唐春：何家村遗宝精粹［M］. 北京：文物出版社，2003：140.

得整体纤细。尾部特征中增加了散开的花卉状。羽尾以"S"形的构图较多，注重曲线的美。汉代的凤鸟纹饰主要在瓦当、壁面、画像石或画像砖等器物上。此时的凤鸟纹饰的特点较为写实，在凤鸟的嘴部明显刻画出含丹的形象，在一些瓦当上刻画的凤鸟眼睛逐渐变扁小，写实的特点与简练概括的特点同时存在于这个时期。在众多的凤鸟纹中，头部和羽尾各用三根上下呼应的卷尾装饰，与大块面的身体形成对比。❶ 当然在汉代漆器、铜器和玉器中也刻画着凤鸟的图案，但较瓦当和汉画像石上的凤鸟形象更为丰富。魏晋南北朝时期的凤纹主要刻画在花纹砖、石刻、壁画、漆器和铜镜上等处。凤鸟的姿势以站立为主，身形较为舒展。北魏时期的凤鸟刻画出了凌风飞舞的状态。到了隋唐时期，凤鸟纹饰凸显了大唐盛世的姿态，凤鸟不仅和莲花纹同时刻画，还表现出凤鸟单腿站立于莲花座上。舒展翅膀和尾羽，展现了优雅的凤鸟纹饰特点。或回望或踱步或展翅欲飞，昂首阔步是此时凤鸟的一大特点。当然在此时的凤鸟纹饰中，人们经常将凤鸟纹与迦陵频伽纹饰放置在一起，不知是否是对于迦陵频伽概念的模糊，还是凤鸟与迦陵频伽之间有着某种联系，至少在一些壁画或金银器的图式中，凤鸟和迦陵频伽二者的图像常常刻画于其上。唐代的凤鸟形象还出现在壶器中，形成了我们看到的凤首壶。无论是在这些壁画上还是金银器或是壶具中，凤鸟纹一直被人们传承沿用着。隋唐时期的凤鸟纹大多出现在铜镜、壁画、瓷器和金银器等工艺品中。宋元时期的凤纹，其特点为头部和嘴巴变小，尾部变长。眼睛变得细长，有时造型特点还延续了唐代凤鸟站在莲花座上的造型特点。图案出现在瓷器、建筑彩画、壁画、铜镜和丝织品等处。明清时期的凤鸟纹，常常与美好寓意的纹饰一起装饰在瓷器、织锦等器物上，来表达吉祥的寓意。在造型特点上，凤鸟的眼睛呈现出细长的丹凤眼，以及云纹冠和锯齿状眼斑纹长尾。❷ 从凤鸟纹饰的历史发展特点来看，倾向写实的时期集中在汉代和隋唐以及之后的一段时间。正是在汉代和唐代，凤鸟纹体现了它特有的一些特点。为研究迦陵频伽图式提供了一些线索。

---

❶ 郑军. 中国历代凤纹纹饰艺术［M］. 北京：人民美术出版社，2004：37.

❷ 郑军. 中国历代凤纹纹饰艺术［M］. 北京：人民美术出版社，2004：177.

根据历史的发展特点，凤鸟纹一直都是华夏民族独有的符号。在图式的传承上不断地延续着，在延续中改变着自身的细节造型。当然，历史中对于凤鸟主题的运用甚是丰富，有古老的神话和历史文化背景。因此，对于图式的传承与研究，凤鸟纹饰是一个值得重视的视觉文化符号。

五、迦陵频伽与飞天

迦陵频伽与飞天之间的关系，也是需要讨论的问题。因为飞天在石窟壁画中有数量众多的造像或者图像。而有时其形象又与迦陵频伽形象类似，或同时出现。那么，在辨识过程中，会引起观看者的误识。其实飞天在印度早已有之，而中国飞天的源头可追溯至印度。"据佛经载，飞天是'乾达婆'和'紧那罗'二神的衍变。乾达婆，梵文 Gandharva 的音译，出自印度神话，为婆罗门教崇拜的群神之一。据说其形状丑陋、多毛、鬈发、半人半兽、执武器，住天上或空中守护苏摩。另一说法，谓其为丰采之美男子，常飞游于菩提树下，云霄彩雾之间，歌舞散花，因之，称其为'香音神''寻香''香神''音乐之神'。《大智度论》卷十说：'乾达婆是诸天伎人，随逐诸天，为诸天作乐。'"❶ 如果说紧那罗是飞天的衍变原型之一，那么紧那罗的有翼之形是飞天借鉴的因素之一。因为在两晋时期，飞天的特点是半裸体，有翼，表现较为开放，有裸体相互拥抱的姿势。到了南北朝时期，飞天上身裸露，翅膀已经消失。以身上披着飘带取而代之。下身着裙，赤足，带有头光，圆面深目，体态粗壮。隋唐时期的飞天，其特点已经不再刻画头光，姿态飘逸体现了体态婀娜的东方美。至唐末、五代时期的飞天，则展现了体型粗壮的飞天，面部妖娆的女性特征。❷ 在时代的发展演变中，飞天初期的造型是有翅膀的形象，乾达婆的外形没有双翼，❸ 而双翼的形象应是来自于紧那罗造型的特征，这也是二

---

❶　郑汝中. 敦煌壁画乐舞研究［M］. 兰州：甘肃教育出版社，2002：160.

❷　郑汝中. 敦煌壁画乐舞研究［M］. 兰州：甘肃教育出版社，2002：176.

❸　郑汝中在《敦煌壁画乐舞研究》中认为乾达婆为天龙八部之一，虽然有很多的描述，但从未见有双翼的记载。参见：郑汝中. 敦煌壁画乐舞研究［M］. 兰州：甘肃教育出版社，2002：45.

者衍变的视觉构成因素。不过随着不断地融合中，飞天的形象已经被工匠改造成新的外貌。由男性转变为女性，由刚硬的线条转变为柔美的线条。这些都是在丝绸之路上相互回传的过程中，实现了形象的改变。在变革中，飞天的伎乐形象对于迦陵频伽的形象也产生了影响。这就是二者容易混淆的原因。当然只是在视觉造型的形成风格上有着某种联系，其实质还是不同的两个概念。

第七节　陕西地区的迦陵频伽图像及引申问题

在唐代，陕西地区的迦陵频伽图像较为盛行，这与当时的佛教发展有关。在陕西的法门寺中保存的诸尊说法曼荼罗宝函顶面的图像为迦陵频伽捧金轮的造型。头带背光的迦陵频伽手捧器物或做双手合十站立在莲花座上。身旁两边的羽翼向上打开呈现"V"字形，见下图。此宝函共有4身

迦陵频伽——诸尊说法曼荼罗宝函的顶面图像为迦陵频伽捧金轮的造型。

图片来源：张东芳拍摄，拍摄于陕西法门寺，2017年10月。

陵频伽的形象，装饰在宝函的顶部。在这件宝函立面的一面是释迦牟尼说法曼荼罗，而后面则是大日说法曼荼罗。左侧面则是文殊说法曼荼罗，右侧面是普贤说法曼荼罗。那么，迦陵频伽在此处的功用即是与说法有关。

法门寺的另一件装饰有迦陵频伽图案的器物是鎏金迦陵频伽鸟纹壶门座银棺。在银棺的侧面刻画着两身迦陵频伽鸟的形象。前方的迦陵频伽鸟回望后方的迦陵频伽鸟，神态生动，见下图。两身迦陵频伽鸟双手呈合十

迦陵频伽——在银棺的侧面刻
画着两身迦陵频伽鸟的形象。

图片来源：张东芳拍摄，拍摄
于陕西法门寺，2017 年 10 月。

状。身旁的两翼皆呈现"V"字形。尾部羽翼层次丰富。两身迦陵频伽鸟
的左脚均抬起，其动作在做向前行进状。头部刻画的较为特别，是在其他
迦陵频伽鸟头部特征中不常见的样貌。

唐代长安的荐福寺中有一处碑刻上刻画了两身迦陵频伽像，见下图。

迦陵频伽——唐代长安的荐福
寺中有一处碑刻上刻画了两身迦陵
频伽像。

图片来源：张东芳拍摄，拍摄
于西安小雁塔，2017 年 10 月。

被称之为小雁塔北门楣唐代礼佛伎乐线刻画。此处迦陵频伽形象与飞天的
造型特征较为接近，或许与迦陵频伽的飞翔姿势有关。面部呈现女性特
征，羽翼的刻画和头饰的描绘方面，与敦煌壁画中迦陵频伽的造型特征接
近。此件应是敦煌壁画中迦陵频伽形象影响下的衍生图像。此件碑刻中迦
陵频伽手部描绘的并不精细，显然手部与手中所持之果实已经融为一体。
当然在装饰上呈现出对称美，画面中刻画了两身迦陵频伽，但是在细节的
刻画上，腿部特征还是有许多的不同。不过从头部特征来看，工匠对于迦
陵频伽形象的刻画显然已经十分成熟。艺术特征总体来讲，造型灵动，风
动之势浮与碑刻之上。

在碑上雕刻迦陵频伽还有很多的实物。在 1951 年西安市东郊路中兴路
窑厂出土的唐代碑首上，同样雕刻出一对迦陵频伽的形象，见下图。两身

迦陵频伽——1951 年西安市东郊中兴路窑场出土的唐代碑首上，雕刻着一对迦陵频伽的形象。

图片来源：张东芳拍摄于西安碑林，2016 年 7 月。

迦陵频伽的头部为女性，头戴宝冠，左手托举、上部凸起并装饰在碑首其间。这两身迦陵频伽在此处的装饰功能更强些。而迦陵频伽作为符号来看的话，碑首雕刻出迦陵频伽的意义则是加强了宗教的意义。头冠、璎珞、手中所持之物等特征，是佛教中对菩萨的刻画——投射在迦陵频伽的形象塑造中。羽翼的刻画显然具有立体感，已然不同于早期对于羽人羽翼的刻画。

在陕西的法门寺里还有一件迦陵频伽装饰图案的钵盂，也是一件金银器，在上文已经讲到过。在唐代的金银器中，大量存在着迦陵频伽的图式，或者说为什么迦陵频伽的图案出现在金银器上。这与唐代的金银器艺术品的发展多有联系，但也反映了工匠将迦陵频伽的图式移至金银器的装饰中，从而形成了大量迦陵频伽图案可以被今天的人们看到。

一、唐代的金银器在丝绸之路中的传播意义

唐代金银器丰富且种类众多，在诸类金银器中还是能够发现迦陵频伽金银器的身影。这些金银器的出现展现了丝绸之路上金银器所起到的传播意义，也是唐代金银器工艺发展的展现。

丝绸之路上金银器的交流之一，在于西方金银器的输入。"中亚西亚上层流行使用的金银器皿和装饰品，也在黄河流域有所发现，540—576 年赞皇李希宗夫妇墓出土了锤鍱出水波莲花纹样的银碗和镶嵌青金石的金戒指都是西方的输入品。"❶ 西方输入的这些工艺品，对本土的工艺有重要的影响，金银器的造型和图案的制作手法对于本土瓷器的制作有一定的影

---

❶ 宿白. 考古发现与中西文化交流［M］. 北京：文物出版社，2012：61.

响。"西亚、中亚金银器的纹饰喜欢用锤鍱的技法，使纹饰凸凹清晰，有立体感。这种新技法当时对中原影响很大。当时不少烧制瓷器的工匠，把它移植到瓷器上去，……胡腾扁壶上的图案就是仿造金属器上的锤鍱技法制作出来的。"❶ 那么在唐代之前，金银器的影响即已开始。制作技法在丝绸之路上的传播过程中，得以传播和发展，这也是丝绸之路对于工艺发展的影响。而至唐代，中原瓷器对于这些外来传入的纹样和制作技法均有了更多的扩展，比如鸡首壶的造型和手柄处的处理。鸡首壶也在唐代完成了一定造型上的转变，唐代更多的凤首壶和鹰首壶逐渐代替了鸡首壶，成为人们主要制作的工艺品。

在唐代的金银器中，迦陵频伽图像装饰于其上应该与当时贵族或者皇家的喜好有关。并且对于迦陵频伽纹样的应用有其一定的含义。正如在唐代的金银器中不断地使用凤鸟纹的图案。"凤鸟自古为吉祥之鸟，《说文·鸟部》：'凤，神鸟也。……见者天下安宁。'唐代凤鸟以行走状或站立状为主，体态丰满，神情自然，或双足立地或一足站立，一足弯曲，尾羽翻卷而翘过头顶，常常被处理成缠枝形或花瓣形，左右两翼舒展自如。"❷ 而迦陵频伽的纹样在装饰中也在表达着一种寓意。这是唐代金银器中迦陵频伽所起到的功用意义。

二、迦陵频伽纹瓦当的寓意与隐喻

隋代石刻中凤鸟的形象、唐代铜镜中的凤纹、唐代石刻中的凤纹、唐代壁画中的凤纹、唐代刺绣中的凤纹等，均表现出这个时期凤纹图像的艺术特征。此时的凤纹饰突出的艺术特征是凤鸟双腿表现明确。且在一些纹样中对凤的腿部描绘出单腿站立，另一只腿抬起，欲做飞翔状。在铜镜中，凤鸟脚踏莲花的纹样也可见，足以看出当时对凤鸟的描绘，大致均对腿部描绘突出，有些腿部的长度拉长，凤鸟昂首挺胸站立，在一些金银器中可见到类似的纹样。因此，凤鸟的装饰特征中不仅有凤鸟

---

❶ 宿白. 考古发现与中西文化交流［M］. 北京：文物出版社，2012：62.

❷ 陕西历史博物馆，等. 花舞大唐春：何家村遗宝精粹［M］. 北京：文物出版社，2003：130.

图式本身，还有莲花、长长的腿部、展翅欲飞的姿态，展现了唐代自信的气象。

唐代的凤鸟纹与迦陵频伽纹饰有着某些相似之处，在装饰纹样中，二者有一定的联系。凤鸟纹饰有吉祥的含义，而迦陵频伽纹饰作为建筑中的装饰，它的含义也被赋予吉祥的寓意。如在《营造法式》中所绘的两幅迦陵频伽装饰图，一个迦陵频伽的双手托举有"藿香草"；另一个迦陵频伽托举的是"香茅"。❶"香茅，梵语名姑奢、俱舍，印度自古以来就将它视为吉祥草。如《大日经疏》卷十九载：西方持诵者，多用吉祥为籍也。此有多利益，一者以如来成道时所坐故，一切世间以为吉祥，故持诵者籍之，障不生也。又诸毒虫等，若敷此者皆不得至其所也。"❷ 而"藿香草，佛教典籍又作多摩罗跋香、兜娄婆香、钵怛罗香等，是佛诞日浴佛所用的三种重要香药之一。"❸ 从迦陵频伽手中所持之神草来看，吉祥的寓意已经隐含在其中。吕变庭在其文中认为此类"神草"的寓意是灵魂的圣洁与纯净。并且他认为《营造法式》所绘的迦陵频伽拖曳着长长的凤尾，凤尾的浪花状或卷草纹，象征着锦上添花、前程辉煌。又如梁思成《营造法式注释》本所绘嫔伽双手托举"神草"和"葫芦"。吕变庭认为嫔伽双手托举"神草"和"葫芦"寓意福禄大吉。由此可知，在建筑装饰纹样中，迦陵频伽的寓意含有祥瑞的意义。

其实，祥瑞的寓意也是表达了建筑装饰中的一种隐喻。"建筑的隐喻是指人通过建筑本身所显示的人的精神或心理、情感态度或某种认知关系。"❹ 而迦陵频伽纹瓦当也是建筑中的一部分，它在建筑中也成为建筑隐喻的表达部分之一，完成整个建筑隐喻的显现。瓦当中的迦陵频伽是一种图式，图式本身暗含了一种隐喻。这一隐喻是引起高度紧张感的形

---

❶ 吕变庭. 营造法式：五彩遍装祥瑞意象研究［M］. 北京：中国社会科学出版社，2011：256.

❷ 吕变庭. 营造法式：五彩遍装祥瑞意象研究［M］. 北京：中国社会科学出版社，2011：256.

❸ 吕变庭. 营造法式：五彩遍装祥瑞意象研究［M］. 北京：中国社会科学出版社，2011：256.

❹ 王立山. 建筑艺术的隐喻［M］. 广州：广东人民出版社，1998：1.

式，一种图式的隐喻通过明确的图式来传达它的功用意义，这是宗教建筑中建筑装饰物所要起到的基本作用。那么"宗教性建筑给宗教仪式提供了隐喻性场所，与仪式本身和宗教经典一样，对人类宗教思想观念和文化传统起着巨大的凝固作用"❶。正如迦陵频伽是一个仪式符号，迦陵频伽形象的处理在圆形空间中，视觉已经被图式中的双手合十或手持乐器的形象吸引。迦陵频伽手中持有器物的形象或双手合十的形象是一种宗教仪式符号。瓦当与佛教建筑之间是局部与整体之间的相互呼应的关系，也是通过局部的符号来传达整体建筑的隐喻。当然这种隐喻的体会来自前人们的经验。如在敦煌壁画中出现的迦陵频伽形象，唐代之后的工匠对于此类形象的模仿，也成为后来建筑中迦陵频伽纹瓦当出现的一个视觉经验。

　　如下图中的迦陵频伽纹瓦当的主体形象双手合十，背部两边的线条简洁生动，隐喻了有翼人的翅膀和展翅飞翔的状态，也隐喻了与宗教有关的含义，通过双手合十的姿势来传达，见下图。

迦陵频伽纹瓦当——圆瓦当，瓦面主体形象为双手合十，飞翔状，未刻画鸟腿。

图片来源：张东芳拍摄，于西安秦砖汉瓦博物馆，2015 年 4 月。

　　又如这件瓦当，瓦当的面部为犍陀罗佛像的特征，而身子是飞翔状，两边绸带飞动飘举，头部特点符合犍陀罗佛像的造型特征，而身体却是鸟身，见下图。这是一种结合，有时结合的不是很自然，但是却展现了丝绸之路上犍陀罗艺术被本土化的过程。面部特征展现了时代的一种风尚，这一风尚是对犍陀罗艺术的继承和传播。

---

❶　王立山. 建筑艺术的隐喻［M］. 广州：广东人民出版社，1998：102.

迦陵频伽纹瓦当——绿釉圆瓦当，有残损，瓦面主体形象为迦陵频伽的形象。

图片来源：张东芳拍摄，于西安秦砖汉瓦博物馆，2015 年 4 月。

第八节　西域的装饰盘、北魏莲花化生瓦当与迦陵频伽纹瓦当

一、从北魏莲花化生瓦当到迦陵频伽纹瓦当

北魏莲花化生瓦当是佛教瓦当中一个类型，常常出现在佛教的建筑中。莲花化生图像与净土信仰有关，这与迦陵频伽图像相似。"目前在内蒙古托克托县云中古城、山西省大同市及河南省洛阳市三处北魏遗址中均有发现"。❶ 那么，莲花化生瓦当出现在内蒙古托克托县云中古城的意义就较为重要。因为在此地同样出土了迦陵频伽纹瓦当，不能不说是一种巧合，但是这种巧合也证明了在云中古城，佛教瓦当有一个连续的传承。同为佛教类型的瓦当之间，迦陵频伽图像与莲花化生图像之间有着怎样的关系。这是另外一个值得探讨的问题，它依然是在讨论迦陵频伽纹瓦当图像的生成问题。

首先要了解莲花化生瓦当的特点，根据王秀玲的《北魏莲花化生瓦当研究》一文中的陈述，可知在托克托县云中古城中的几件瓦当是早期的例证，而中期的大多为大同出土，共计 17 件。而晚期的莲花化生瓦当则出土

---

❶ 王秀玲. 北魏莲花化生瓦当研究 [J]. 文物世界，2009（2）：32.

于洛阳永宁寺遗址。早期的莲花化生瓦当的特点如："当面中心主题图案为高浮雕式半身佛像；长耳垂肩，颈下佩有项圈，双手上举贴近肩部且手执'华绳'；佛像外围（头部除外）有一周凸弦纹，凸弦纹外有两层'三角形'的莲瓣纹，边轮上有一周联珠纹。"❶

中期的莲花化生瓦当的特点如："当面童子大腹圆鼓，造型丰硕，双手上抬捧一净瓶，童子外围有一周莲花纹。当面灰黑色，经磨光处理。"❷

晚期的莲花化生瓦当的特点如："当面中心主题图案为一双手合十的化生童子，头部发式不清，肩上帔帛于前臂下穿过并斜垂于腹部两侧，化生童子外饰有一周莲瓣纹。"❸

内蒙古托克托县云中古城出土的莲花化生瓦当，更加的古拙，童子形象浑圆，双手抓举位于胸前的华绳，瓦当一周装饰有联珠纹。这种抓举华绳的图像，不知与始于公元前 3 世纪以来的古希腊美术"扛花环的童子"之间有着怎样的关系。这一题材在罗马帝政时期得到迅速的传播。罗马时代表现的"扛花环的童子"主题，花环是在童子头部上方，是被悬挂着的。而犍陀罗佛教美术中关于"扛花环的童子"的主题则表现出花环的波浪状，并且花环是置于童子的肩上。如下图：而犍陀罗佛教美术中，这一

扛花环的童子——拉合尔博物馆藏。

　　图片来源：北京，人民美术出版社，2006 年出版的《犍陀罗美术寻踪》，第 46 页。

题材所装饰的位置常常被雕刻在窣堵波的基座，或是圆柱塔身中部以及阶梯的侧面。"在犍陀罗，把'扛花环的童子'置于窣堵波上，将佛陀的永恒世界以乐园图像来加以修饰，穿插裸体童子，常常还有葡萄卷草、禽鸟等图像加入组合，而成为丰饶乐园和再生的最好象征。"❹ 在平城出现的莲

---

❶　王秀玲. 北魏莲花化生瓦当研究［J］. 文物世界，2009（2）：32.

❷　王秀玲. 北魏莲花化生瓦当研究［J］. 文物世界，2009（2）：33.

❸　王秀玲. 北魏莲花化生瓦当研究［J］. 文物世界，2009（2）：34.

❹　宫治昭. 犍陀罗美术寻踪［M］. 李萍，译. 黄文昆，审读. 北京：人民美术出版社，2005：47.

花化生瓦当的童子手上刻画有净瓶，有的童子臂关节处有一帔帛，有的童子大臂上装饰有臂钏。此时莲花化生瓦当的主体形象的变化增多。也是这个时期的特点之处。而晚期在洛阳出土的莲花化生瓦当的特点则是出现了双手合十的特点。当然在云冈石窟中也出土过双手合十的莲花化生瓦当，"同样在云冈第五窟进门门洞顶部两棵菩提树之间有五朵莲花化生图案，化生童子均双手合十"。❶ 因此，在平城地区出土的双手合十的莲花化生瓦当应该与洛阳地区出土的化生瓦当相差的时间不远。这也说明双手合十的莲花化生图像在中国有一个传播、融合的过程。因为在莲花化生瓦当产生的源头来自于西域，"公元 1 世纪末 2 世纪初的古印度贾拉拉巴德迦腻色迦王金币正面已出现了与云中古城莲花化生瓦当较为相似的图案，以后在西域地区长期流行与大同莲花化生瓦当较为接近的图案，但在西域地区一直都没有出现莲花化生瓦当"❷。随着莲花化生图案的传播，本土的莲花化生图案也在不断地改变着，而在迦陵频伽纹瓦当中心主体形象的刻画上也曾有双手合十的形象。从平城到洛阳，双手合十的化生图式传播至中原。

　　化生图像在云冈石窟中，也有不同的变化。如"在云冈石窟第 12 窟前室西壁上层的三个佛龛的龛楣中心部位均有表现手持花绳并置身于莲花中的化生童子形象，在他们的两侧都刻有手持花绳的飞天的场景，似乎在迎接、庆贺和礼赞童子的出现。……如第 6 窟中心塔柱龛楣边缘上的持花绳的化生图像，童子双手持花绳而下半身隐于莲花之中并与花绳之间的紧那罗（飞天）形象相伴随，显示了置于天国中的意境。"❸ 在云冈石窟中，化生图像的主体形象在改变着，它对迦陵频伽纹瓦当的图式的生成或许也具有一定的影响。或者说在能够同时出现的图式之间有着一定的影响。

　　迦陵频伽纹瓦当中同样刻画出双手合十的形象。双手合十的迦陵频伽

❶　王秀玲. 北魏莲花化生瓦当研究 [J]. 文物世界, 2009（2）: 35.
❷　王秀玲. 北魏莲花化生瓦当研究 [J]. 文物世界, 2009（2）: 34.
❸　翁剑青. 佛教艺术东渐中若干题材的图像学研究（3）[J]. 雕塑, 2011（2）: 36.

纹瓦当在云中古城出土，说明该地区的瓦当的发展具有悠久的历史。不仅出土了北魏时期的莲花化生瓦当，还出土了唐代的迦陵频伽纹瓦当。并且迦陵频伽纹瓦当的造型特征同样是做出双手合十的姿势，但面部特征又有着西域人物的面部特征。由此可见，该地区丝绸之路上的文化交流与传播有着悠久的历史且具有繁荣的景象。

双手合十不仅是本土瓦当发展到一定时期的产物，早在公元 1 世纪左右，在阿富汗地区就出现了双手合十的人首鱼身的陶罐工艺品。这件陶罐中的人首是位女性形象，面部清秀，嘴巴微张，好似在诉说着什么，与其双手合十的姿势共同构建了一种神秘的仪式感。仅仅对双手合十的这个姿势的符号化传播，也说明了在丝绸之路的来往中，艺术形象的交流和模仿，甚至是对一种艺术形式的再创作。

《问陶之旅——古陶文明博物馆藏品掇英》一书中收录的一件迦陵频伽纹瓦当，瓦当的主体形象即为一个双手合十的人首鸟身的形象。但是此件瓦当的人首鸟身形象并未刻画出腿部的特征。而是刻画成半身的飞翔状。好似下半身隐藏在主体形象的背后。这一形象就好似莲花化生瓦当中的主体形象。不同的是莲花化生瓦当并不是鸟身形象，而是半身的童子形象，四周是一圈莲瓣纹。而半身的迦陵频伽纹瓦当中，形象则是在被包围在羽翼的装饰纹样中。在形象的刻画上，二者有某种可更替的意味。并且在唐代，莲花化生的瓦当逐渐消失，能够被保留下来的唐代瓦当，大多数为莲花瓦当。还有可以看到的是双手合十的迦陵频伽纹瓦当。二者皆与净土思想有关联，对于迦陵频伽纹瓦当的出现，代表了当时时代的风尚有所改变的结果。唐代出现了迦陵频伽纹瓦当，而莲花化生瓦当则渐渐消失。

唐代时期，内蒙古地区出土有莲蕾纹瓦当。此地区的莲蕾纹瓦当，瓦面中心刻画的是简洁概括的莲花及花蕾的样子。在莲花的外面一周刻画有联珠纹。远远看上去，如同大点与小点散布在瓦面上。人面已不再刻画。而唐代出现另外一类瓦当也是相当得多，即为兽面瓦当。

在洛阳城宫城遗址出土了大量的莲花纹瓦当。从隋代至初唐，莲花纹被包围在联珠纹中间，花瓣中刻画出莲花内部的花蕾，较之内蒙古地区的唐代莲花瓦当，较为写实，花瓣与花蕾之间多了一个圆圈。莲花花瓣也刻画出了不同的样式。在隋唐洛阳城宫城遗址出土唐代的莲花纹瓦当，从拓本的瓦当图样来看，莲花纹样的刻画已经极其抽象，均归纳概括为抽象的装饰纹样。不过在其中，也不乏与内蒙古地区出土的唐代莲花纹瓦当相似的瓦当样式，不过总体上的样式较为丰富、抽象、装饰性强，甚至在此时出现了变形的莲花纹瓦当，以全部打点和圆线与打点相结合的瓦当样式。夸张变形成为洛阳地区唐代莲花纹瓦当的突出特点。

陕西地区的唐代莲花瓦当也具有相当的数量，在秦砖汉瓦博物馆中就保存有一部分此时的莲花纹瓦当，也可以成为这个时期莲花纹瓦当的参考件。

那么，在唐代出现了大量的莲花纹瓦当，并且莲花纹瓦当在不同地域又有着不同的变化和特点。特别是在洛阳地区的唐代莲花纹瓦当，逐渐更替的变化可以看出莲花纹瓦当的发展变化，不仅自身发生着改变，也暗含了此时瓦当的风尚也在形成自身的特点。莲花纹瓦当的发展改变影射了唐代时期的迦陵频伽纹瓦当的形成与改变。

二、当本土瓦当遇见西域的装饰盘

本土瓦当的种类很多，早期的瓦当有素面瓦当、饕餮纹半瓦当、云纹瓦当等。这些瓦当展现了本土当时建筑中使用瓦当的装饰情况。装饰纹样较为简洁和符号化。而在贵霜王朝以前，甚至在贵霜王朝灭亡以后的犍陀罗美术中，一种被称为"装饰盘"的艺术品被保留了下来。在西尔卡普地区，这种"装饰盘"浮雕出土了30多件。其中13件是用灰色片岩雕成，12件用云母片岩雕成，4件用皂石雕成，2件用板岩雕成。❶ 当然在犍陀罗和斯瓦特的遗址中同样发掘了120件以上的"装饰盘"。其直径大小为10厘米至20厘米，圆形装饰盘周围凸起，中间凹进并雕刻各种主题的内容，大多是神话或者古代宗教礼仪有关的图像。❷ 西尔卡普地区的出土情

---

❶ ［英］约翰·马歇儿. 犍陀罗佛教艺术［M］. 王冀青，译. 兰州：甘肃教育出版社，1989：17.

❷ ［日］宫治昭. 犍陀罗美术寻踪［M］. 李萍，译. 黄文昆，审读. 北京：人民美术出版社，2005：34.

况可以按照地层来划分装饰盘的风格，第一期是受到古希腊文化影响的时期，第二期是塞种时代，第三期是印度帕提亚时代。出土数量最多的是在印度帕提亚时代这个地层中，不仅有酒宴图、宴会图，还有骑兽图等。❶在西尔卡普地区出土的装饰盘，其艺术风格展现了犍陀罗美术的特征，当然，内容传达出世俗的特点，比如装饰盘上刻画出正在调情的一对恋人；"靠在床上并有女人陪伴的男人像，饮酒和舞蹈的场面；手执酒杯的男女；狮子、带翼的公鹿、马首蛇尾兽之类的东西，或有骑者或无骑者；还有一些几何形图案和花卉图案。这些题材中的大多数显然是希腊式的"❷。在圆形的装饰盘中已经能够运用空间的表达方法来展现神话故事和故事本身传达的宗教信仰。

　　还有些装饰盘描绘的内容体现了希腊的滑稽风格。例如在白沙瓦地区纳莱村的一件装饰盘，"这件作品在 1928 年尚归马尔丹助理特派员 L. W. 迦尔丁先生所有。其所用黄色石料据说是采自加拉拉巴德路上达可附近的石场。盘子上有三个带翼的爱洛斯（小爱神），其中一个正被狂怒的阿芙罗狄忒痛打，……阿芙罗狄忒也半着衣，背部裸露，臀部凸出"❸。

　　根据马歇儿文中所述，名为"饮酒图"的装饰盘，见下图，应该属于

饮酒图——灰色片岩雕成。

图片来源：兰州，甘肃教育出版社，1989 年出版的《犍陀罗佛教艺术》，书后附图。

---

❶　［日］宫治昭. 犍陀罗美术寻踪［M］. 李萍，译. 黄文昆，审读. 北京：人民美术出版社，2005：35.

❷　［英］约翰·马歇儿. 犍陀罗佛教艺术［M］. 王冀青，译. 兰州：甘肃教育出版社，1989：17.

❸　［英］约翰·马歇儿. 犍陀罗佛教艺术［M］. 王冀青，译. 兰州：甘肃教育出版社，1989：20.

公元前1世纪后期的装饰盘。"这个盘子用灰色片岩雕成，浮雕内容是希腊艺术中常见的，……盘子的上部，有一倚在床上的男人，手持一酒杯，床头一女人坐在小凳上，手中也拿一酒杯，床后还立一女人，手拿一个花环。三人都穿着希腊式的齐通和西马匈。盘子下部是七道掌状射线，盘子周围是浮雕联珠纹。"❶ 马歇儿认为值得注意的两点，一个是头发处理得犹如戴上假发，一个是凝视的圆眼睛。在这件装饰盘上，笔者较为注意的是盘上装饰的联珠纹，它和之前的阿波罗和达芙妮装饰盘上的联珠纹有略微的差异。共同之处是在装饰盘上保留的联珠纹的装饰纹样，如下图。

阿波罗和达芙妮装饰盘——希尔卡普出土，卡拉奇国立博物馆藏。

图片来源：北京，人民美术出版社，2006年出版的《犍陀罗美术寻踪》，第223页。

在众多的装饰盘中，有一种装饰盘的造型与本土的瓦当有着某种的联系。"在表现男女像的装饰盘中常有在盛开的莲花中表现男女胸像的图案，这似乎反映了佛教中死后作为莲花化生的一种'再生'。实际上，在斯瓦特的尤德格拉姆出土的装饰盘，在十字形花瓣中间，出现的是三个人物的莲花化生，中间一个人双手合十，左右两人都手持酒杯，更显意味深长。"❷ 本土瓦当在北魏时期，出现了莲花化生纹瓦当，这件瓦当直径15.5厘米，于1981年汉魏洛阳城永宁寺遗址出土，见下图。瓦当中心刻画出双手合十的半身佛像，位于莲花中心。莲花一周装饰有联珠纹。从装

❶ ［英］约翰·马歇儿. 犍陀罗佛教艺术［M］. 王冀青，译. 兰州：甘肃教育出版社，1989：18.

❷ ［日］宫治昭. 犍陀罗美术寻踪［M］. 李萍，译. 黄文昆，审读. 北京：人民美术出版社，2005：38.

莲花化生纹瓦当——北魏，直径 15.5 厘米，出土于汉魏洛阳城永宁寺遗址。

图片来源：北京，科学出版社，2007 年出版的《洛阳出土瓦当》，第 282 页。

饰盘在莲花中表现胸像和双手合十的方面与本土的这件瓦当十分相似。另外阿波罗和达芙妮装饰盘与北魏时期的这件瓦当之间，还有一个共同点，即是在圆形边缘均装饰有联珠纹。阿波罗和达芙妮装饰盘是"用灰色片岩雕成，其风格显然属于希腊式，与塞种时代和安息时代的其他装饰盘迥然不同。其边缘是联珠纹，外绕一圈连续着的曲蜷线。"❶ 相似性是否说明本土莲花化生纹瓦当的渊源与这些装饰盘有关呢！这是一个有趣的话题。

在西尔卡普地区曾出土表现阿弗洛狄忒与丘比特的装饰盘。在装饰盘中刻画的有翼童子有可能对本土瓦当中出现的迦陵频伽形象的生成有一定的影响。因为当有翼童子形象出现在装饰盘中，装饰盘中的有翼童子形象与羽人瓦当的有翼形象有类比之处。

那么这些受到犍陀罗美术影响的因素，是有其传播的路线。"在位于南道东部的楼兰发现了与犍陀罗美术有关的圆券形列龛下的木刻浮雕佛坐像。另外，斯坦因在楼兰以南的米兰发掘出几个已被风蚀的砖砌窣堵波，从中发现了持花环童子、有翼天使、佛传图和本生图。"❷ 这是中国佛教受到西域周边美术的影响路线之一，也是佛教美术东渐路线之一，对于有翼人形象的传播，这条路线是值得关注的一条路线。

---

❶ ［英］约翰·马歇儿. 犍陀罗佛教艺术［M］. 王冀青，译. 兰州：甘肃教育出版社，1989：18.

❷ ［日］宫治昭. 犍陀罗美术寻踪［M］. 李萍，译. 黄文昆，审读. 北京：人民美术出版社，2005：215.

西域有翼人的影响不仅仅在一条线路中发展，它的传播路线在东渐的过程中，涉及地域较多，并且也出现不同地域融合的新特征。例如在草原丝绸之路上的传播，以及在通往长安之路的丝绸之路等路线中，均能够发现迦陵频伽纹瓦当的出土。这也是西域有翼人形象与本土羽人形象相融合并生发出新艺术品的历史过程。

第九节　画像石中的羽人与羽人瓦当

本节将以画像石中的羽人与羽人瓦当为讨论对象并做更加深入地研究。画像石中的羽人图像十分丰富，种类可以分为几种。其中之一体现在羽人与胡人的一种图式中，这种图式是理解羽人瓦当能够吸收本土因素的一个重要的因素，也是理解羽人与羽人瓦当关系的一个中间媒介，更是中外交流的一个重要体现，也是某些图式发生改变的转折点。

一、画像石中的胡人与羽人或有翼胡人

"在山东沂南汉墓前室八角擎天立柱上，有胡人和羽人一起出现的例子。该立柱中的一幅画面，可以分为六个层次，最上面一胡人双手高举，高帽，身体和帽子上有鳞片状装饰。下面依次为羽人、神兽、青龙、仙人、胡人。"❶

河南博物院保存着一件名为羽人和凤鸟的画像砖。在画像砖上刻画了一位胡人，他手拿好似丹药的东西，放于凤鸟的嘴边。而凤鸟体形硕大，嘴巴微张。很难确定是胡人饲凤，还是凤鸟献药的场面。朱浒在其文中，也认为仙丹饲凤似乎不太好解释，也可认为凤鸟给羽人衔药。他根据此类图像是常见的"羽人饲凤图"的主题，因此认为胡人也是羽人。❷ 总之，

---

❶ 朱浒. 汉画像胡人图像研究 [M]. 北京：生活·读书·新知三联书店，2017：258.

❷ 朱浒. 汉画像胡人图像研究 [M]. 北京：生活·读书·新知三联书店，2017：259.

朱浒的观点认为画像石中的一些胡人形象其实是代表了羽人，羽人被胡人替代。

那么，羽人与凤鸟是画像石或者画像砖中常常见到的图像，那么它所代表的含义应该与祥瑞有关，或者与升仙有关。在画像石上还刻画鸡头人身的形象。❶ 刻画成鸡头人身的形象，鸡头有可能也是凤鸟的象征。凤鸟在画像石中已经被赋予了神鸟的特征，凤鸟献药的主题也大量在画像石中出现，因此，凤鸟与羽人之间有一定的组合关系，象征着祥瑞与升仙的寓意。鸡首人身的画像石对于我们理解羽人的概念提供了想象的空间。

二、画像石、画像砖等中的羽人形象及其问题

南阳麒麟岗的一块汉画像石上刻画的一个羽人，极具动态，羽人头部为人首，上臂生出双翼，身体下半部类似鸟腿。也是人首鸟身的羽人。羽人头部向上看着朝向自己身体的禾苗，露出了惊讶的表情。身体向后弯曲，画面具有一种视觉的张力。对于羽人的羽翼，依然使用以线为主的刻画。详见下图。

羽人——汉画像石，南阳麒麟岗。

图片来源：郑州，大象出版社，2014 年出版的《中国汉画造型艺术图典·神仙》，第 158 页。

南阳沙河店的汉画像石上，刻画了一个羽人手持嘉禾，正在向前奔跑

❶　朱存明. 汉画像之美：汉画像与中国传统审美观念研究［M］. 北京：商务印书馆，2017：164.

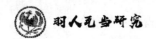

的姿势，这件画像石中的羽人的羽翼则不同于前者，翅膀不再用线来刻画，形成了羽翼收起的特点，刻画出尖尖的羽翼。

河南南阳的画像石中，有些羽人并未画出羽翼，而他手持的嘉禾，已经在暗示他的身份是羽人。好似一个符号，图式主题可以将观者直接引入所看对象的身份。

河南淅川夏湾出土的画像砖，刻画了一个羽人手持嘉禾。头部特征中，高鼻子，尖下巴略弯曲，肩上刻画了一个厚重的披肩羽翼，这个羽人的羽翼更加写实，羽翼不是线条状，而是呈现刻有纹路的三角形羽翼，与西方天使的羽翼有些近似。身体腿部依然刻画出羽毛状。一只脚微微抬起。

河南方城出土的一件画像石上的羽人，好似在拽着什么物体，身体向前探去。对于这个羽人，较为值得注意的是它的羽翼也是收起来类似三角形之状。

河南新野地区出土的画像砖，刻画的羽人有线条状的羽翼。

河南永城出土的画像石，其上的羽人没有刻画羽翼。羽人手部支地，应属于游戏状的羽人。

河南唐河地区出土的画像石中的羽人，见下图。其形态十分特别，其

羽人——汉画像石，河南唐河。
图片来源：郑州，大象出版社，
2014 年出版的《中国汉画造型艺术图典·神仙》第 164 页。

手部拿着一个尖锐的器物，指向远方。而羽人头部高鼻梁，大眼睛，和弯弯的下巴。在身体的两旁刻画了写实的羽翼，但是也是向着上方收起。立体感强，且形似西方的塞壬形象，在一个铜制品的艺术雕件中可见，见下图。另外与陕西省西安市红庙坡出土的一件铜翼人雕像十分的相似。现藏于西安博物院，时间也是在汉代，见下图。这件铜翼人高 2 厘米，面部特

帕提亚王朝鎏金银碗底座的塞壬造型——现藏于土库曼斯坦国家历史博物馆。

图片来源：《丝路艺术》，第二期，第 136 页。

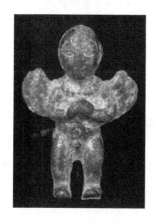

铜翼人像——西安博物院藏。

图片来源：河南博物院，《丝路遗珍——丝绸之路沿线六省区文物精品展》，第 34 页。

征与常人相类，双手合十状。脖子上带有项链，下半身略显矮小。刻画的形象好似男童。而画像石中的羽人腿部也同样短。

河南郑州出土的画像砖中刻画了一个羽人形象，其羽毛在背后飘起，直直的线条展现了羽翼的直线特征。羽人一脚向前迈出，手中拿着一个类似吹奏乐器的器物，手持器物放于嘴前。

山东沂南任家庄出土的画像石，羽人形象也未刻画出羽翼的形状，但是在其手上拿着一个硕大的嘉禾。

山东沂南北寨出土的画像石，羽人形象似乎更像一个身着服装的羽人。头部有两个明显的耳朵，身着羽服飞翔于空中，见下图。

山东沂南北寨出土的画像石，羽人双臂刻画出片状的羽翼，垂于身体的两旁。腿部两旁也同样刻画出了片状的羽翼，见下图。

山东滕州西户口地区出土的画像石，其中的羽人形象是单腿跪在地上，一只手向上抬起，两位羽人相向而对，见下图。这个地区的羽人形象

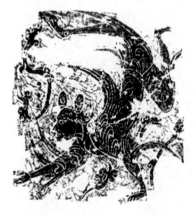

羽人汉画像石山东沂南北寨。

图片来源：郑州，大象出版社，2014 年出版的《中国汉画造型艺术图典·神仙》第 167 页。

羽人——汉画像石，山东沂南北寨。

图片来源：郑州，大象出版社，2014 年出版的《中国汉画造型艺术图典·神仙》，第 169 页。

羽人——汉画像石，山东滕州西户口。

图片来源：郑州，大象出版社，2014 年出版的《中国汉画造型艺术图典·神仙》，第 184 页。

较为特别的是羽人羽翼的刻画。羽翼呈现类似菱角的弯弓状羽翼，头发长长的收在头后，面部的鼻子较为突显。

山东临沂白庄的画像石，其羽人刻画出单腿半跪状，并且将要准备起跑的姿势。其臂膀处有一对片状的羽翼，腿部上亦有羽翼。

山东临沂的画像石，羽人作半蹲回望的姿势，羽翼刻画出以线条为装饰线的立体羽翼。头部生出羽发，大鼻子，头部装饰着两个类似耳朵的角。

山东嘉祥宋山出土的画像石，羽人形象出现了具有女性的形象，并且这些羽人的形象已经可以飞翔，在其手部有个袋子挂在手臂处。羽翼是尖头收起的形状。此时的羽人的职能好似也在发生着改变，见下图。

羽人——汉画像石，山东嘉祥宋山。

图片来源：郑州，大象出版社，2014 年出版的《中国汉画造型艺术图典·神仙》，第 178 页。

山东济宁喻屯镇出土的画像石，羽人形象出现了羽人与胡人共同存在一个画像石中，排在最前方的羽人头部束有长发，肩生双翼，其羽翼也是尖尖的立体羽翼。羽人做着半蹲求药的姿势，在其后方，同样半蹲着两个胡人，头部带着尖尖的胡帽，手上捧着器物，似乎也在等待着发放东西，见下图。在这个画像石中，这个图式体系表明了胡人与羽人在某一主题中会同时出现。这也是一个比较值得关注的问题。与朱浒所讲的例子有些类似。

羽人——汉画像石，山东济宁喻屯镇。

图片来源：郑州，大象出版社，2014 年出版的《中国汉画造型艺术图典·神仙》，第 183 页。

山东聊城出土的画像石，羽人形象类似一个女童，见下图。在画像石中，它的形象是正面像，头部扁平的发髻，如同汉代的侍女俑的发髻。肩膀两旁用线条刻画出双翅，翅膀呈现"M"形的立体羽翼。腰部处也刻画了一对小翅膀。

羽人——汉画像石，山东聊城。

图片来源：郑州，大象出版社，

2014 年出版的《中国汉画造型艺术

图典·神仙》，第 192 页。

　　安徽淮北地区出土的画像石，画像石中的羽人羽翼的刻画不同于之前河南和山东的羽人形象。羽人上身刻画出鱼鳞状的纹路。腰部下方刻画出条状的羽翼。头部有束起的长发，见下图。

羽人——汉画像石，安徽淮北。

图片来源：郑州，大象出版社，

2014 年出版的《中国汉画造型艺术

图典·神仙》，第 199 页。

　　江苏南京高淳出土的画像砖，刻画有一个羽人，羽人头部有两个耳朵似的突出物，长发披于肩后，上臂和大腿处刻画出线条状的羽翼，并垂在身体上。显现出羽翼的线条纤细之特点。在其手上持有一物，应为嘉禾。

　　四川广汉地区的画像砖，其上刻画了两位羽人正在进行游戏的场面，这种游戏是六博。此画像砖中的羽人形象好似剪影，只是刻画出羽人的大致形态。在羽人的身体外侧，以飘逸的几根线条指代了羽人的羽翼。头部刻画出两个向上的耳朵，犹如兔耳。

　　四川新津地区的画像石棺上，刻画出羽人六博的画面，左边的羽人身上只有一根翘起的羽翼，羽人头部有凸起的头角。与这位羽人相对的是另一位下棋的羽人。但是这位羽人身上没有刻画羽翼。

　　河南郑州出土的画像砖，见下图。其上是羽人与神鹿，羽人头部如同

羽人——羽人与神鹿，汉画像砖，河南郑州。

图片来源：郑州，大象出版社，2014 年出版的《中国汉画造型艺术图典·神仙》，第 211 页。

三角形，肩部与手臂用以线条表示，在线条的下方有如枝杈的竖线条来表示羽翼。腿部表现亦如身体上部羽翼。但是羽翼的刻画依然表现出对于线条的注重。

陕西靖边地区出土的汉画像石的羽人饲凤，左边的羽人手持嘉禾，在羽人的对面站着两只凤鸟，图像的主题是羽人饲凤，尽管羽人身上没有刻画羽翼的特征，但是根据主题的内容，手持嘉禾的形象确为羽人，见下图。

羽人——羽人饲凤，汉画像石，陕西靖边。

图片来源：郑州，大象出版社，2014 年出版的《中国汉画造型艺术图典·神仙》，第 212 页。

辽宁大连金州地区的汉代壁画，刻画的羽人形象较为写意，羽人羽翼刻画的十分随意，画工用笔简练，卷曲的线条表现出羽人的羽毛，羽翼位于羽人身体的肩部和腿部。

陕西西安的汉代壁画中亦描绘了一位羽人，羽人的形象十分生动，羽人头部描绘清晰。大耳，明确的眼睛和鼻子、嘴巴。头部的羽毛显现出被风吹拂向上翻起的样子，肩部和腰间的羽翼用写意的线条描绘出羽人的特征，见下图。整体形貌独特，是羽人中一个较为重要的图式。

河南南阳地区出土的汉代铜镜，铜镜上的羽人形象，展现了线条下的羽人形象。羽人一条腿向前迈去，身体向前屈，两手好似抓着缰绳的姿势展现在画面中。在羽人的肩部使用的是简单的线条，表达着羽人羽翼的特征。

浙江绍兴地区的汉代铜镜上刻画的羽人，羽人形似奔跑的模样。肩部和大腿部位有着长长的两根线条，表示羽人羽翼凌风飘舞的姿态。

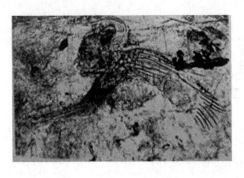

羽人——汉代壁画，陕西西安。

图片来源：郑州，大象出版社，2014年出版的《中国汉画造型艺术图典·神仙》，第222页。

根据以上地区出土的羽人形象，可以大致归纳出关于汉代羽人羽翼形象的几种类型。

①描绘羽翼使用纤细的线条，有时和汉代对凤鸟羽尾的描绘十分近似，或者表现在壁画中使用写意的线描笔法。

②刻画羽翼的形状类似三角形，将具有线性的羽毛束在一起。有的羽翼和身体相连的地方呈现圆形的特征，羽翼的头部尖尖。还有的三角形并不规则呈现片状。如山东沂南北寨地区的羽人。

③写实的羽翼形态。羽翼虽然用线条勾勒，但将其束起，并做飞翔姿势时，它的立体感便呈现出来。如河南唐河地区出土的画像石中的羽人形象，与陕西省西安市出土的铜翼人像以及帕提亚王朝鎏金银碗底座的塞壬造型中羽翼刻画十分相似。三者在羽翼的造型上相近的特点并非偶然，应该与中外交流有一定的关系，这个问题可以继续探究。

④羽人的羽翼被归纳概括成抽象的造型。形状有时像是"M"形，有时像弯弓状，如山东滕州西户口地区出土的画像石中的羽人。

⑤还有一些羽人的羽翼不作刻画，仅仅是根据主题内容来判定画中的人物是否是羽人。这些情况还较为常见，也是在辨别羽人图像时值得注意的一个问题。

⑥羽人的羽翼刻画以类似鱼骨状的线条为羽翼的特征。当然也是属于线状的羽毛样式，线条较为规整，有着一定的是视觉力度。常常在羽人身上刻画出一条或两条，即可表示出羽人的身份特征。如南阳麒麟岗地区出土的画像石上的羽人形象。

通过上述的六个特点，可以看到羽人在画像石和画像砖，以及铜镜上的形象，有着不同的差异。这些差异主要体现在主题内容和对羽翼的刻画。那么，根据这些不同之处，将不同地域的羽人再次列出一个表格来探讨它们之间的规律，见下表。

汉代羽人羽翼特征

名称	时间	区域	羽翼样式	以线条为特点打√
画像石	汉	南阳麒麟岗	以线为主	√
画像石	汉	南阳沙河店	一个面	
画像石	汉	河南南阳	未画出羽翼	
画像砖	汉	河南淅川夏湾	有纹路的三角形羽翼	
画像石	汉	河南方城	三角形	
画像砖	汉	河南新野	线条状	√
画像石	汉	河南永城	没有刻画羽翼	
画像石	汉	河南唐河	线纹的写实羽翼	
画像砖	汉	河南郑州	直直的线条	√
画像石	汉	山东沂南任家庄	未刻画出羽翼	
画像石	汉	山东沂南北寨	片状的羽翼	
画像石	汉	山东滕州西户口	弯弓状羽翼	
画像石	汉	山东临沂白庄	片状的羽翼	
画像石	汉	山东临沂	线条为装饰线的立体羽翼	
画像石	汉	山东嘉祥宋山	尖头收起的形状	
画像石	汉	山东济宁喻屯庄	尖尖的立体羽翼	
画像石	汉	山东聊城	立体羽翼	
画像石	汉	安徽淮北	条状的羽翼	√
画像砖	汉	江苏南京高淳	线条状的羽翼	√
画像砖	汉	四川广汉	几根线条指代	√
画像石棺	汉	四川新津	一根翘起的羽翼	√
画像砖	汉	河南郑州	线条表示	√
画像石	汉	陕西靖边	没有刻画羽翼	
壁画	汉	辽宁大连金州	卷曲的线条	√
壁画	汉	陕西西安	线条描绘	√
铜镜	汉	河南南阳	简单的线条	√
铜镜	汉	浙江绍兴	两根线条	√

从表格中，可以看到以线条作为羽人羽翼造型特征的区域，主要集中在河南、安徽淮北、江苏南京、四川、辽宁大连、陕西西安、浙江绍兴地区。

为什么要将羽人的羽翼线条单独列出来呢！因为它的造型特征对后来人首鸟身的形象有一定的影响，特别是对迦陵频伽纹瓦当中迦陵频伽造型的生成有着建构作用。这就是本土文化中造型因素来源。因此，对于羽人羽翼刻画的分类，有助于我们了解羽人造型中的某些细节之处。对线条的刻画，再具体到线条粗细的不同，羽人瓦当中主体形象借用的因素就不同。在羽人瓦当中，可以看到以线条为羽翼的造型特征，那么这些线条的来源就是本土汉代的画像石或者画像砖上羽人的羽翼造型。例如在安徽淮北市柳孜运河遗址出土的一件"羽人"瓦当，见下图。此瓦当出于遗址2

"羽人"瓦当——双手合十的人首鸟身形象，出土于安徽淮北市柳孜运河遗址。

图片来源：海洲发表的《淮北柳孜运河遗址出土的"羽人"瓦当》，2009年第5期《四川文物》，第128页。

号发掘点西侧30米，也就是故河道南岸。当面直径14厘米，当轮宽1.2～1.5厘米。❶瓦当的瓦面处刻画着人首鸟身的形象。在瓦面的中心主体是一个头戴宝冠的人首鸟身的形象，宝冠下有两个短飘带，人首面部嘴巴微张，好似发出声音的一瞬间。手部做双手合十的动作，腹部有着横线的刻画，如同之前瓦当描述中的腹部形态。身后有着放射状的直线，线条纤细，数量较多，排列有序地伸向瓦当的圆形边线。这些细线是对羽人羽翼的刻画，以及对鸟腿的表达。从头部后面留白之处，可以看出羽翼的外形

---

❶ 海洲. 淮北柳孜运河遗址出土的"羽人"瓦当 [J]. 四川文物，2009 (5)：128.

呈现"V"字形。在瓦面上没有联珠纹的装饰，这也是此件瓦当的特点之一。瓦当外形较为完整。海洲先生在报告中这样描述这件瓦当："当面边轮有一处烧结形成的铁锈色。俯视瓦当正面，略有锥体感。当面颜色灰白。……额头向上平直微有弧度，平面低于面部，眼、鼻、口浅浮雕，制作稚拙。眼睛微眯、鼻翼高隆（瓦当出土后，鼻子隆起部位受到磨损，露出泥胎中的空洞）……两腿间至足横向排列 7 根羽状弧线，双脚如爪状，似有蹼。"❶ 此件瓦当的最大特点，即是对于线条的使用。线条的直观感受与汉代画像石上的线条的直观感受是相似的。工匠在塑造形体时，不仅受到时代造型的影响。还使用本土的视觉符号来传达一个物态的造型，有着自己的一套程式化的造型特点。这也是羽人瓦当中，可以看到线条的原因，线条的运用是本土造型因素的内在动因。

从这个瓦当的主体形象来看，它与汉代画像石中的羽人在线条的刻画上有着可比较之处，但是在其他的造型特征中还是有着诸多的不同。当然，汉代画像石中对于羽人羽翼的刻画表现在上臂和大腿处，有时甚至不对羽翼进行刻画，依然表示羽人的身份。一个图式与另一个图式之间如果只是在线条的联系上可以类比，可能还是不够具有说服力。或者说，在图式与图式之间有着一个中间的转换图式，这个图式在画像石上关于神人的描绘特征中，或许可以找到一些联系线索。

山东微山出土的汉画像石，扁鹊医病的主题中，刻画着一个神人的形象。在神人扁鹊的对面坐着两位妇女和一个孩子。神人扁鹊正在给前面的一位女性看病。看病的女性有可能是墓主人。而扁鹊在画像石中的意义是生者对于墓主人的美好期盼，见下图。功能意义在此不做过多的讨论，对

神人——扁鹊医病。

图片来源：郑州，大象出版社，2014 年出版的《中国汉画造型艺术图典·神仙》，第 286 页。

---

❶　海洲. 淮北柳孜运河遗址出土的"羽人"瓦当［J］. 四川文物，2009（5）：128.

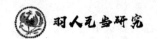

于神人扁鹊的造型来看，已经不同于羽人的造型。在神人扁鹊的造型中，鸟身的特点更为明显一些，无论是鸟腿还是尾部都尽可能地表现出与鸟类相近的特点。神人扁鹊的头部是人的面部，头戴冠饰。肩部刻画一对羽翅。尾部是收起的一束。

山东济南地区出土的画像石，神人扁鹊医病的图式，依旧是扁鹊手拿器物，为妇人看病的场景。神人扁鹊的造型不同于微山的那个扁鹊，在于对羽尾的刻画，在这件画像石上，刻画出了与汉代凤鸟羽尾相似的三条线状的羽尾。背部羽翅用线刻画出，头戴高冠，人物面部，腿部是鸟腿的特征，见下图。

神人——扁鹊医病。

图片来源：郑州，大象出版社，2014 年出版的《中国汉画造型艺术图典·神仙》，第 287 页。

山东嘉祥宋山的汉画像石，鸟身神人的头部为男性特征的面部，头带冠饰，腿部鸟腿，尾部没有明显凤鸟尾部的特点，形态如同剪影，形状归纳概括出羽尾的特征。在鸟身神人的对面下方，站立一只小鸟。这一主题具有一定的含义。这一地区的鸟身神人的造型均为归纳概括的特征，几何形态成为这个地区造型特征。在一些飞翔状态中的神人造型更是使用蛇尾状的长条来表达。类似剪纸的片状，但是头部还是人首，对于腿部的刻画依旧是站立的鸟腿。

山东沂南北寨出土的画像石，鸟身神人，同样存在概括的造型特征。对于鸟身、鸟腿的刻画还是能够表现出鸟的特征。腿部站立的姿势，翅膀展翅的特征明显。头部饰有冠饰，人面，脖子处似乎挂有绶带。它的造型与绶带鸟有着怎样的关系，可再讨论。

江苏邳州的画像石上，刻画的鸟身神人像，造型同样是人首鸟身。江苏地区的画像石上的人首鸟身神人造型，人首的头部相较身体显得略小，脸部特征不是很清晰。腿部刻画出长长的鸟腿，尾部还有羽尾。见下图。

神人——鸟身神人。

图片来源：郑州，大象出版社，2014 年出版的《中国汉画造型艺术图典·神仙》，第 299 页。

从以上画像石中的神人造型来看，它们确实与羽人不同，它们具有凤鸟的身体，但是头部还是人首。这样的外形特征是具有另外职能的神人。扁鹊医病与羽人的某些图像职能之间便存在不同。但是在此，若要讨论图像的衍变和生成问题，这些职能或者二者之间的差异即可忽略，仅以视觉图像之间的联系，来看羽人、神人和羽人瓦当之间的联系。羽人瓦当上的主体图像具有神人的下半身或者说类似凤鸟的样式，但是对羽翼的刻画则吸收了羽人羽翼线条的造型因素，不过根据地域、时代的不同，羽人瓦当的造型也发生了一些改变。但是画像石的羽人和神人的造型确实对于后来的羽人瓦当产生了影响。

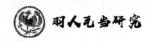

第四章 羽人瓦当与丝绸之路

第一节 羽人瓦当与胡风东渐

唐代盛行胡风的特点对于羽人瓦当图式的生成有一定的影响作用。唐代整体的文化生活影响了人们对于建筑构件的选取，也是瓦当图式发展的一个历史文化背景。只有对整体的历史文化背景有个梳理，才能更好地理解羽人瓦当出现的历史环境。

一、乐舞图在唐代的流行

乐舞图是一个流行图式，它常常出现在唐代的器物上。不得不让人联想到唐代的大唐盛世。如乐伎纹金花银八棱杯，在杯体的上方装饰着八个胡人，有的是胡伎有的是胡奴。❶ 胡人形象出现在金制杯体上，是胡风在金银器上的一种体现。对于胡人的伎乐，唐三彩也在表述着当时的历史故事，如三彩骆驼载乐俑，高 58.4 厘米，在双峰驼上依次坐着五个伎乐人。有三个是胡人，另外两个是汉人。主体色彩以黄绿色为主，站在中间的人物做着摆动手臂的姿势，一身绿色服饰，非常醒目。他应该是这个乐队的指挥人，是整个艺术器物造型的点睛之处。❷ 唐三彩同样是具有胡风特色的艺术形式，"唐三彩繁盛的时代胡风弥漫，它们因此与西方文明联系很多，这尤其体现于造型，如洋马、中亚种双峰驼、胡人俑，很多容器也显露着西域渊源，如胡瓶、双耳扁壶、把杯、角杯、六叶形盘、立环形等高

---

❶ 尚刚. 中国工艺美术史新编 [M]. 北京：高等教育出版社，2015：181.

❷ 尚刚. 中国工艺美术史新编 [M]. 北京：高等教育出版社，2015：176.

足盘"❶。异域的风情展现着胡人与中原人民之间的生活与交流。在唐代的宫廷里，也上演着不同的乐舞表演，比如"霓裳羽衣舞"和"鸟歌万岁乐"等节目。敦煌壁画中的迦陵频伽鸟伎乐的形象，正是在这个具有浓厚的乐舞文化的环境中不断并行发展着。❷ 对于霓裳羽衣舞的一段记载是："文宗每听乐，鄙郑、卫声，诏奉常习开元中《霓裳羽衣舞》，以《云韶乐》和之。舞曲成，定总乐工阅于庭，定立于其间。文宗以其端凝若植，问其姓氏，翰林学士李珏对曰：'此冯定也。'文宗喜，问曰：'岂非能为古章句者耶？'乃召升阶，文宗自吟定《送客西江诗》。吟罢益喜，因锡禁中瑞锦，仍令大录所著古体诗以献。"❸ 当然对于霓裳舞还有关于其产生的故事，"开元中，明皇与申天师、道士游（'游'字疑是'鸿'之误）都客，中秋夜月，游月中，过一大门，在玉光中见一大宫府，榜曰广寒清虚之府，守门兵卫甚严。三人止其下，不得入。天师引明皇跃身起烟雾中，下视玉城嵯峨，若万顷琉璃之田。仙人、道士，乘云驾鹤，往来其间。寻步向前，觉翠色冷光，相射目眩，极寒而不可进；下见素娥十余人，皓衣乘白鸾，笑舞于广庭大桂树下，乐音嘈杂清丽。明皇归，编律音，制《霓裳羽衣舞曲》"❹。

　　另外对于当时乐伎的使用也有一定的要求。"凡有大燕会，设十部之伎于庭，以备华夷：一曰《燕乐伎》，有《景云之舞》，《庆善乐之舞》，《破阵乐之舞》，《承天乐之舞》；二曰《清乐伎》；三曰《西凉伎》；四曰《天竺伎》；五曰《高丽伎》；六曰《龟兹伎》；七曰《安国伎》；八曰《疏勒伎》；九曰《高昌伎》；十曰《康国伎》。其十部所用工人、乐器，在《清乐》及《四方乐》篇中。每先奏乐三日，大乐令宿设悬于庭。其日，率工人入居次。协律郎举麾，乐作；仆麾，乐止。文舞退，武舞进。"❺

---

❶　尚刚. 中国工艺美术史新编 [M]. 北京：高等教育出版社，2015：177.

❷　郑汝中. 敦煌壁画乐舞研究 [M]. 兰州：甘肃教育出版社，2002：46.

❸　[五代] 刘昫. 旧唐书 [M]. 清乾隆武英殿刻本：（卷一百六十八列传第一百一十八）15.

❹　[清] 纪昀，等. 古今事文类聚（一）前集 [M]. 台北故宫博物院藏本：（文渊阁四库全书0925）4.

❺　[唐] 杜佑. 通典 [M]. 清武英殿刻本：（四十四乐四）20.

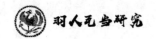

在唐代的墓室壁画中经常看到的一种舞蹈即是胡旋舞和胡腾舞。特别是胡旋舞，在当时应是一种广为流传的舞蹈，可惜现在已经失传。不过对于这种舞蹈，还是可以在文献中找到关于它的记载，如下所述：

《唐书》：安禄山作胡旋舞，其捷如风。❶

舞有骨鹿舞、胡旋舞，俱于一小圆毬子上舞，纵横腾踏，两足终不离于毬子上，其妙如此也。❷

唐代重视乐舞，也是因为唐高宗的喜爱和他本人通晓音律有关。

高宗晓声律，晨坐闻莺声，命乐工白明达写之，遂有此曲。❸

而唐玄宗同样是通晓音律。

玄宗既知音律，又酷爱法曲，选坐部伎子弟三百，教于梨园。❹

玄宗又于听政之暇，教太常乐工子弟三百人为丝竹之戏，音响齐发，有一声误，玄宗必觉而正之。❺

唐代时期的皇帝对于乐舞的重视，有利于乐舞的发展。这也是为什么在唐代之时，乐舞文化成为唐代一个很重要的历史背景，它的存在不仅仅是唐代经济强大、人们富裕的表现，更重要的是历朝皇帝对于乐舞文化的重视。从而对其他类的艺术形式带来了造型方面、主题内容方面的影响。

---

❶ ［唐］杜甫.［清］杜诗详注［M］.仇兆鳌，注. 清文渊阁四库全书本：（卷三）28.

❷ ［唐］段安节. 乐府杂录［M］.守山阁丛书清道光钱熙祚校刊本：22.

❸ ［唐］崔令钦. 教坊记［M］.［明］吴琯，校. 明古今逸史本：9.

❹ ［唐］李白. 李太白集注［M］.［清］王琦，注. 清文渊阁四库全书本：（卷二十，古近体诗共六十首）17.

❺ ［后晋］刘昫，等. 旧唐书［M］.北京：中华书局，1975（2007重印）：（第四册，卷二十八，志第八）1051.

观看唐代的工艺品上面的图案，有时即可解读当时的历史文化。

有关唐代的乐舞图像，在大量的壁画和工艺品中可以看到。例如甘肃敦煌莫高窟第 12 窟唐代舞人壁画；敦煌莫高窟第 154 窟中唐经变中的伎乐菩萨壁画；敦煌莫高窟第 220 窟初唐经变中的伎乐菩萨壁画；敦煌莫高窟第 445 窟盛唐嫁娶乐舞壁画；敦煌莫高窟第 112 窟中唐经变中的伎乐菩萨壁画；敦煌莫高窟第 156 窟晚唐经变中的伎乐菩萨壁画；新疆克孜尔石窟第 224 窟公元 7 世纪乐舞伎壁画；陕西礼泉出土的初唐女子舞蹈壁画；新疆吐鲁番出土的公元 7—9 世纪宴饮乐舞画卷；陕西西安唐代韩休墓出土的乐舞壁画；陕西西安唐代苏思勖墓出土的乐舞壁画；陕西高陵出土的唐代舞女壁画；河南洛阳出土的唐代乐舞俑；江苏扬州出土的唐代女舞俑；山西太原南郊金胜村出土的唐代舞俑；法国巴黎吉美博物馆藏唐代女舞俑；甘肃山丹博物馆藏唐代铜舞人；宁夏盐池出土的唐代石墓门舞人图；故宫博物院藏唐代乐人玉带板，等等。

在陕西历史博物馆收藏着一件伎乐纹八棱金杯，其器身上是八个棱，在八棱的杯身上是八个伎乐人，这八个伎乐人手上的乐器有竖箜篌、曲项琵琶、贝、茄、鼓等。伎乐人周围錾刻一圈联珠纹，具有粟特风格。

伎乐纹八棱金杯——杯身上是八位伎乐人，器壁向内凹。

图片来源：北京，文物出版社，2003 年出版的《花舞大唐春：何家村遗宝精粹》，第 75 页。

此杯被认为是粟特工匠在中国制造的器物。❶ 文献中也记载着关于粟特工匠在中国制作器物的历史，粟特人在乐舞图像的传播中起着很重要的作用。

---

❶　陕西历史博物馆，等. 花舞大唐春：何家村遗宝精粹 ［M］. 北京：文物出版社，2003：74.

　　唐代乐舞文化的传达方式之一是通过诗歌的形式，诗歌表述使人们对乐舞形式和种类的认识更加清晰。在众多诗人中，白居易是一个很值得一提的诗人。他所作的大部分诗歌被人们吟诵，其中有一首胡旋女即是对于当时胡旋舞另一个侧面的叙述。

　　胡旋女，胡旋女，心应弦，手应鼓。弦鼓一声双袖举，回雪飘飘转蓬舞。左旋右转不知疲，千匝万周无已时。人间物类无可比，奔车轮缓旋风迟。曲终再拜谢天子，天子为之微启齿。胡旋女，出康居，徒劳东来万里余。中原自有胡旋者，斗妙争能尔不如。天宝季年时欲变，臣妾人人学圆转。中有太真外禄山，二人最道能胡旋。❶

胡腾舞的诗句有：

　　石国胡儿人见少，蹲舞樽前急如鸟。
　　织成蕃帽虚顶尖，细氎胡衫双袖小。
　　手中抛下蒲萄盏，西顾忽思乡路远。
　　跳身转毂宝带鸣，弄脚缤纷锦靴软。
　　四座无言皆瞪目，横笛琵琶遍头促。
　　乱腾新毯雪朱毛，傍拂轻花下红烛。
　　酒阑舞罢丝管绝，木锦（槿）花西见残月。❷
　　胡腾身是凉州儿，肌肤如玉鼻如锥。
　　桐布轻衫前后卷，葡萄长带一边垂。
　　帐前跪作本音语，拾襟搅袖为君舞。❸

❶ ［唐］白居易. 白氏长庆集［M］. 四部丛刊景日本翻宋大字本：（白氏文集卷第三）9.

❷ ［宋］计有功. 唐诗纪事［M］. 四部丛刊景明嘉靖本：（唐诗纪事卷第四十六）4.

❸ ［明］高棅. 唐诗品汇［M］. 清文渊阁四库全书本：（卷三十三七言古诗九）10－11.

关于琵琶乐器的诗句有：

朱丝闻岱谷，铄质本多端。
半月分弦出，丛花拂面安。
将军曾制曲，司马屡陪观。
本是胡中乐，希君马上弹。❶
乐府只传横吹好，琵琶写出关山道。
羁雁出塞绕黄云，边马仰天嘶白草。
明妃愁中汉使回，蔡琰愁处胡笳哀。
鬼神知妙欲收响，阴风切切四面来。
李陵寄书别苏武，自有生人无此苦。
当时若值霍骠姚，灭尽乌孙夺公主。❷

白居易的诗中关于琵琶有：

声似胡儿弹舌语，愁如塞月恨边云。
闲人暂听犹眉敛，可使和蕃公主闻？❸

箜篌乐器的诗句有：

星汉夜牢牢，深帘调更高。
乱流公莫渡，沉骨妪空嗥。
向月轻轮甲，迎风重纫绦。
不堪闻别引，沧海恨波涛。❹

---

❶ ［明］陆时雍. 唐诗镜［M］. 清文渊阁四库全书本：（卷四初唐第四）5.

❷ ［宋］李昉，等. 文苑英华［M］. 明刻本：（卷三百三十四）7.

❸ ［唐］白居易. 白氏长庆集［M］. 四部丛刊景日本翻宋大字本：（白氏文集卷第十六）27.

❹ ［唐］张祜. 张承吉文集［M］. 宋刻本：（卷二杂诗）3.

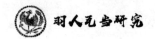

关于笙的诗句有：

> 董双成一妙，历历韵凤篁。
> 清露鹤声远，碧云仙吹长。
> 气侵银项湿，膏胤漆瓢香。
> 曲罢不知处，巫山空夕阳。❶

李白曾作《观胡人吹笛》，如下：

> 胡人吹玉笛，一半是秦声。
> 十月吴山晓，梅花落敬亭。
> 愁闻出塞曲，泪满逐臣缨。
> 却望长安道，空怀恋主情。❷

还有一些诗句是对西域舞蹈的描绘：

> 柘枝本出楚王家，玉面添骄舞态奢。
> 云鬟改梳翔凤髻，新衫别织斗鸡纱。
> 鼓催残拍腰身软，汗透罗衣雨点花。
> 华筵曲罢辞归去，便随王母上烟霞。❸

乐舞图像在唐代大量出现，在诗句中无不展现了此时的文化现象。与此现象相近的还有童子伎乐。

二、童子伎乐在唐代的盛行

敦煌壁画中的伎乐图像，其中之一是化生伎乐，而化生伎乐又分为菩

❶ ［唐］张祜. 张承吉文集［M］. 宋刻本：（卷二杂诗）2.
❷ ［唐］李白. 李太白文集［M］. 宋刻本：（卷二十三）8.
❸ ［唐］刘禹锡. 刘梦得文集［M］. 四部丛刊景宋本：（刘梦得外集卷第二）18.

萨伎乐和童子伎乐。在石窟的正面龛楣上，对称排列着童子乐伎。同时，在敦煌壁画的经变画中，化生童子出现在礼佛乐队的莲花池中，表现出光身童子在水中嬉戏的场面。还有些化生童子是手持乐器的乐伎。如莫高窟398窟，手持琵琶的化生童子坐于莲花之上。身上飘带在空中飘舞。莫高窟12窟，这个是晚唐时期的洞窟。窟中描绘了三位童子在莲花座上做伎乐表演的场面。中间一位童子做着舞蹈的姿势，其下两旁各有一位童子，左方童子手持筚篥，跪在莲花座上做吹奏筚篥状，另有一位童子与之相对，手持拍板，同样跪在莲花座上。三位童子伎乐的场面与世俗生活中的乐舞表演很是相似，这也是创作者对于现实生活的一种加工。莫高窟196窟，同样为晚唐时期的洞窟，化生童子为二人左右对舞状。二人手持莲花，脚踩莲花垫，肩部披有飘带，不同之处是二人所穿鞋子有所不同。晚唐时期的化生童子乐舞还有莫高窟第173窟。173窟中，化生童子在四位手持乐器的乐伎的中心，化生童子在莲花垫上做舞蹈姿势。而在他的周围分别刻画了手持拍板、手持琵琶、手持笙和手持筚篥的乐伎。化生童子成为乐舞的中心，这个石窟较为特别，是个特例。榆林窟第15窟也是唐代的洞窟，在此洞窟中也描绘了化生童子的样貌。此处的化生童子的刻画手法较为稚拙，较敦煌石窟的化生童子线条显得简单。对于童子乐伎的文献记载，也可作为对于当时图像的解读。

杜佑《通典》记载说：

又有法乐童子伎、童子倚歌梵呗，设无遮大会则为之。❶

在现实生活中，唐代的童子乐舞也是一种文化现象。中唐时期的歌童田顺郎因其歌声清音，犹如仙乐被人们称赞。

天下能歌御史娘，花前月底奉君王。
九重深处无人见，分付新声与顺郎。❷

---

❶　［唐］杜佑. 通典［M］. 清武英殿刻本：（卷一百四十二乐二）4.

❷　［唐］刘禹锡. 刘梦得文集［M］. 四部丛刊景宋本：（刘梦得文集卷第五）11.

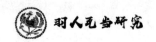

清歌不是世间音，玉殿尝闻称主心。

唯有顺郎全学得，一声飞出九重深。❶

　　在新疆库车昭怙厘西大寺出土隋、唐舍利盒，盒盖上是伎乐的有翼童子图案❷，可见伎乐童子图像在新疆地区的发展。并且在伎乐童子的背上刻画了羽翅。新疆库车昭怙厘西大寺出土隋、唐舍利盒之盒盖上的有翼伎

舍利盒盖上的有翼伎乐童子
——新疆库车昭怙厘西大寺出土，东京国立博物馆藏。

　　图片来源：上海，上海音乐出版社，2015 年出版的《中国乐舞史料大典》，第 209 页。

乐童子图案分为六个部分。第一幅图上刻画了一位正在打鼓的伎乐童子。他头向右转，两臂做正在敲打腰鼓的姿势，脚尖却朝向左方，整个身体呈现了一种打击鼓乐的动势。第二幅图上的伎乐童子整个身体转向右边，单脚抬起，双手做拍手状，在伎乐童子的身上刻画着羽翼。羽翼的线条与乐童身体的平面形成鲜明的对比。第三幅图上的伎乐童子手持筚篥，身体朝

　　❶　[唐] 刘禹锡. 刘梦得文集 [M]. 四部丛刊景宋本：（刘梦得外集卷第八）10 – 11.

　　❷　孙景琛. 中国乐舞史料大典. 图录编 [M]. 上海：上海音乐出版社：209.

向左边，面部朝向右边，头部与身体形成反方向的对比，其左腿微微抬起，右腿直立于平地。在乐童的背后依然用线刻画出羽翼的特征。如此的造型，可能图像本身并不是表现乐童演奏乐器的实景，而只是起到装饰作用，或者是依据器物的造型而做出的艺术处理。第四幅图的伎乐童子左手平举抬起，右手手掌放于眼眉处，手掌朝外打开，身体做出四分之三侧的站立姿势，左腿向上抬起。在抬起的腿部和左臂之间的空白处刻画出乐童的羽翼。第五幅图的伎乐童子整个身体朝向右边，在他的右手上拿着一个类似镰刀的器物，而在他的另一个肩膀上扛了一个类似花环的物体，这件乐器不可辨认。他的一只腿微微抬起，和之前的图像上的动作是一致的。在第六幅图上的伎乐童子，手中没有拿乐器，而是摆出一个造型，他头朝右方，而腿部朝向左边，左手平举抬起，右手弯曲放在自己的腰间，好似做着舞蹈的动作。图案中的有翼伎乐童子的共同特点均为一只腿微微抬起，身体具有一定的朝向。头发一致，中间有一绺，太阳穴左右各有一绺，刻画的样貌还是直直的朝外伸展着，应该是具有一定的地域特征。对于羽翼的刻画也是相似，乐童的造型应该是具有一定的造型模式，比较有意思的是乐童的造型都是放在圆形的构图中，在一圈的圆环之外还有一圈圆环，圆环与圆环之间刻画着三角形的装饰纹饰。为什么乐童和羽翼一起被刻画在舍利盒上，或许这是具有一定意义的主题。迦陵频伽的类型之一即是乐童类型，它不仅传达着时代对于乐童的重视，更加表明了迦陵频伽形象在丝绸之路上的演变发展，也为青海省出土的那件瓦当提供了一个更为清晰的图像依据。当然对于化生童子与伎乐童子之间是否有着某种联系；有翼伎乐童子出现在舍利盒上，而法门寺的舍利盒上也刻画着迦陵频伽图像等问题，需要一一论证。对于图像与图像之间的替换和承接，并形成新的图式，这也是一个值得探讨的问题。

敦煌莫高窟的 12 窟中化生童子伎乐与新疆库车昭怙厘西大寺出土的舍利盒盒盖之有翼伎乐童子之间有着什么联系或者不同？敦煌莫高窟中的化生童子的发饰与舍利盒中的童子的发饰不同，另外莫高窟中的伎乐化生童子的脚下是莲花纹饰，化生童子与莲花图像之间的联系更为紧密些。莫高窟中的化生童子的舞蹈动作和伎乐动作与菩萨伎乐可以找到类似的图像源头，即为化生童子已经融入敦煌壁画的图像系统，成为整幅壁画中的一个视觉符号，它承载着一定的功用。并且莫高窟中的化生童子与迦陵频伽是两个概念的图像，分别具有不同的含义和功用。这与新疆的舍利盒上的有翼伎乐童子是不同的。新疆的舍利盒上的有翼伎乐童子是将伎乐童子的形象加上了羽翅。舍利盒上表现的有翼伎乐童子形象包含了那个时代的大量信息，也具有图像所在器物上的具体功用。在本书中，对新疆的另外一个舍利盒上的有翼伎乐童子形象有过专门的讨论。这两个器物的图像功能意义应该是相同的，在此不再赘述。虽然在敦煌莫高窟中，迦陵频伽与化生童子是分开的两个图像，但是在壁画中，有时可以看到二者同时出现。比如在莫高窟的361窟，迦陵频伽手持钹，而化生童子身戴腰鼓。化生童子伎乐和舍利盒上的有翼伎乐童子均带有佛教性质的图像，传达了佛教的一定含义。

而在唐代生活中，乐童伎乐也是唐代的一个时代特点，有诗歌记载关于唐代乐童伎乐表演的内容。乐童伎乐的兴盛，一是具有才华少年的出现，二是士大夫的喜好和推崇。当然也与整个时代的社会风尚有关，即乐舞文化在这一阶段不断出现新的舞曲和新的乐器，丰富了乐舞文化的发展。如胡旋舞和胡腾舞，以及《霓裳羽衣舞》等舞蹈的创作，胡旋舞和胡腾舞的图像大量的保存在唐代墓室壁画中，当然在工艺品中也可见到此类的舞蹈图像。在器物和壁画中也可以看到西域的乐器和中原本土的乐器，甚至这些乐器同时出现在一个阶段的壁画中。正是这些图像的呈现，它们展示了唐代乐舞文化中的中外交流，以及西域工艺品的制作工艺如何影响本土的工艺品，并如何形成属于中原本土工艺的新形式。

三、唐代艺术品中的西域风及对凤的描绘——唐代凤首壶

唐代的凤首壶有其产生的源头，它与鸡首壶之间有一定的联系。对于鸡与凤之间问题的深入也是对于本土文化中鸟崇拜的再认识。需要对器物中，鸡首壶与凤首壶之间递变而产生的社会风尚的问题进行探讨。因此以河南博物院收藏的一件鸡首壶为例来讨论。

河南博物院收藏着一件青釉瓷环形鸡首壶，此件文物出土于河南省安阳市汤阴县。河南博物院收藏的这件鸡首壶，其壶身类环形，壶口处用鸡头做装饰，壶柄处呈卷曲龙纹装饰。细壶颈敞口。壶腹中空，型制较为独

特，整体秀气，工艺精巧。如下图所示。

青釉瓷环形鸡首壶——高35厘米、口径 7.3 厘米。

图片来源：河南博物院，《丝路遗珍——丝绸之路沿线六省区文物精品展》，第 166 页。

　　鸡首壶又被称为天鸡壶或者鸡头壶。鸡首壶在三国时期，已经存在。盛行于魏晋南北朝时期至隋朝这段时间，在此期间是鸡首壶不断演变发展的阶段，其器型也发生着改变。出土于河南省安阳市汤阴县的这件环形鸡首壶，其器型较为特别，体现出胡风的影响。可以说此件鸡首壶是鸡首壶演变过程中受到胡风影响的一件作品。而它也体现了在胡风影响下，壶制品的变革。壶在人们的生活中，是必不可少的。但是随着丝绸之路上胡人工艺品传入的影响下，本土的工艺品也在这种交流中，展现着不断地变化。有时，丝绸之路上出土的壶具，其含义已经远远超过壶本身的实用意义。如河南省洛阳市唐氏墓出土的唐代胡人牵驼出行图壁画。在壁画中，骆驼身上背负着很多货物，其中一件即为水壶，并且这个水壶画在比较明显之处。水壶短颈圆腹，形制较为小巧。水壶对于行走在丝绸之路上的胡商来讲，有时关系着生命的安危。因此，壶对于丝绸之路上的胡商，它的意义较为重要。见下图，胡商在商品交换时，他的随身之物也渐渐影响着其他地区的工艺品。那么，本土的工艺品在地区之间的传播中，也会逐步和胡人所用之壶进行风格上的融合。

　　河南博物院收藏的青釉瓷环形鸡首壶比较另一件白釉皮囊壶，二者在某些特点上有一致性。如唐代的白釉皮囊壶，见下图。其壶身有两条挤压出来的凸起线条，用来表现皮革制品的特点。而青釉瓷环形鸡首壶的环形壶身，环形边线依然表现出两条并列的边线，这样的造型同样表现出皮革

胡人牵驼出行图壁画——洛阳古代艺术博物馆藏。

图片来源：河南博物院，《丝路遗珍——丝绸之路沿线六省区文物精品展》，第117页。

白釉皮囊壶——河南博物院藏。

图片来源：河南博物院，《丝路遗珍——丝绸之路沿线六省区文物精品展》，第167页。

制品的造型特点。当然，这个特点将此壶装饰得更加精美。壶与壶之间的影响较为明显。而另一件黄釉扁壶，也为此提供了实证。这件黄釉扁壶出土于河南省安阳市洪河屯范粹墓。"收藏在河南博物院的黄釉扁壶形似西域皮囊，在壶腹两面，模印着源于西域游牧民族的'胡腾舞'图，墓主人范粹，边城郡边城县人（今河南省光山县），官至骠骑大将军、开府仪同三司、凉州刺史，见下图。凉州在今天甘肃武威一带，是北齐侨置的州。墓中出现带有西域风格的器物，说明北齐时期中原与西域的紧密联系。"❶当然，这件北齐的黄釉扁壶的出土，说明在北齐时期，西域胡风已经传入

---

❶ 河南博物院. 丝路遗珍——丝绸之路沿线六省区文物精品展［M］. 郑州：河南博物院，2012：86.

黄釉扁壶——高 20 厘米、宽 16.5
厘米，河南博物院藏。

图片来源：河南博物院，《丝路遗
珍——丝绸之路沿线六省区文物精品
展》，第 86 页。

中原，并且已经传至河南省安阳地区。与这件器物十分相像的另一件扁
壶，是宁夏固原出土的一件绿釉陶扁壶。这件绿釉陶扁壶是北魏时期之
物。两件器物在形制和图案上都十分相近。二者之间似乎有某种联系，好
似同批工匠所制。

对于鸡首壶来说，此件鸡首壶本身带有一定的时空观。从壶身造型特
点来看，类环形的壶身，呈现出时空观的概念。环形象征着圆融，在圆融
中体现了道。何为道？"老子形容'道'时，说到'道'是'周行而不
殆'的。'周'是一个圆圈，是循环的意思。'周行'即是循环运动，'周
行而不殆'是说'道'的循环运动生生不息。"❶ 圆圈有着循环的意思，
也体现了道的内涵，鸡首壶壶身的类环形，与此意相近。因此鸡首壶的时
空观也反映了"道"的时空观。所谓道的时空观，是一种"吾不知其名，
强字之曰'道'，强为之名曰'大'。大曰逝，逝曰远，远曰反"❷。一个
逝字展现了时间的周流不息。当然"道"的时空观也是一种"三十辐共一
毂，当其无，有车之用。毂所以能统三十辐者，无也。以其无能受物之
故，故能以实统众也。埏埴以为器，当其无，有器之用。凿户牖以为室，
当其无，有室之用。故有之以为利，无之以为用。"❸ 有车之用、有器之用

---

❶ 陈鼓应. 老子注释及评介 [M]. 北京：中华书局，2003：10.

❷ 陈鼓应. 老子注释及评介 [M]. 北京：中华书局，2003：163.

❸ [周] 老子. 老子道德经（上篇）[M]. [晋] 王弼，注. 严复，评点. 光绪三
十一年序本：6.

和有室之用皆为当其无时，有形中的无展现了空间，而这一空间也构建了器。这是有与无的关系，在无中体现了有。无并非真无，而是给予空间，提供给人们以实用，因此无之以为用。环形中间的空与周围一圈的实体恰恰构成了虚与实和无与有之间的关系。因此，古人的时空观在器物中会有所反映，展现出古人的智慧和对时间、空间的认识，即是对周行而不殆、有与无以及实与虚等观念的探索。

那么在鸡首壶自身演变的过程中，河南博物院收藏的这件环形鸡首壶应为鸡首壶类型发展的一个高峰。因其造型秀气优美，工艺独特。很难将隋代的鸡首壶处于衰落期的这一结论相联系。但是鸡首壶在唐代渐渐消失，这应该是历史事实。那么，鸡首壶应该是被其他类型的壶所取代。

在唐代，出现比较多的是唐三彩鹰首壶或是三彩凤首壶。其中三彩鹰首壶的出现亦有其发展的脉络。早在战国时期，鹰首壶已经出现。下图为"1996 年临淄相家庄六号战国墓出土的铜鹰首提梁壶。器物通高 43.5 厘米，

铜鹰首提梁壶——1996 年临淄相家庄六号战国墓出土。

图片来源：张越、张连利发表的《铜鹰首提梁壶》，2011 年第 3 期《管子学刊》封底。

口径 9.3 厘米，腹径 21.7 厘米，足径 13.6 厘米。由于器盖和器口设计成鹰首形，故称鹰首壶。"❶ 而到了唐代，由于胡风浸润，这个时期的鹰首壶无论是造型还是鹰首壶上的图案已经发生转变，转变成带有异域风格的鹰

---

❶ 张越，张连利. 铜鹰首提梁壶［J］. 管子学刊，2011（3）：封底.

首壶。而鹰首壶出现的时间较早，如果单纯理解它受到异域风格的影响，是不准确的。在唐代，能够出现三彩的鹰首壶，应该是本土早期鹰首壶的造型与异域风格的一种融合。那么外来文化对中国本土壶的影响，在赵德云的《从鸡头壶到龙柄壶的发展——兼析外来文化因素在这一过程中的作用》一文中，谈到鸡头壶和龙柄壶之间的关系，以及它们与外来执壶之间的联系。那么，鸡首壶与龙柄壶之间又是怎样的关系呢！鸡首壶与龙柄壶在造型上有共同之处，"它们柄的上端都是直接粘接于器口，在造型上具有密切的关系"❶。这种密切关系表现在从鸡首壶向龙柄壶转化的关系。在安徽隋墓、武汉市周家大湾二四一号隋墓等出土品中都反映了在单龙柄鸡首壶的制作上，有去除鸡头的尝试和趋势。❷ 甚至在山西汾阳梅渊墓出土的青瓷，"与龙柄相对的位置，鸡头已省略"。❸ 而鹰首壶、凤首壶与鸡首壶和龙柄壶之间有没有联系呢？

在 1965 年河南省洛阳市东郊塔湾村出土了一件唐代的三彩鹰首壶。此件鹰首壶高 32.5 厘米，现藏于河南博物院。"此壶两侧图案生动，釉彩匀润鲜亮，其奇特造型系摹仿波斯金银器而来，是唐代东西方文化交流的真实反映。"❹ 如果说这件鹰首壶接受了波斯金银器的影响，或许是在其壶腹的造型特征上，见下图。在此件鹰首壶的壶腹处，装饰着凸起的纹样，有祥云和凤鸟等装饰图案，这些装饰图案的共同特点是凸起并呈现浮雕的样式。此件物品与北周天和四年的鎏金胡瓶可以相互比较参看，鎏金胡瓶出土于宁夏固原李贤墓，现收藏在宁夏固原博物馆，见下图。此件鎏金胡瓶的瓶身处人物图案亦呈现出凸起的浮雕装饰纹样。那么，在凸起的装饰纹样的特点上，鎏金胡瓶是否对后来唐代鹰首壶产生一定的影响呢！笔者认为，除了考虑壶柄处之间的联系，壶身上凸起的装饰纹样，同样是值得重

---

❶　赵德云. 从鸡头壶到龙柄壶的发展——兼析外来文化因素在这一过程中的作用 [J]. 考古与文物，2007（1）：95.

❷　赵德云. 从鸡头壶到龙柄壶的发展——兼析外来文化因素在这一过程中的作用 [J]. 考古与文物，2007（1）：97.

❸　赵德云. 从鸡头壶到龙柄壶的发展——兼析外来文化因素在这一过程中的作用 [J]. 考古与文物，2007（1）：96.

❹　丝路遗珍——丝绸之路沿线六省区文物精品展 [M]. 河南博物院：169.

三彩鹰首壶——高 32.5 厘米，河南博物院藏。

图片来源：河南博物院，《丝路遗珍——丝绸之路沿线六省区文物精品展》，第 169 页。

鎏金胡瓶——宁夏固原博物馆藏。

图片来源：河南博物院，《丝路遗珍——丝绸之路沿线六省区文物精品展》，第 76 页。

视的因素之一。对于鎏金银瓶的制作工艺，"萨珊系统金银器，一般所采用的是打押技术，这与中国人所熟知的铸造法有明显的不同，即用錾子在金属面上打出凹凸形状的方法，英文中称作 Drawihy"❶。那么由此来看，

---

❶ 罗丰. 胡汉之间："丝绸之路"与西北历史考古 [M]. 北京：文物出版社，2004：110.

三彩鹰首壶壶身处的凸起装饰应与外来因素有关。同时，北方地区的龙柄
壶也受到了波斯器物风格的影响。龙柄壶与波斯器物之间的联系体现在手
柄处。在唐代，除了出现三彩鹰首壶，还出现了三彩凤首壶。见下图，这

三彩凤首壶——天水市博物
馆藏。

图片来源：河南博物院，《丝路
遗珍——丝绸之路沿线六省区文物
精品展》，第 171 页。

件三彩凤首壶出土于甘肃省甘谷县。此件三彩凤首壶与出土于洛阳市的三
彩鹰首壶造型十分相像，但是一个为鹰首，一个为凤首。"隋唐时期出现
'龙柄凤头壶'的器物，如北京故宫博物院所藏青瓷凤头龙柄壶，壶盖塑
造成一个高冠、大眼、尖嘴的凤头，由口沿至底部连接着生动的螭龙壶
柄，两只龙爪攀住壶肩，起到加固柄部的作用。"❶ 龙柄在凤首壶上的应用
在隋唐时期是存在的，那么龙柄壶与凤首壶之间应该也存在一定的联系。
而河南博物院所收藏的鸡首壶与鹰首壶、凤首壶之间的关系，笔者认为应
该也存在一定的联系。河南博物院收藏的这件鸡首壶其造型有别于之前的
鸡首壶，表现在壶身呈现环形之外，壶身的厚度也趋于扁平。其厚度渐渐
缩小，扁平成为其造型的特点。这个特点恰恰与北齐武平六年的黄釉扁壶
相似。黄釉扁壶就是呈现扁形状，形似西域的皮囊壶。可以说，西域的皮

---

❶ 赵德云. 从鸡首壶到龙柄壶的发展——兼析外来文化因素在这一过程中的作用
[J]. 考古与文物, 2007（1）：100.

囊壶的造型特点对当时或者后来一段时期中原地区壶的造型产生了影响。从北齐的黄釉扁壶到隋代的青釉瓷环形鸡首壶，再到唐代的三彩鹰首壶、凤首壶。我们会发现，唐代的三彩鹰首壶、凤首壶亦如之前的两种造型，同样呈现出壶身扁状。因此，西域的胡风对于中原地区壶的影响表现之一即体现在壶身的造型特点上。而唐代鹰首壶、凤首壶的壶身有可能是继隋代环形鸡首壶壶身的特征而来，二者之间存在一定的联系。

河南博物院收藏的环形鸡首壶，以其独特的造型和工艺，展现了中原地区隋代鸡首壶的艺术风格特征，也让我们看到当时工匠的精湛技艺。出土于河南省安阳市汤阴县的这件鸡首壶也显现出胡风在中原地区影响的范围。由于时代风尚的不同，鸡首壶在唐代逐渐消失，并被其他类型的壶所替代。而凤首壶体现了唐代对于凤纹的一种喜爱和追求，显现出唐代文化中凤纹的主要地位，这也是凤首壶大量出现的原因。凤首壶的出现也是唐代风尚的表现之一，在与西域物质文化交流的过程中，凤首壶形成自身的造型特征，也在彰显着大唐文化的包容与独立的特质。凤首壶可以看作是凤鸟图案在壶具上的显现，也是凤鸟文化的延续。从鸡首壶到鹰首壶或者说凤首壶，也暗示了在本土文化中，鸡和凤鸟之间有一定的联系。唐代中原所受胡风的影响，表现在鸡首壶、鹰首壶和凤首壶对西域皮囊壶的借鉴，对工艺制作手法的借鉴，等等。特别是凤首壶，是唐代中外文化交流下形成的独特文化艺术符号。唐代凤纹饰的大量使用，是迦陵频伽图式形成的前提和条件。也是迦陵频伽纹瓦当造型的一个参考图式标件。

因此，唐代胡风的特点即是表现在乐舞文化的呈现，以及对西域艺术文化的吸收和借鉴。当然更重要的是在这种胡风浸润下，形成属于自己的文化艺术图像和符号。

第二节　羽人瓦当的传播路线

羽人瓦当分布的地理位置大概分为几个区域，一个是青海省范围内留存有羽人瓦当。一个是在内蒙古地区，曾出土有羽人瓦当。一个是在陕西省西安市隋唐长安城东市遗址中发掘的一件羽人瓦当。另外在安徽地区也出土有羽人瓦当。当然，在其他地区是否还保存有羽人瓦当，还未可知。目前只能根据现有的羽人瓦当的地理位置勾勒出传播的路线。

关于羽人瓦当的传播路线，可以确定的是其中一条路线在唐蕃古道上。唐蕃古道的路线大致是：从今天的西安至甘肃天水，由天水到达甘肃的临洮，再经甘肃的临夏渡黄河进入青海境内，再经青海的民和县到达青海乐都。其中青海是丝绸之路上很重要的一站。在唐代，青海作为丝绸之路的一个必经之地，青海地区出土的艺术品更能说明当时艺术文化交流的情况。例如，唐代青海民和县出土的青海羽人瓦当便是一例。唐代青海羽人瓦当的艺术特征是融合西域的犍陀罗艺术风格特征和本土羽人的艺术特点。因此可知唐代是犍陀罗艺术发展的一个重要时期，或许这与西北丝绸之路再次受到统治者的关注有关。另外，唐代开通了丝绸之路西域❶的线路，丝绸之路可到中亚地区。因此，加大了中亚地区与本土的艺术文化交流。这些因素致使在唐代的艺术品中可以看到当时艺术风格的融合。艺术方面的交流在很早时期已经开始，如斯坦因在米兰发现公元 3 世纪的壁画，这幅米兰壁画属于犍陀罗艺术。这幅画的作者即是从中亚大夏请来的希腊或罗马裔画家绘制，画师的名字是 Titasa。❷ 中亚的犍陀罗佛教艺术还影响到汉代精绝国的尼雅遗址的建筑和家具。❸ 由此可见，在汉代时期犍陀罗艺术已经传入本土。而随着唐代再次重视古丝绸之路时，犍陀罗艺术再次得到传播和发展。

唐代青海省民和县川口镇享堂古城出土的羽人瓦当，瓦当的主体形象面部为男童，头部为肉髻相，手持竽篪，消瘦的肩膀两旁刻画一对翅膀。瓦当的外围为联珠纹。直径 12.9 厘米，厚 1.7 厘米。此瓦当的出土地属于河湟地区范围，它的出土具有一定的代表性。青海省在丝绸之路上是一个重要文化艺术交流中心。陆上丝绸之路主要分为草原道、河西道和吐谷浑

---

❶ "西域"是古代中国人使用的一个地理概念，泛指玉门关、阳关以西的广大地区，其核心则是包括我国新疆在内的中亚地区。参见：林梅村. 丝绸之路散记 [M]. 北京：人民美术出版社，2003：1.

❷ 林梅村. 丝绸之路散记 [M]. 北京：人民美术出版社，2003：57.

❸ 林梅村. 丝绸之路散记 [M]. 北京：人民美术出版社，2003：62.

道（亦被称为青海道）。这三条丝绸之路之间相互的联系，共同构成丝绸之路的交流之路。其中青海在丝绸之路的文化艺术交流中起到十分重要的作用。"南北朝时期河西地区形成割据局面，中国内地南北对峙，战乱频繁。在这种情况下，由于吐谷浑与周边诸政权关系较好，青海地区遂成为交通要冲，并逐渐形成了吐谷浑道。所谓吐谷浑道，是指南北朝时期以吐谷浑领土今青海为中介，北通河西走廊，南通益州转南朝建康，东通陇右，西通今新疆若羌和且末，西南通西藏转印度之路。"❶ 隋唐时期，青海道是繁忙的交通要道。吐谷浑处于强势阶段时，由青海可进入川西高原，远达今成都、宜宾、武汉直至南京等。❷ 因此，在丝绸之路上，青海的地理位置可谓十分重要，在青海出土的艺术品更加能够体现出当时人们在艺术文化方面的交流与融合。

　　丝绸之路中还有一条较为重要的道路，那就是草原之路。在这条路上，草原艺术与西域艺术不断地交流着，特别是鲜卑艺术受到中亚、西亚和欧洲艺术的影响。例如，在满洲里市的札赉诺儿鲜卑古墓中出土的 2 件鎏金飞鸟纹铜带饰牌，牌形略呈马蹄形，上铸凸起的飞马纹，两翅上展，做奋力飞奔状。❸ 草原之路上的艺术品体现着中亚、西亚与草原艺术的交流。那么草原丝绸之路起始于上都到达和林，由和林向西再至巴泽雷克，再至旧萨莱，最后到达新萨莱、塔纳、匈牙利。当然还有一条分支，从和林地区开始到达也迷里，再过阿力麻里至旧萨莱，最后至匈牙利。那么可以看到在草原丝绸之路上，和林地区是一个比较重要的要塞，由此分开两条分支。而和林地区西临托克托县。那么，内蒙古托克托县云中城遗址应该在草原丝绸之路上，此地区也会受到中亚艺术或西亚艺术的影响。出土于内蒙古托克托县云中城遗址的迦陵频伽纹瓦当正是丝绸之路上的一件艺术品，它的艺术特征必然受到中亚艺术的影响。从艺术传播的角度来看，这件迦陵频伽纹瓦当展现了迦陵频伽纹瓦当在草原丝绸之路上的传播。

---

❶ 孟凡人. 丝绸之路史话［M］. 北京：中国大百科全书出版社，2000：36 – 37.

❷ 李朝，张红岩. 吐谷浑与丝绸之路［M］. 青海民族大学学报（社会科学版），2011：33.

❸ 盖山林. 丝绸之路草原民族文化［M］. 新疆人民出版社，1996：477 – 478.

当然，还有些羽人瓦当来自安徽等地区。这些地区瓦当的出现，扩展了羽人瓦当的传播路线。安徽地区出土的瓦当，在今天的安徽淮北市。根据2009年《四川文物》中的一篇《淮北柳孜运河遗址出土的"羽人"瓦当》文章，可知在柳孜运河遗址出土了一件"羽人"瓦当。"羽人"瓦当的出土地点是位于遗址的2号发掘点西侧30米，这个地点是隋唐大运河通济渠故道的一段。在唐宋时期，这一段被称为汴河。"运河（通济渠）安徽段由河南省永城市入安徽境，经淮北市濉溪县，宿州市埇桥区、灵璧县、泗县、进入江苏省泗洪县，自西北向东南横贯安徽省境，长180余公里，其中淮北市境内40多千米，宿州市境内130多千米。安徽段运河地处淮北平原，地势平坦，穿越宿州市城区和多个小城镇、村庄，有一部分被现代公路占压，沿线人口密集。现绝大部分已淤塞湮没于地下，部分地段现仍可见河道遗迹和隆起的堤坝，唯泗县境内尚存一段长约25千米有水的故道。"❶ 这段故道是由河南省永城市开始，那么在线路上，可将河南地区和安徽地区联系成一条路线。

　　那么，为什么在唐代，犍陀罗艺术又得到了极大地发展。一部分原因来自于当时唐代在中亚地区设置都督府的因素。其中唐代在阿富汗北部地区和贝格拉姆古城等地区设都督府。唐代都督府的设立，有助于丝绸之路上人们之间的来往与交流。特别是一些都督府是在阿富汗北部地区，那么这些地区的文化是否对于当时唐王朝的文化艺术有着影响，这种可能是有的。

　　另外唐代王玄策在丝绸之路上所起到的作用也不可忽视，"《历代名画记》称：'敬爱寺佛殿内菩提树下弥勒菩萨塑像，麟德二年，自内出王玄策取到西域所图菩萨像为样。巧儿、张寿、宋朝塑。王玄策指挥，李安贴金'"❷。当然，在丝绸之路上粟特人所发挥的作用也不可忽视，正是这些种种因素导致犍陀罗艺术在唐代得以发展。

　　羽人瓦当在丝绸之路上，有着一定的价值。青海、内蒙古、西安、安徽，以及韩国，这些出土地点逐一展现了羽人瓦当的传播路线。

---

　　❶　安徽省文物考古研究所，淮北市博物馆. 汴水蕴物华：柳孜运河遗址出土文物[M]. 北京：科学出版社，2017：概述部分.

　　❷　金维诺. 中国美术史论集 [M]. 北京：人民美术出版社，1981：114.

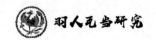

结　语

　　丝绸之路上的羽人瓦当，分布在全国的多个地域，目前可见的羽人瓦当主要集中在青海地区、内蒙古地区、西安地区以及安徽等地区，国外则涉及韩国。通过对羽人瓦当的名称的界定和对具体瓦当的个案研究，发现羽人瓦当仅仅是一个宽泛的概念，或者是一种统称。在羽人瓦当中，如果具有佛教特征的瓦当则将其称为迦陵频伽纹瓦当。对于羽人的概念，本文中羽人的概念要更广，它涵盖画像石中羽人的概念，另外还包括本土出现的其他类有翼人的形象。因此，用一个宽泛的称谓更能够将一些问题阐释清楚。如唐代之前的有翼瓦当形象是否是迦陵频伽？唐宋时期的人首鸟身的形象是否全部可称之为迦陵频伽？在对 9 个羽人瓦当年代和艺术特点的分析过程中，可见有些瓦当的名称为迦陵频伽纹瓦当，有些瓦当则称为羽人纹瓦当更合适。

　　在羽人瓦当中，唐宋时期迦陵频伽纹瓦当是一种承载着巨大信息的瓦当形式。它不仅反映了当时的历史文化，也是佛教在东传过程中的一个建筑构件，展现了丝绸之路的传播路线。如从青海出土的迦陵频伽纹瓦当，到内蒙古的迦陵频伽纹瓦当，再到韩国的迦陵频伽纹瓦当。这些地域的瓦当，说明丝绸之路上的迦陵频伽纹瓦当随着丝绸之路上文化艺术的传播而得到发展。

　　迦陵频伽纹瓦当的研究，首先要对什么是迦陵频伽，迦陵频伽与其他类鸟图像是怎样的关系进行论证和区分。在墓葬中，出现最多的是观凤鸟。观凤鸟的形象与迦陵频伽的形象之间是怎样的关系。在论述二者之间的关系时，还加入画像石中人首鸟身的扁鹊形象一同讨论，从而提出在图像之间的融合和替换现象。而观凤鸟和迦陵频伽以及扁鹊形象之间的联系建立在艺术样式的传播中，在本书的一个章节中有所论述。迦陵频伽的图像与本土羽人形象以及国外的有翼人之间的关系如何！通过一个章节对于中外有翼人之间的对比，分析中外有翼人形象的生成和演变以及它们的职能。通过具体出土文物为个案，梳理中国本土鸟图像生成及发展的过程。什么是羽人？羽人的艺术品都包括哪些？羽人的职能有哪些？国外的有翼人都包括哪些？这些有翼人的职能是什么？这些在章节中都有所论述。其实，中国本土很早就有鸟文化，这种文化也称为雘文化。在这一文化下，鸟图像的生成有其自身生成的过程和特点。在对于迦陵频伽图像的识别上，人们常常将迦陵频伽与共命鸟、金翅鸟等鸟形象混同，但是三者之间并非一个概念，只是在形象上容易使人不清楚何为金翅鸟，何为迦陵频伽。例如什么是共命鸟？书中通过形象的生成和它在佛经中的论述来区分它和迦陵频伽之间的不同。迦陵频伽的图像与佛经中的鸟之间的关系值得关注，但是还需要关注的是迦陵频伽与本土凤鸟图像之间的关系。因为从古代至明清，凤鸟图像一直存在，它对迦陵频伽图像的生成是否起到了影响作用，这也是一个值得讨论的问题。论及凤鸟时必需提到的是鹏、皇和朱鸟等，并列举了有关凤鸟图像的艺术品。迦陵频伽与其他类鸟之间的异同是讨论的一个方面，另外，迦陵频伽与飞天之间的关系也是值得关注的。

唐代迦陵频伽的形象大量出现在其他工艺品和石刻上，它的含义随着场域的改变而改变。在工艺品及石刻中的迦陵频伽图像的生成也为迦陵频伽纹瓦当图像生成和传播起到一定的影响作用。那么，迦陵频伽纹瓦当的寓意和隐喻是对于其职能的理解。当然，迦陵频伽纹瓦当的图像生成也与本土其他类瓦当图像之间有着一定的联系，如莲花化生纹瓦当。

分析迦陵频伽纹瓦当图像生成的另一重要因素是社会因素。在唐代，中原胡风的特点是什么？唐代的乐舞文化成为迦陵频伽纹瓦当图像生成的社会因素。而唐代乐舞文化包括童子伎乐和工艺品中乐舞图像等内容。唐代大量的诗歌描述了乐舞的诸多类型与特点，可通过诗歌对唐代的乐舞文化有个大概的了解。乐舞文化的视觉形式则是通过工艺品中图像的錾刻或刻画，使人们了解当时的社会文化和审美风尚。从唐代的工艺品中可见当时对于西域工艺的吸收，特别是在鸡首壶和凤首壶之间的递变而产生的中外交流与社会风尚。

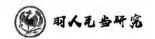

　　羽人瓦当的研究，除了对于迦陵频伽图像和迦陵频伽纹瓦当的解读和研究，书中对羽人纹瓦当的图像也进行了一定的解读。得出羽人纹瓦当中的羽翼的刻画与汉画像石中羽人羽翼线条相类似。

　　本书也通过对九件瓦当的分析和解读，来确定其称谓和年代、艺术风格等问题。九件瓦当中，既有羽人纹瓦当，还包括迦陵频伽纹瓦当。羽人纹瓦当是根据造型特点和瓦当年代等因素来判定，而迦陵频伽纹瓦当的认定则是根据图像中所具有的佛教造型特点为依据。在对羽人瓦当年代的界定时，通过不同地域瓦当的边轮、瓦当的陶质颜色的特点以及瓦当瓦面的图案装饰次序等方面的比较，从而得出相关结论。在九件瓦当中，其中一件是统一新罗时期的迦陵频伽纹瓦当，瓦当的莲瓣纹饰体现了对于唐代莲花纹瓦当中莲瓣纹的继承和发展，而此瓦面上的迦陵频伽纹饰同样是对唐代敦煌壁画中迦陵频伽图像的继承和发展。统一新罗时期的迦陵频伽纹瓦当的出现使丝绸之路上羽人瓦当的传播线路又得以扩展，从而看到整个羽人瓦当在丝绸之路上的发展与演变。一个小小的建筑构件却包含着大的历史问题和审美文化，以及遥远的历史故事。它如同符号一般传达出人们在历史中对于文化的体认和传承。

参考文献

［1］申云艳．中国古代瓦当研究［M］．北京：文物出版社，2006.

［2］陈永志．内蒙古出土瓦当［M］．北京：文物出版社，2003.

［3］程永建．洛阳出土瓦当［M］．北京：科学出版社，2007.

［4］李国新．中国汉画造型艺术图典·神仙［M］．郑州：大象出版社，2014.

［5］史敦宇，金洵瑨．敦煌舞乐线描集［M］．兰州：甘肃人民美术出版社，2006.

［6］林梅村．丝绸之路散记［M］．北京；人民美术出版社，2003.

［7］孟凡人．丝绸之路史话［M］．北京：中国大百科全书出版社，2000.

［8］盖山林．丝绸之路草原民族文化［M］．新疆人民出版社，1996.

［9］安徽省文物考古研究所，淮北市博物馆．汴水蕴物华：柳孜运河遗址出土文物［M］．北京：科学出版社，2017.

［10］金维诺．中国美术史论集［M］．北京：人民美术出版社，1981.

［11］何芳川，万明．古代中西文化交流史话［M］．北京：中国国际广播出版社，2010.

［12］李淞．中国道教美术史第一卷［M］．长沙：湖南美术出版社，2011.

［13］林河．中国巫傩史［M］．广州：花城出版社，2001.

［14］罗世平，齐东方．波斯和伊斯兰美术［M］．北京：中国人民大学出版社，2010.

［15］薛克翘．中印文化交流史话［M］．北京：商务印书馆，1998.

[16] 赵　丰．丝绸之路美术考古概论［M］．北京：文物出版社，2007．

[17] 郑汝中．敦煌壁画乐舞研究［M］．兰州：甘肃教育出版社，2002．

[18] 韩兰魁．敦煌乐舞研究文集［M］．北京：文化艺术出版社，2014．

[19] 毛志喜．云冈石窟线描集［M］．北京：人民美术出版社，2008．

[20] 王维堤．龙凤文化［M］．上海：上海古籍出版社，2000．

[21] 陕西历史博物馆，等．花舞大唐春：何家村遗宝精粹［M］．北京：文物出版社，2003．

[22] 宿白．考古发现与中西文化交流［M］．北京：文物出版社，2012．

[23] 吕变庭．营造法式：五彩遍装祥瑞意象研究［M］．北京：中国社会科学出版社，2011．

[24] 宫大中．龙门石窟艺术［M］．北京：人民美术出版社，2002．

[25] 张乃翥，张成渝．洛阳与丝绸之路［M］．北京：国家图书馆出版社，2009．

[26] 翁剑青．佛教艺术东渐中若干题材的图像学研究（3）［J］．雕塑，2011（2）．

[27] 尚　刚．中国工艺美术史新编［M］．北京：高等教育出版社，2015．

[28] 孙景琛．中国乐舞史料大典．图录编［M］．上海：上海音乐出版社，

[29] 丝路遗珍——丝绸之路沿线六省区文物精品展［M］．河南博物院．

[30] 齐东方．隋唐考古［M］．北京：文物出版社，2002．

[31] 罗　丰．胡汉之间："丝绸之路"与西北历史考古［M］．北京：文物出版社，2004．

[32] 海　洲．淮北柳孜运河遗址出土的"羽人"瓦当［J］．四川文

物，2009（5）.

[33] 余太山．贵霜史研究 [M]．北京：商务印书馆，2015.

[34] 林梅村．西域考古与艺术 [M]．北京：北京大学出版社，2017.

[35] 贺云翱．六朝瓦当与六朝都城 [M]．北京：文物出版社，2005.

[36] 张　焯．云冈 [M]．南京：江苏美术出版社，2011.

[37] 田亚岐，孙周勇．椽头乾坤：陕西古代瓦当 [M]．西安：陕西人民出版社，2016.

[38] 陈良伟．洛阳出土隋唐至北宋瓦当的类型学研究 [J]．考古学报，2003（3）.

[39] 巫　鸿．黄泉下的美术——宏观中国古代墓葬 [M]．施杰，译．北京：生活·读书·新知三联书店，2006.

[40] 韩　森．丝绸之路新史 [M]．张湛，译．北京：北京联合出版公司，2015.

[41] 约翰·马歇儿．犍陀罗佛教艺术 [M]．王冀青，译．兰州：甘肃教育出版社，1989.

[42] 宫治昭．犍陀罗美术寻踪 [M]．李萍，译．黄文昆，审读．北京：人民美术出版社，2005.

[43] Korea Visuals 编辑部．韩国文化遗产之旅 [M]．李华，李华敏，译．北京：生活·读书·新知三联书店，2007.

[44] 王秀玲．北魏莲花化生瓦当研究 [J]．文物世界，2009（2）.

[45] 高　原．汉代画像砖羽人图像研究 [D]．石家庄：河北大学，2010.

[46] 任平山．迦陵频伽及其相关问题 [D]．成都：四川大学，2004.

[47] 朱　浒．汉画像胡人图像研究 [M]．北京：生活·读书·新知三联书店，2017.

[48] 乐仲迪．萨珊印章上的希腊鸟身女仙 [J]．丝路艺术，2017（2）（春季卷总第 2 期）.